Mehr zu Justin Leone:
www.bottles-and-bones.com
Instagram:
Justin_G_Leone
Bottles_and_Bones_Official

© 2018 ZS Verlag GmbH
Kaiserstraße 14b
D-80801 München

ISBN 978-3-89883-837-5
2. Auflage 2018

Projektleitung: Marc Strittmatter, ppp.services München
Lektorat & Korrektorat: Karen Dengler, Werkstatt München
Umschlag & Innengestaltung: NETWORK! Werbeagentur, München
Layout und Satz: Irene Schulz
Producing: Jan Russok
Herstellung: Frank Jansen
Umschlagfoto: Mike Krüger
Autorenfoto Klappe: Silviu Guiman
Fotos: Coravin 224; Mauritius Images, 28, 39, 67, 73, 82, 189, 196;
Quinta do Vallado 20; Shutterstock, 34, 45, 53, 75, 182, 220, 257;
Tiroler Glashütte 216; Zalto Glas 216;
Druck & Bindung: Lanarepro GmbH, Lana

Die ZS Verlag GmbH ist ein Unternehmen der Edel AG, Hamburg.
www.zsverlag.de | www.facebook.com/zsverlag

JUSTIN LEONE

just wine -
Weinwissen ohne Bullshit

Übersetzt von Martin Waller
Mit Illustrationen von Jessine Hein

INHALT

2 Impressum

10 Vorwort – Ein Punkrocker, ein Architekt, ein pensionierter Arzt ...

I.

12 LEARNING: GRAB IT.

14 Bescheidene Anfänge

19 Wenn Dichtung fließt wie Wein

23 Ähm ... und worauf wollen Sie hinaus, mein Herr?

26 Wein: Wie Musik an deinem Gaumen

32 Sei eins mit deiner Umwelt, wo zum Teufel du
auch immer gerade steckst

36 Erste Schritte: Lern den Text, dann klappt die Rolle

42 Holz vor der Hütte

50 Um den Stamm herum: Landschaftsgestaltung für die Sinne

56 Unter dem Baum:
Mach die Motorhaube auf und zeig, was er drauf hat

74 Dedicated Follower of Wine: Lektionen über Textur,
Gewicht, Zweck und Qualität

77 Wallstreet-Fatzke oder Zottel-Hippie? Die Naturwein-Debatte

81 Die Architektur von Wein: Frank-Gehry-Meisterwerk
oder Bauhaus-Bunker?

91 Feintuning für den perfekten Gaumen

96 LISTENING: TUNE IT.

99 Trauben, Alter-Egos und 21 Gründe, häufiger Wein zu trinken

Riesling – Radiohead 101

Sauvignon Blanc und Sémillon – White Stripes 104

Albariño – John Mayer 107

Chenin Blanc – Christina Aguilera 111

Pinot Gris und Pinot Blanc – Daryl Hall und John Oates 115

Chardonnay – The Beatles 120

Viognier, Roussanne und Marsanne – Shakira 124

Gewürztraminer – Prince 128

Muscat – David Bowie 131

Pinot Noir – Queen 135

Nebbiolo – Tom Waits 139

Cabernet Sauvignon und Cabernet Franc – Red Hot Chili Peppers 144

Merlot – Coldplay 149

Malbec – Johnny Cash 153

Grenache – Michael Jackson 157

Zinfandel – Zac Brown 161

Syrah – Chris Cornell 165

Tempranillo – Led Zeppelin 168

Sangiovese – Axl Rose 172

177 **TASTING: ROCK IT.**

178 Wenn man den Wald vor lauter Bäumen nicht sieht:
Blindverkostung

187 Ich mag es, wenn ein Plan aufgeht:
Methode hinter dem Wahnsinn

207 Und das ist die Playlist für deine Blindverkostung

209 Im Cadillac über die Straßen schweben oder
im BMW Gummi geben: Die Wahl der Waffen!

213 Immer nur schuften ist auch keine Lösung.
Lass uns endlich die Gläser heben!

218 Der Kampf mit den Korken

223 Coravin: Wie ich lernte, die Maschine zu lieben

228 (Lippen-)Bekenntnis: Zeit, den Wein zum Mund zu führen

232 Einfach Atmen: Dekantieren 1×1

237 Von der Wiege bis ins Grab: Das unaufhaltsame Fortschreiten des Alters

243 Die Bedeutung des Jahrgangs: flüssige Geschichte

247 Fettnäpfchen, in die du besser nicht trittst

254 Champagner-Arroganz zum Preis einer Bierdose:
das Anti-Snob-Paradox der Wein-Hipster

259 Du willst also Sommelier werden, wenn Du groß bist …

267 Pimpt eure Weinkarte richtig!

272 Luke, ich bin dein Sommelier: die dunkle Seite der Macht

276 Kunst, Wein und die Kritiker, die beides hassen

279 One for the Road

285 Register

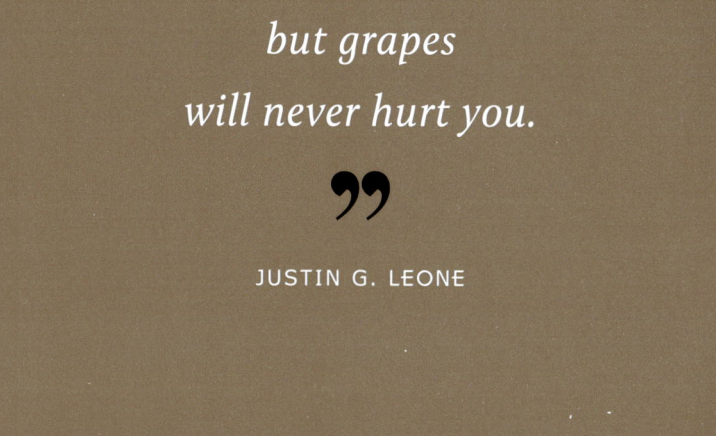

> **"**
>
> *Sticks and stones*
> *may make your Vosne;*
> *but grapes*
> *will never hurt you.*
>
> **"**

JUSTIN G. LEONE

> **"** *Gerade wenn man glaubt,*
> *etwas zu wissen, muss man es*
> *aus einer anderen Perspektive betrachten,*
> *selbst wenn es einem albern vorkommt*
> *oder unnötig erscheint. Man muss es*
> *versuchen. ... Sie müssen sich*
> *um eine eigene Perspektive bemühen.*
> *Und je länger Sie damit warten,*
> *um so unwahrscheinlicher ist es,*
> *dass Sie sie finden.* **"**

JOHN KEATING, „DER CLUB DER TOTEN DICHTER"

EIN PUNKROCKER, EIN ARCHITEKT, EIN PENSIONIERTER ARZT

und Klassikliebhaber, ein Modedesigner, ein Schriftsteller, ein Hipster, ein Jazzpianist, ein Florist, ein Geologe, eine Hausfrau und ein Ingenieur gehen zusammen in eine Bar ... nein, das wird kein schlechter Witz, sondern nur eine einfache Frage: Was haben sie gemeinsam? Alle trinken Wein. Wahrscheinlich hat keiner von ihnen eine Ahnung vom Leben oder von den Erfahrungen der anderen. Was aber, wenn wir sie alle zusammenführen könnten in eine pulsierende Menge der Wertschätzung für Wein? Was, wenn wir ihre gemeinsame Liebe zum Wein unter irgendwie vertrauter Führung an unbekannte Orte bringen könnten? Als einer, der sich sein Wissen über Wein auf alles andere als traditionelle Weise angeeignet hat, weiß ich, wie sehr ein allzu nüchterner Ansatz abschrecken kann. Deshalb ist dies kein Wörterbuch, kein Lexikon, keine Gebrauchsanweisung und auch keine Doktorarbeit. Im Ernst, das Letzte, was die Welt meiner Meinung nach derzeit braucht, ist noch eines dieser langweiligen Weinbücher, die in den Regalen verstauben. Dies ist die Geschichte, wie ein Möchtegern-Rock-n-Roller auf der breiten Straße der Konvention ankam und sofort auf dem Absatz umdrehte.

Ob Anfänger oder Fortgeschrittene, die Lehre bleibt dieselbe. Vielleicht wirst du hier nicht jeden Begriff verstehen oder kennst dich bereits mit allen Trauben und Regionen gut aus. Sei's drum. Dieses Buch soll inspirieren, nicht das Evangelium verkünden. Wein erfordert Hingabe, Arbeit und tonnenweise Liebe zum Detail. Also denke ich gar nicht daran, FÜR DICH alle Rebsorten, Orte, Böden und Stile abzuklappern. So viele Informationen sind heutzutage im Handumdrehen zu bekommen, da reichen einfache Querverweise. Ich will dich mit einer neuen Denkweise ausstatten, um deinen Blick zu erweitern und ein altes Thema in neuem Licht zu zeigen, ohne die ganze snobistische Aufgeblasenheit. Und vor allem will ich, dass du selbst am Ende den Wein ENTDECKST oder WIEDERENTDECKST, und zwar mit DEINEN EIGENEN WORTEN. Mit deinen Gedanken, Eindrücken, Gefühlen und Empfindungen. Schließlich geht es in diesem Buch nicht um mich, es geht um dich. Und darum, dir zu zeigen, wie du den toughen Weintrinker in dir zu packen kriegst. Also, mach dich bereit, wir brechen zu einer Expedition auf: zum Geist, zur Seele und zum Geschmack. Wir begeben uns sozusagen zu einer Ausgrabung in Sachen Kultur, Geschichte, Wissenschaft, Design und Kunst, in der Hoffnung, den vielen Geheimnissen des Weins auf den Grund zu kommen und endlich zu verstehen, warum er so verdammt cool ist. Aber vergiss ja das Aspirin nicht!

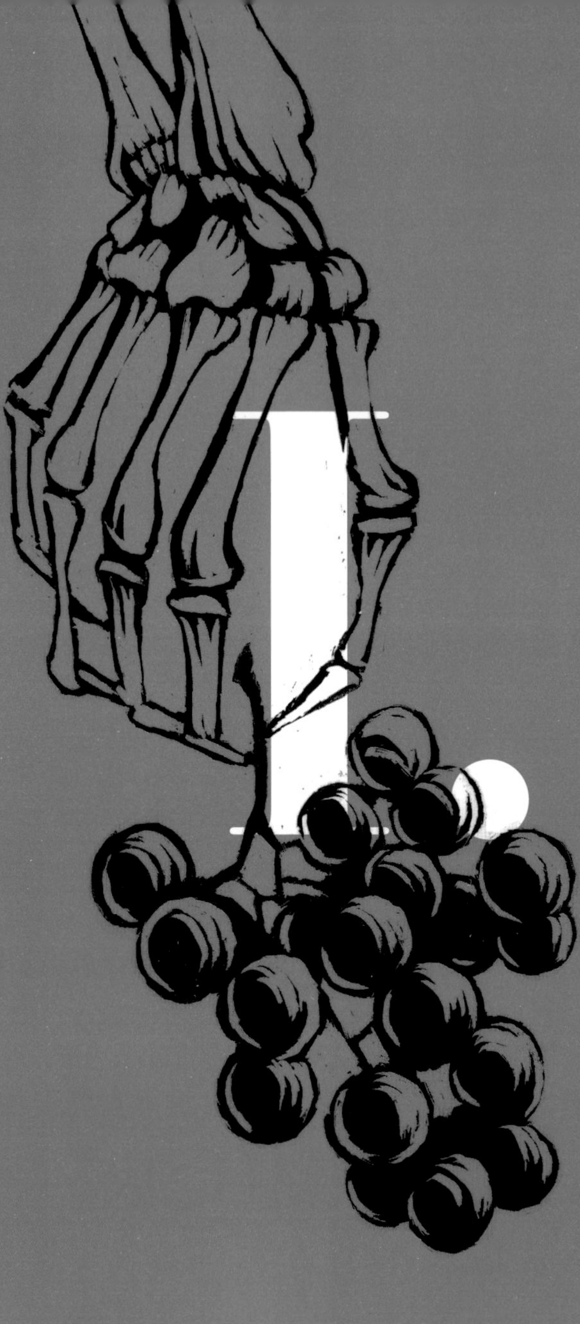
I.

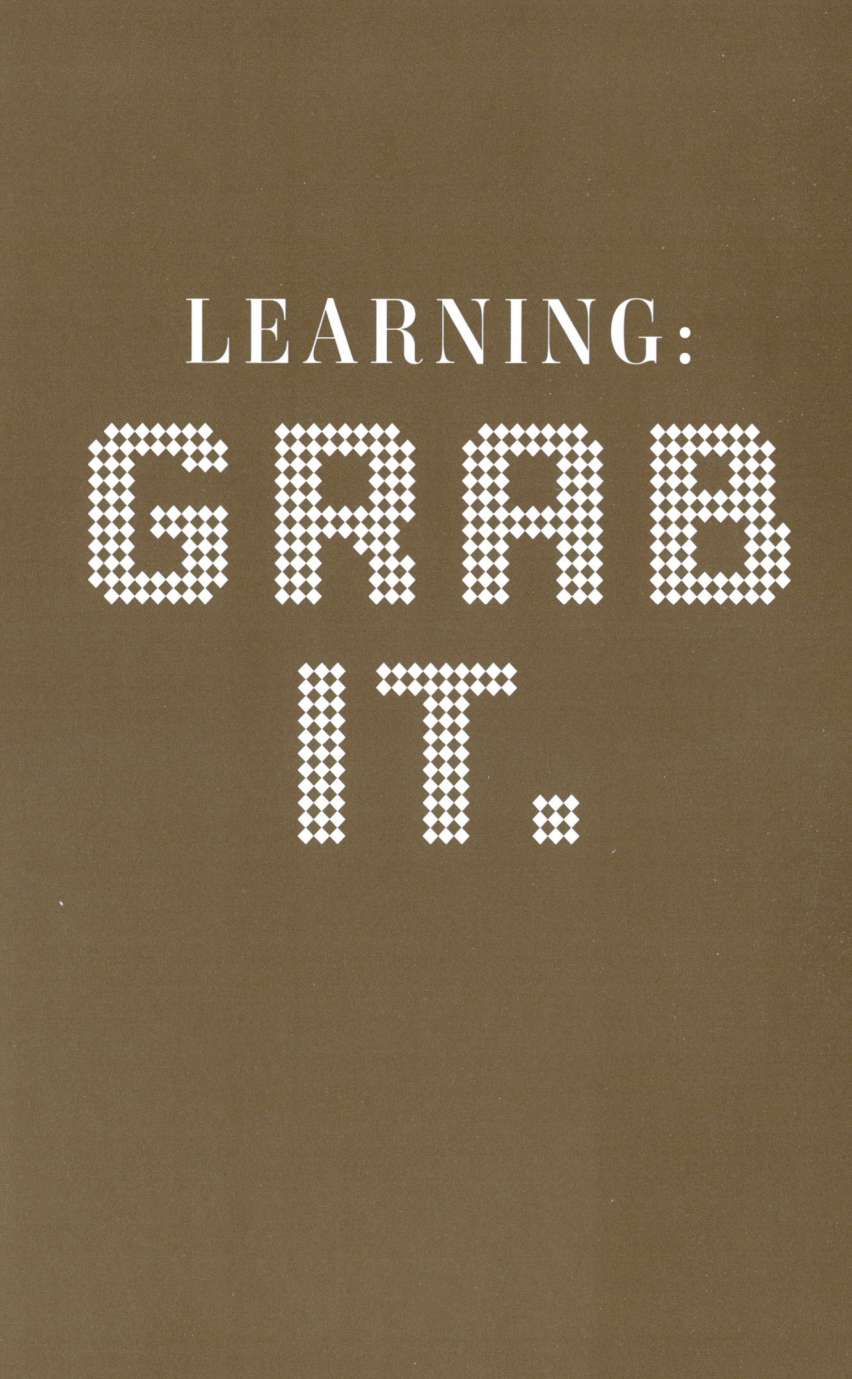

LEARNING:
GRAB
IT.

BESCHEIDENE ANFÄNGE

> *Gib einem Mann einen Fisch,*
> *und du ernährst ihn für einen Tag.*
> *Lehre ihn fischen,*
> *und du ernährst ihn ein Leben lang.*
>
> **ALTES SPRICHWORT**

Wenn ich hier meine lausige Vergangenheit ausbreite, dann nur, weil ich hoffe, dass ihr Wie und Warum vielleicht ein paar Leute dazu bringt, andere Wege zu gehen. Und wenn's nur einer ist, wäre ich schon zufrieden. Also, los geht's.

Nachdem ich klassischen Kontrabass und Englische Literatur an der Indiana University in Bloomington, USA, studiert hatte, tat ich, was jeder verantwortungsbewusste Akademiker tun sollte: Ich ging auf Tour mit einer Rockband. Wir waren die Staaten rauf und runter unterwegs und traten mit großen Shows an fantastischen Orten auf. Das Leben auf Tour war aber kein Zuckerschlecken. Unsere Nerven lagen oft blank, und die zunehmende Ungeduld kündigte schon das nahe Ende unserer Gruppe an. Ich war pleite, deprimiert und verwirrt. Ich fühlte mich von der Welt im Stich gelassen. Ich sah das Leben aus meinem Apartmentgefängnis heraus an mir vorbeiziehen, wie ein Hündchen im Schaufenster der Tierhandlung, das darauf wartet, gekauft zu werden. Dann, eines Tages, kam mir die Idee: Ich könnte zurückkehren in den warmen, bequemen Schoß der akademischen Welt und einen Abschluss als Musikmanager machen. Wenn du deinen Gegner schon nicht besiegen kannst, dann mache ihn dir verdammt noch mal zum Freund. Ich würde der verflucht beste Agent werden, den Hollywood je gesehen hatte. Aber wie konnte ich mich gegen all die anderen Überflieger durchsetzen? Als Agent musst du dein Image verkaufen. Du bist der coolste, stylishste, geschmackssicherste Kerl auf diesem Planeten. Alle Starköche kennst du persönlich und kriegst mit einem einzigen Anruf am Samstagabend einen Tisch. Und an dem ist dann das Menü perfekt und die Weine ... ach, die Weine sind ein Traum ... Genau. Da wusste ich plötzlich, dass die beste Vorbereitung für mich, um in die heiligen akademischen Hallen zurückzukehren, direkt mit Essen und Wein zu tun haben würde. Deshalb würde ich auch nicht zurück nach Indiana gehen. Und das war mit das Beste, was mir jemals passiert ist.

Die Band warf zwar genug Geld für die Miete und ein paar Basics ab (eine Packung Nudeln, ein Stück Butter und ein Liter Milch pro Woche. Davon lebte ich tatsächlich eine ganze Zeitlang), aber bis ich anfing, bei Potbelly Sandwiches zu verkaufen, hatte ich praktisch keinen eigenen Cent in der Tasche. Es waren mehr „Erbärmlichkeits-" als Bagatelldiebstähle, die ich beging, wenn ich den Bandmitgliedern Kleingeld aus den Nachtkästchen klaute, um die Fahrkarten nach Chicago zu bezahlen, wo ich ganze Tage in der Bücherei verbrachte. Weil ich zu dieser Zeit einen Truck besaß, war ich als Fahrer für die Roadshows gesetzt, was hieß, dass ich Spritgeld bekam. Dass da nicht jeder Dollar seinen Weg in den Tank fand, dürfte klar sein. Nach ein paar Etappen auf der Tour konnte ich mir hier und da eine billige Flasche leisten, womit die praktische Seite meiner Studien begann. Kurz darauf veränderte ein Weinladen mein Leben für immer. Dort entdeckte ich einen einfachen Coteaux du Languedoc von Pierre Clavel namens „Le Mas" für 5,99 Dollar.

Ich brachte den Wein nach Hause, um mein übliches Abendessen aus Pasta mit Butter und ein bisschen geliehenem Parmesan aufzupeppen. Aber schon beim ersten Duft dieses im Glas gefangenen Sonnenlichts Südfrankreichs erstarrte ich. Das war mehr als einfaches Traubensaftaroma. Ich war völlig verwirrt. Frisch umgegrabene Erde und sonnendurchflutete wilde Brombeeren, scharfe Tapenade aus schwarzen Oliven mit frisch eingeöltem Sattelleder, Grillfleisch, Schweiß, Blut zogen durch meine Nasenlöcher ... Blut? Das ist Traubensaft! Wie kann das möglich sein????! Kann mir jemand sagen, was zum Teufel hier vor sich geht?! Wie ein Wissenschaftler, der über eine nobelpreiswürdige Entdeckung gestolpert ist, stürmte ich rüber ins Zimmer eines anderen Bandmitglieds und hielt ihm das Glas unter die Nase. „Riechst du das?? Weißt du, was das ist??? Es fängt als Traubensaft an, aber am Ende riecht es wie F L E I S C H ?!" Er starrte mich ungläubig an, überzeugt, dass ich vor lauter Armut und Tütennudeln endgültig übergeschnappt war. Aber für mich es war ein Augenblick der Offenbarung. Ich musste diese Sache mit dem Wein unbedingt herauskriegen und dem Kult des „Terroir" beitreten.

Bewaffnet mit dem Mindestlohn und freien Abenden, machte ich mich daran, den Fibonacci-Code des Weins zu entschlüsseln. Ich kochte im Stil der Region, die ich gerade studierte. Es war der Versuch, die Kultur hinter dem Wein und die Art, wie die Einheimischen ihn genießen, zu verstehen. Ich war entschlossen, der geschmackvollste Agent in der ansonsten so geschmacklosen Stadt Los Angeles zu werden – und dann kam meine Freundin übers Wochenende zu Besuch. Das wollte ich ganz besonders romantisch feiern, und dafür musste das mit dem Wein noch ein Stück besser werden. Ich ging in die Stadt, ausgerüstet mit einem gefälschten Ausweis, aber ohne einen Schimmer, wo ich anfangen sollte. Ich strich um die Weinregale herum wie eine eingesperrte Maus auf der Suche nach Käse. Bis Meredith auftauchte, die Geschäftsführerin des Ladens. Mit engelsgleicher Geduld hörte sie sich mein hilfloses Geplapper und meine unbeholfenen Beschreibungsversuche an, bis ich schließlich die beste Flasche Wein auf Gottes schöner Erde für 20 Dollar und irgendwas in Händen hielt. Damit würde ich die Welt meiner Ballerina aus den Angeln heben. Aber nicht nur ihre. Die Erschütterung über dieses unglaubliche Verkaufserlebnis hielt auch bei mir in den darauffolgenden Tagen an. Ich war fasziniert von Merediths Professionalität, Geduld und Sanftheit, von der Art, wie sie den Unsinn, den ich von mir gab, deuten und ein solches Vertrauen in einer so ungeheuer fremdartigen Welt herstellen konnte. Ich musste ihr Handwerk lernen. Ich musste auch anderen die Schönheit zeigen, die ich an diesem Tag empfunden hatte. Ich musste Sommelier werden.

Nach ein paar Tagen kam ich wieder, diesmal mit meinem richtigen

Ausweis, und bat Meredith um einen Job. Egal was, es war mir gleich. Ich wollte nur von ihr lernen. Sie nahm meinen Ausweis, lächelte über mein wahres Alter und bot mir einen Job am Empfang an mit einem Versprechen: Wenn ich so lange durchhielt, bis ich alt genug war, könnte ich zum Weinverkauf wechseln. Also stellte ich mich jeden Tag an den Empfang mit einem Weinbuch unter der Theke und beobachtete sehnsüchtig die Vorbereitungen des Sommelierteams. Wie sie zu Platten mit Blauschimmelkäse alte deutsche Auslesen einschenkten und für Lammkeulen teuren Syrah dekantierten. Ich lernte Tag und Nacht und gab noch mein letztes Geld für Weine, Bücher, Lebensmittel und gelegentliche Restauranterfahrungen aus. Der endgültige Auslöser aber war ein Gastro-Artikel des Journalisten David Lynch: der Bericht über seine ersten Wochen bei der New Yorker Restaurantinstitution „Babbo". Der Artikel war zum Brüllen – das voll aus dem Leben gegriffene Bild des hektischen, verrückten und romantischen Daseins eines Topsommeliers in der Stadt, die niemals schläft. Und dann das Foto: der vollendet modellierte Kopf mit in der Sonne leuchtendem Haar, der perfekte, bis ins kleinste Detail makellose Maßanzug, das Glänzen seines Laguiole-Kellnermessers, während er im vorbildlich gepflegten Grün eines Gartens eine Parade alter Barolos öffnet. Der Stil, die Klasse, die Eleganz, das Prestige, die Romantik … Ich wollte wie er sein. Daran erinnere ich mich bis heute.

Ich machte es auf die Old-School-Art. Das war um 2002, also noch bevor das Internet seine heutige Bedeutung hatte (Mann, ich klinge schon wie ein Oldie) und bevor es den Coravin gab (mehr dazu später). Ich kaufte Kiste um Kiste Wein, so wie ein Jurastudent seine Bibliothek aufbaut. Ich wusste, dass ich mit Burgunder anfangen musste, weil sogar die Profis über diese Weine immer mit gesenkter Stimme sprachen; entweder aus zu großer Ehrfurcht oder aus Angst, das Thema direkt anzugehen. Irgendwie schien niemand wirklich etwas davon zu verstehen. Es war mehr ein Mythos als etwas, womit man sich beschäftigte. Aber wenn es sonst keiner tat, musste ich eben derjenige sein, der das Schwert aus dem Stein zieht. So kam ich zwischen meinem frühmorgendlichen Job als Kellerratte und meiner Abendschicht in einem lebhaften Bistro in der Innenstadt nach Hause, machte mir etwas zu essen und vergrub mich in die Bücher. Umgeben von Land-karten, Büchern, Grafiken und Notizen öffnete ich drei bis fünf Bur-gunder gleichzeitig, um mich den feinen Nuancen verschiedener Vol-nay-Erzeuger, winziger Wetterunterschiede bei den Jahrgängen dieser Erzeuger und allen möglichen anderen Details, die es zu sezieren gab, zu widmen. Ich schrieb Hefte über Hefte mit Verkostungsnotizen voll, löste immer das Etikett ab und klebte es auf die linke Seite; notierte wo, wie, wann, mit wem und zu welcher Speise ich den Wein geöffnet hatte ... und schrieb seitenweise meine Eindrücke nieder. Alles, was ich roch, schmeckte oder fühlte, wurde festgehalten. Natürlich bemerkte ich, wie sich Muster herausbildeten. Ich stellte fest, dass ich bestimm-te Beschreibungen wiederverwendete, wenn ich bestimmte Weinstile probierte, und daraus wurden die Bausteine meines eigenen Weinvo-kabulars. Und ich bemerkte auch, als jemand mit musikalischem Hin-tergrund und einem Faible für Literatur, dass meine Beschreibungen anders waren als das, was in meinen Referenzbüchern stand. Das war richtig erfrischend. Und je älter ich wurde, je mehr Erfahrung ich sam-melte und Interessen entwickelte, umso farbiger und komplexer wur-den meine Gedanken. Und nun, fast zwei Jahrzehnte, drei Kontinente und eine Handvoll Kerben mit Michelin-Sternen auf meinem Gürtel später, mit einer angehenden Journalistenlaufbahn im Rücken, erfolg-reichen Weinschulen, und internationalen Auszeichnungen, kann ich schließlich dieses ganze Leben in dieses eine Buch packen. Und hoffen, eines Tages vielleicht jener Sommelier mit dem glänzenden Laguiole zu sein, der die Justins der nächsten Generation inspiriert. Oder besser noch: keine Justins mehr, sondern diejenigen mit noch mehr Lust auf Provokation.

WENN DICHTUNG FLIESST
WIE WEIN

> " *Man muss immer trunken sein. Das ist alles ...*
> *Doch womit? Mit Wein, mit Poesie oder mit Tugend?*
> *Womit ihr wollt. Aber berauscht euch.*
> "
>
> **CHARLES BAUDELAIRE**

Natürlich könnte ich jede Menge Philosophisches auf diesen Seiten ausbreiten, mich über dies oder jenes auslassen, versuchen, die Widerspenstigen zu bekehren, die Willigen zu bestärken und die Überheblichen zu züchtigen. Nur ist das einfach nicht mein Stil. Ich fange lieber da an, was Wein für mich ist: in Flaschen gefüllte Dichtung. Besser gesagt: pure Emotion. Denn genau das kann eine simple Flüssigkeit in uns bewirken: zu Tränen rühren, zum Lachen bringen, glühende Begeisterung entfachen oder zu stillem Nachsinnen führen.

Nimm zum Beispiel den nächsten Abschnitt. Er ist mein Versuch, die unzähligen Bilder zu fassen, die mir im Frühjahr 2016 nach einer besonders überwältigenden Verkostung in der Quinta do Vallado in Portugal durch den Kopf gingen. Ich war einer der wenigen Auserwählten, die einen unglaublich seltenen Portwein verkosten durften, der seit 1888 im Fass reifte. Der ursprünglich nur für mich selbst geschriebene Text erwies sich als so überzeugend, dass ihn das Weingut als Hommage in seiner Festschrift zum 300. Jubiläum abdruckte. Er ist auch der bis heute reinste Ausdruck meiner persönlichen Philosophie und meiner aufrichtigen Verehrung für dieses geheimnisvolle, magische Geschenk, das man als Wein kennt. Mit höchster Kunst bereitet und gepflegt, ist Wein eine der unmittelbarsten Verbindungen, die wir Menschen mit der Natur eingehen können. Ich hoffe, dass die folgende

Quinta do Vallado im Douro-Tal

Prosa in deiner Seele eine bestimmte Saite anschlägt, wie und in welchem Rhythmus auch immer. Und wenn nicht jetzt, dann vielleicht nachdem du dieses Buch gelesen hast und auf dem Weg zur echten Kennerschaft bist: Verlass dich drauf, auch in dir wird der Beat zu grooven beginnen.

Ich blicke auf diese majestätische Flüssigkeit aus scheinbar uralten Zeiten und frage mich, wo ich überhaupt anfangen kann. Wie nur soll ein einfacher Sterblicher, der erst kurze Zeit auf diesem Planeten verbracht hat, etwas über ein Monument wie dieses aussagen? Ein wahrer Monolith, der dem unerbittlichen Zahn der Zeit widerstanden und nicht schlechter, sondern eher noch besser daraus hervorgegangen ist.

Allein schon aus der zeitlichen Perspektive betrachtet, kann man nur versuchen sich vorzustellen, wie die Welt zu jener Zeit aussah, als dieser Wein seinen außerordentlichen Anfang nahm. All das, was er gesehen und ausgehalten hat, seit er von seinen mütterlichen Wurzeln getrennt wurde. Thomas Edison hatte gerade sein Patent für den Filmprojektor eingereicht, der erste Säugling wurde in einen Inkubator gelegt, der Trinkstrohhalm erschien und zum allerersten Mal wurde klassische Musik aufgenommen. Die erste moderne Abstimmung fand statt, Jack the Ripper hielt London in Angst und Schrecken, während Van Gogh mit frisch abgesäbeltem Ohr noch nichts von diesem seltsamen neuen Schreibgerät wusste, dem Kugelschreiber.

Weine wie diesen zu verkosten sind im Leben einmalige Gelegenheiten, und es sind tatsächlich auch die Momente, in denen man sich spürt. Sich erinnert. Den Schmerz fühlt. Sich sehnt. Schwelgt. Sie erzwingen … nein, regen eher an, sich mit der eigenen Vergangenheit auseinanderzusetzen. Und jeder dieser vom Himmel gesandten Tropfen bringt eine Transzendenz mit sich, eine Flüssigkeit aus Körpererfahrung, die so viele kostbare, lang vergessene Augenblicke wieder deutlich aufleben lässt.

Das unverwechselbare Krachen eines Ahornholzschlägers auf einen staubigen Baseball, der bei meinem ersten Spiel in der Little League direkt in meinen frisch geölten Lederhandschuh fliegt. Die Belohnung dafür, dass ich das Spiel gewonnen habe: eine Handvoll der besten English Butter Toffees meiner Mutter, die ich wie einen gefundenen Schatz in meiner kleinen heißen Hand halte. Die Heimkehr an ein prasselndes Feuer, in die heimelige Umgebung zwischen Fichten- und Zedernholz, das Knacken der Glut, das in den Ohren knistert und den Eierflip an meinen Lippen wärmt. Der feurige Duft von Zimt, Nelken und Anis, der in der schwindenden Glut durch das Zimmer tanzt.

Oder an faule Tage am Meer, den Geruch von frisch geröstetem Kaffee, so bittersüß wie die Kerne einer Chambertin-Traube, die den größten Jahrgang des Jahrhunderts ankündigt. An den Duft, der von der Küche herüberweht und sich mit den warmen Brisen der salzigen Meeresluft vermischt. Die verschwenderische Nussigkeit feiner Marcona-Mandeln flirtet mit der Opulenz getrockneter Feigen, Sultaninen und dekadent üppiger Trockenpflaumen, unterbricht kurz schmutzige Storys und geistreiche Bemerkungen, während der berauschende Duft kubanischer Maduros langsam die Nacht verglimmen lässt. Alter Cognac rinnt schlückchenweise über die Zunge wie von den reifsten Mandarinen, der aufregende Biss der Blutorange beschwört ostindische Expeditionen vergangener Jahrhunderte herauf. Überirdische Aromen, mehr Fabel als Wirklichkeit.

An die frischen Morgen auf dem Schloss eines Freundes, die dicken Mauern voller Geschichte, Triumphe, Grausamkeiten, packend wie die Aromen in diesem Glas. Sie schweben um mich herum, sind da, mehr ein Gefühl als etwas Fassbares. Ein Spaziergang durch die Anlagen im Herbst, der Duft von Laub auf dem moosigen Boden, frischer Tau glitzert auf dem Unterholz. Wie eine prachtvolle Mahagonitäfelung, behängt mit alten Tapisserien, deren Moschusduft betört und ebenso zeitlos ist wie ihr ehrwürdiges Erbe.

Weine wie diesen kann man besser mit Emotionen ausdrücken als mit Worten. Mit Impressionen einer fantastischen Reise statt mit sterilen Fakten, Punkten und Potenzialen. Denn Momente wie dieser haben mit bloßem Wein nichts mehr zu tun. Es sind ganz eigene Erfahrungen. Momente, in denen die Zeit stillsteht, und doch die gesamte Zeit auf einmal abzulaufen scheint. Sie sind wahrhaftig außergewöhnlich und selten und müssen von den Wenigen, die das Privileg und das Glück haben, sie zu erleben, hoch geschätzt werden. Natürlich könnte ich noch seitenweise weiter die herrlich berauschende Schönheit dieses außergewöhnlichen Exemplars feiern, doch eine absolute Wahrheit zwingt mich zur Kürze: Alle Schönheit liegt am Gaumen des Schmeckenden. Meine Geschichte ist hiermit geschrieben, nun es ist Zeit, dass Sie die Ihre schreiben.

Quinta do Vallado „A.B.F" 1888

ÄHM ... UND WORAUF WOLLEN SIE HINAUS, MEIN HERR?

"We all need something to help us unwind at the end of the day. You might have a glass of wine, or a joint, or a big delicious blob of heroin to silence your silly brainbox of its witterings but there has to be some form of punctuation, or life seems utterly relentless."

RUSSEL BRAND, „MY BOOKY WOOK"

Hier kommt also dein Decoder-Ring, und du musst ihn nicht mal aus einer Cornflakes-Packung herauskramen. Du wirst bald merken, wie alltägliche Aktivitäten dir ganz von selbst das noch nicht ausgesprochene Wort der Trauben erschließen. Ich sage nicht, dass du schon nach den ersten paar Seiten geniale Aussagen treffen wirst, aber du wirst auf jeden Fall mitreden können. Und nicht nur einfach mitreden, sondern AUF DEINE WEISE REDEN, MIT DEINEN EIGENEN WORTEN. Wein ist schließlich etwas unendlich Persönliches; und anders als man gemeinhin glaubt, hast du absolut das Recht, deinen eigenen Dialekt zu entwickeln, der dich anspricht. Wenn wir beide einen Bissen von derselben Mandarine nehmen, wissen wir nie, ob unsere Synapsen im Gehirn auf die gleiche Weise feuern. Vielleicht unterscheiden sich unsere Eindrücke grundlegend voneinander, doch das spielt keine Rolle. Es kommt darauf an, wie wir selbst diese Wahrnehmungen verstehen und herauszubekommen, wie wir diese Empfindungen ausdrücken können. Wie in jeder großartigen Beziehung ist Kommunikation der Schlüssel; und Kommunikation braucht SPRACHE.

Sie ist unsere grundlegendste Art der Verständigung, ob im Gespräch mit anderen oder als innerer Dialog. Zumindest versuchen wir, mit ihrer Hilfe unsere Umgebung zu verstehen. Leider kann Sprache Menschen aber auch ganz furchtbar voneinander entfremden. Jeder, der schon mal im Ausland gelebt hat, kennt den brutalen Frust des Alltags nur zu gut – ob man nun ein Sandwich bestellen, nach dem Weg fragen oder ein Rezept einlösen möchte. In einer fremden Sprache nach Wörtern zu suchen, die man wahrscheinlich falsch verwendet und falsch ausspricht, kann auch Leute mit gesundem Selbstbewusstsein kirre machen. Da einer Erfindung oft eine Notwendigkeit vorausgeht, wurde die Sprache sehr wahrscheinlich eher aus fundamentaler Not geboren als aus einer Laune heraus, und es ist schon erstaunlich, wie schnell die Lernkurve nach oben geht, sobald man merkt, dass das Toilettenpapier alle ist.

Der Wein jedoch scheint sich diesem instinktiven Sinn für Notwendigkeit entzogen zu haben. Zwar trinken viele regelmäßig Wein, aber kaum einer achtet auf dessen nuancierten Dialekt. Das ist wahrscheinlich der Grund, warum die meisten Gelegenheitsweintrinker die Weingurus meiden wie Hippies eine Veranstaltung der National Rifle Association. Weinterminologie kann im besten Fall prätentiös, wenn nicht sogar ausgesprochen einschüchternd wirken, und in Nullkommanix die snobistische „Elite" vom „Normalo" trennen: Leute, die abends mit Freunden ein Glas trinken gehen, während der Boss einen wichtigen Kunden mit einem großen Rotwein beeindrucken will, oder einfach nur jemand, dem dieses Zeugs aus Trauben am Dienstagabend höllisch gut zur selbst gemachten Bolognese schmeckt. Deshalb wenden sich die Leute vom „Weinsprech" ab, weil er einen so verunsichert: Je präziser, exzentrischer und esoterischer die Terminologie wird, umso weniger Leute fühlen sich dem Thema gewachsen. So wie wenn du der einzige Trottel im Country Club bist, der weder eine Mitgliedschaft noch einen Maserati hat. Das stresst. Doch hinter dieser Fassade liegt die Schönheit des Weins; eine universelle Sprache, die uns alle verbindet, ein sensorisches Alphabet für die Nase. Und nur darum geht es in diesem Buch: Den schlummernden, glückselig berauschten, bacchantischen Poeten in dir zu wecken. Der irgendwo verschüttet liegt zwischen der Plattensammlung und den Ferien-Polaroids, unter den Kochbüchern und hinter den Kindheitserinnerungen, gegenüber der Lieblingsklamotte und zwischen den Sitzkissen im Familienauto.

Wein ist Kunst, und was Kunst für uns bedeutet, zeigt sich überall: jede Berührung, jedes Gefühl, jeder Geruch, jedes Geräusch, jede Empfindung, jede Emotion, jede Erinnerung, jede Ernüchterung, jeder Schmerz, jede Begeisterung, jeder Liebeskummer, jede Faszination und jede Hochstimmung. Alles dreht sich darum, was wir damit verbinden, und natürlich ist alles relativ. Wir fahren Auto, tragen Uhren, kaufen Klamotten, hören Musik, fotografieren Denkmäler, legen Parfüm auf, essen und trinken hoffentlich gut. Und wir glauben, dass wir die meisten dieser Dinge verstehen oder zumindest eine Ahnung davon haben. Trotzdem halten viel zu viele Wein für eine bizarre, mysteriöse Alchemie, ein Hexengebräu, dessen Geheimnis nur bleiche und golemartige Freaks mit Vitamin-D-Mangel – besser bekannt als „Sommeliers" – imstande sind zu entschlüsseln. Und ich bin hier, um klarzumachen, dass das nicht stimmt.

WEIN: WIE MUSIK AN DEINEM GAUMEN

> " *Wein ist eines der zivilisiertesten Dinge der Welt*
> *und eines der natürlichsten Dinge der Welt,*
> *das zu größter Vollkommenheit gebracht worden ist,*
> *und es bietet dem Vergnügen und dem Verständnis*
> *weiter Spielraum als vielleicht irgendein anderes*
> *rein sinnliches Ding...*
> "
>
> **ERNEST HEMINGWAY**

Die wahre Schönheit und das Privileg, einen gut gemachten, ehrlichen, authentischen Wein zu trinken, ist wie der Unterschied zwischen einem Klingelton fürs Handy und einer Komposition in mehreren Sätzen. Ich meine nicht die sauteure Luxuskreszenz, die dein reicher Onkel auf seiner Yacht schlürft. Ich meine einfach handwerklich bereitete Weine, die es in jeder Form, Größe und Preislage gibt. Sie müssen nicht teuer sein, nur gut. Gut kann 8 Euro, aber auch 800 Euro bedeuten, das liegt ganz bei dir. Aber zurück zum Vergleich mit dem Klingelton: Der ist ein Wegwerfartikel, kurz ganz lustig, während die Komposition Aufmerksamkeit, Nachdenken und Besinnung erfordert. Wenn die richtigen Saiten angeschlagen werden, werden Gefühle geweckt, kommen Ideen, fließt die Inspiration. Es sind Offenbarungen, die mehr bewirken als nur stumpfsinnige Sättigung. Doch um die Tiefe solcher Schöpfungen verstehen zu können, sollten wir beim Beispiel der Musik bleiben. Professionell betrieben oder einfach als Hobby: Musik spielt im täglichen Leben zweifellos eine wichtige Rolle. Sie macht die Spannung in einem Film spürbar, indem sie Angst, Freude oder Beunruhigung hervorruft. Sie unterstreicht einige unserer liebsten Erinnerungen, begleitet einige unserer größten Erfolge und hilft uns, mit Niederlagen fertigzuwerden. Sie ist eine universelle Ausdrucksform, die wir alle auf einer bestimmten Ebene verstehen können.

Ich möchte den „Weinsprech" in leichter verständliche musikalische Begriffe übersetzen. Es gibt bestimmte Elemente, die jeden Wein einzigartig machen, selbst bei Weinen von der gleichen Rebsorte, aus demselben Jahrgang oder sogar demselben Weinberg: DER WINZER, DER JAHRGANG, DER WEINBERG, DIE REBEN SELBST sowie DAS PUBLIKUM sind die fünf Säulen, auf denen der Charakter eines Weins beruht. Eine veritable Symphonie für deinen Gaumen!

Der Weinberg (die Komposition)

Überlege zunächst, welches Musikstück du in deinem Glas hast. Ist es Beethovens „Neunte", Dvořáks Symphonie „Aus der Neuen Welt" oder Bizets „Carmen"? Das sind ja nun ganz unterschiedliche Kompositionen, und genauso verschieden sind die Weinlagen Wehlener Sonnenuhr an der Mosel, Richebourg in Vosne-Romanée oder Viña Bosconia in Rioja. Das Stück ist festgelegt, ebenso wie der Boden unter den Füßen, sei es von Ludwig van oder Van Halen. Genauso zeitlos ist die Komposition der Natur. Wir erwarten in tonaler Hinsicht sicherlich andere Dinge von diesen verschiedenen Komponisten, so wie wir auch davon ausgehen, dass die Aromen in der Flasche dem Etikett entsprechen – doch jede Aufführung ist einzigartig. Die Noten auf dem Papier sind für die Ewigkeit; sie werden in der gleichen Reihenfolge, im gleichen Register, mit den gleichen Tönen gespielt. Das bleibt unverändert. Ebenso wie die außergewöhnliche Säure der Chenin-Blanc-Weine vom Tuffstein der Coulée de Serrant an der Loire, wie die packenden Tannine im Nebbiolo von den aktiven Kalksteinböden im piemontesischen Serralunga oder die unglaublich verfeinerten floralen Noten vom Kreideboden der Lage Les Clos in Chablis. Diese „Aufführungen" sind vorhersagbar, und auch wenn sie im Einzelnen immer etwas unterschiedlich ausfallen: Das „Stück" ist für unseren Gaumen erkennbar und hochwillkommen.

Weinberge in Serralunga, Piemont und Les Clos in Chablis, Burgund.

Der Winzer (der Dirigent)

Wenn du dich nun entschieden hast, eher in der Stimmung für Strauss als für Strawinsky oder Sinatra zu sein, dann ist der nächste Schritt, die richtige Aufnahme auszuwählen. Und hier kommt der Winzer ins Spiel. Wenn Herbert von Karajan mit den Berliner Philharmonikern den „Don Juan" spielt, fiel die Interpretation – selbst mit denselben Musikern – sicher völlig anders aus als die von Essa-Pekka Salonen, Leonard Bernstein oder Zubin Mehta. Auch mit demselben Stück und im selben Konzertsaal. Denn jeder Dirigent hat, wie auch ein Winzer, seinen eigenen, unverwechselbaren Stil, seine Signatur. Ob die Interpretation streng, gemessen und kämpferisch ist oder lebhaft, heiter und zart, kann für deinen Hör- (Trink-)Genuss einen riesigen Unterschied machen. Wie lang sind die Pausen? Gibt es bombastische Crescendos? Ändert sich das Tempo immer wieder abrupt, knallen die Stakkati wie Pistolenschüsse oder kommen sie weich und rund? Der Winzer kann die Partitur der Symphonie, die sein Weinberg ist, nicht ändern, doch er interpretiert, was wir in unserem Mund „hören". Jede Entscheidung, die im Weinberg oder Keller getroffen wird, ist ein Schlag mit dem Taktstock für die Ausführenden. Das kann die Herkunft der verwendeten Fässer sein, deren Zusammenstellung oder Größe, der Grad des Toastings und die Dauer der Reifung in ihnen. Und das ist nur eine mögliche „Interpretation" des vorgegebenen Stücks. Eine lange kalte Maischestandzeit für eine üppigere Textur oder eine heiße, schnelle Gärung für einen wilderen, eckigeren Geschmackseindruck? Massive Grünlese und Ertragsbeschränkung, um dickere, gewichtigere, dunklere Weine mit mehr Konzentration zu bekommen – wie schwelgerische Leggiero-Streicherpassagen, die untermalt werden von nachdrücklichen Largo-Sätzen und skandierenden Blechbläser-Stößen?

Die Reben (die Musiker)

Als junger, hoffnungsvoller Kontrabassist hatte ich die Ehre, unter dem renommierten Dirigenten Daniel Lewis an der damals noch relativ neuen Colburn School of Music in Los Angeles zu spielen – ein Elite-Jugendorchester, das zum Großteil von 9- bis 15-jährigen Schülerinnen und Schülern aus Korea, Japan und China dominiert wurde. Ich konnte sicherlich mithalten, doch die technische Perfektion, mit der diese KINDER spielten, war oft geradezu unheimlich. Sie zupften und strichen ihre Instrumente mit der Präzision eines Schnellfeuergewehrs. Zu Tränen rührend war ihr Spiel dagegen selten. Zeitsprung nach vorn: Jahre später erfüllte ich mir einen lang gehegten Traum mit dem Besuch eines Konzerts der Wiener Philharmoniker im Musikverein, vielleicht der Saal mit der makellosesten Akustik der Welt. Das Durchschnittsalter der Besucher dürfte so um die 70 gelegen haben, und die meisten von ihnen schliefen im ersten Satz ein. Die Musiker waren kaum jünger. Manche sahen tatsächlich so aus, als könnten sie im nächsten Moment aus den Latschen kippen. Aber dieser Klang: der Schmerz, die Sorge, die Siege und Enttäuschungen, der Verlust, der Jubel und das Elend, die aus jeder Note herausbrachen! Beethoven selbst wäre zu Tränen gerührt gewesen. Die Lehre daraus? Schreiben wir es der Erfahrung zu. Diese kampferprobten Veteranen hatten wahrhaftig gelebt und überlebt, um mit jeder Note davon zu künden. Alte Reben sind nicht anders. Es sind masochistische Biester, die nicht viel von Bequemlichkeit halten. Alte Reben sind Kämpfer; je härter die Bedingungen, je elender und karger der Boden, je mehr Sonne und je weniger Wasser, umso stärker schalten sie auf Überlebensmodus. Das bedeutet, dass sie ihre Energie nach unten richten statt nach oben. Weniger Blätter und Trauben, mehr Selbsterhaltung. Die verzweifelte Suche nach Nährstoffen um jeden Preis. Wenn sie sich dafür 15 Meter tief durch soliden Fels kämpfen müssen, dann muss das eben sein. Nur die unnachgiebig fightende Rebe findet Wege, um durch meterdicken Kalkstein, Schiefer oder was auch immer zu kommen, indem sie winzige Haarrisse oder Verwerfungen ausnutzt. Sobald sich ihre Wurzeln durch einen Spalt gezwängt haben, dehnen sie sich aus, sprengen den Fels und machen weiter mit der Suche nach Nahrung.

An einigen Stellen, etwa an den Schieferklippen der Mosel, liegt der Grundwasserspiegel bis zu 400 Meter unterhalb der 74-Grad-Steilhänge. Die Bedingungen sind so hart, dass man noch in 70 Meter Tiefe Rebenwurzeln gefunden hat! Stell dir die Zeitreise vor: buchstäblich Millionen und Abermillionen von Jahren, Epochen, Ereignissen und Katastrophen sind in den unzähligen Schichten enthalten und werden nun langsam im Zellgewebe der Wurzeln verdaut. Sie fressen buchstäblich die Geschichte von Mutter Erde auf, schicken sie nach oben in den Fluxkompensator und wandeln sie in Nährstoffe für die Trauben um. Und so landen sie schließlich in unserem Glas. Im Endeffekt ist eine alte Rebe die Leitung, die uns Menschen, die wir gerade mal an der Oberfläche der Erdgeschichte kratzen, eine ursprüngliche, wunderbare Verbindung zur Vergangenheit unseres Planeten schenkt. Wenn dich das nicht völlig umhaut, dann weiß ich nicht, was sonst.

Der Jahrgang (der Konzertsaal)

Wir wollen für einen Moment mal annehmen, dass alle Variablen in der Gleichung konstant sind: dieselben Musiker unter einem bestimmten Dirigenten, die alle dasselbe Stück spielen. Das sollte ähnliche Ergebnisse hervorbringen, stimmt's? Nicht ganz. Denn die vierte unserer Säulen ist ebenso wichtig wie die anderen, auch wenn sie leider am wenigsten beachtet wird. Jeder Konzertsaal auf der Welt hat seine eigene, unverwechselbare Akustik, was mit Vor- und Nachteilen, Stärken und Schwächen verbunden ist. Wie gut sich bestimmte Tonhöhen oder Klangfarben abheben, die Klarheit jeder Stimme, die Wärme des Klangs, der Nachhall am Ende einer Passage – sie sind überall verschieden. Das hängt einfach mit der Struktur zusammen, der Bauweise. „Dieselbe" Aufführung wird im Symphony Opera House anders klingen als im Wiener Musikverein oder im Disney Center in

Los Angeles – im Guten wie im Schlechten. Genau das macht auch die Faszination der Jahrgänge beim Wein aus. Ein Saal mit perfekter Akustik kann eine schlechte Darbietung nicht in etwas wunderbar Virtuoses verwandeln, und ebenso wenig kann ein Jahrgang mit perfekten Bedingungen einen stümperhaft gemachten Wein zu etwas Herrlichem erheben. Umgekehrt kann ein schwieriger Jahrgang etwas beeinträchtigen, was sonst eine grandiose Performance des Weinbergs hätte werden können. Gute Musiker werden trotzdem jede Note treffen, und zwar mit Leidenschaft, trotz der akustischen Limitiertheit einer unterdurchschnittlichen Bühne. Das mag dann zwar nicht die beste Aufnahme aller Zeiten werden, aber immer noch eine sehr gute Vorstellung abgeben. Die Musiker müssen nur warten, bis sie auf ihrer Tour nach Wien kommen, um das zeitlose Opus Magnum aufzunehmen, von dem sie wissen, dass es in ihnen steckt.

Das Publikum (du!)

Sollte ich es noch nicht oft genug gesagt haben, sage ich es gern noch einmal: Nichts von dem, was ich bisher geschildert habe, wäre wichtig, wenn es kein Publikum gäbe. Der Geschmack eines Apfels bedeutet nichts, wenn keiner da ist, der den Apfel isst. Ohne jetzt zu sehr ins Philosophische abzudriften: Du bist die wichtigste der fünf Säulen! Und natürlich gibt es nicht nur diese vier anderen Pfeiler; es ist nur so, dass sie für mich die Quintessenz darstellen. Sowieso verkünde ich nicht das Evangelium, also biege dir bitte alles, was du hier liest, so hin, dass es für dich am besten passt. Am wichtigsten ist, dass du am Ende, wenn du dieses Buch gelesen hast, deine eigene Sprache, deine eigenen Interpretationen und dein eigenes Repertoire entwickelst. So, dass du deine nun geschulten Instinkte einsetzen kannst, um der selbstbewusste, stolze Weinliebhaber zu werden, von dem du eigentlich schon weißt, dass er in dir steckt.

SEI EINS MIT DEINER UMWELT, WO ZUM TEUFEL DU AUCH IMMER GERADE STECKST

> " *On ne peut pas connaître un pays*
> *par la simple science géographique …*
> *On ne peut, je crois, rien connaître*
> *par la simple science; c'est un instrument*
> *trop exact et trop dur … Le monde a mille*
> *tendresses dans lesquelles il faut se plier*
> *pour les comprendre avant de savoir*
> *ce que représente leur somme.* "
>
> JEAN GIONO, „L'EAU VIVE"

Und nun, da wir auf dem Weg zur Wein-Zen-Erleuchtung sind, fragst du dich vielleicht: Wie um alles in der Welt soll ich denn all diese verrückten Geschmäcker und Aromen in meinem Wein erkennen? Auf die Gefahr hin, komplett durchgeknallt oder völlig naiv zu klingen, läuft es auf Folgendes hinaus: Mit NUR EINER VERÄNDERUNG in deiner täglichen Routine kannst du deinen GESCHMACKSSINN so trainieren, dass er wahrnimmt, verarbeitet und analysiert wie der eines Topsommeliers. Und was ist dieser kleine Unterschied? Aufmerksamkeit und Gedächtnis. Die einzige Disziplin, die einen Profisommelier von einem Hobbyweintrinker unterscheidet, ist, dass wir jeden Augenblick darauf verwenden, alle vorhandenen Aromen, alle Düfte, jeden Gestank, jeden Eindruck bewusst zu registrieren. Sie umgeben uns ja unentwegt, Tag für Tag. Die Frage ist nicht, ob es sie gibt, sondern ob du darauf achtest, sie wahrzunehmen. Wir „Somms" reservieren in unserem Arbeitsspeicher ungeheuer viel Platz für die „Werkzeuge" unseres Berufs: Sinneswahrnehmungen. Zum Beispiel, um den Rebsortencharakter, das Alter und die Qualität von Weinen zu identifizieren, und zwar nicht nur in Blindverkostungen, sondern auch, wenn wir Weine beurteilen: Soll man sie kaufen, haben sie Fehler, wie weit sind sie entwickelt, sind sie gut genug zum Servieren, haben sie das Potenzial zum Einkellern? Und wir versuchen, auch neue oder unbekannte Weine auf diese Weise zu verstehen. Und wie kommst du dahin? Mach einen Spaziergang.

Halt an und rieche die Rosen

Wenn ich hinausgehe, drehen sich augenblicklich die Rädchen in meinem Kopf und in meinem Riechzentrum. Ich komme an einer Baustelle vorbei und rieche frischen Asphalt, doch das ist nur der Anfang. Schnell wird dieser erste Eindruck zu einem lebhaften Bild von Barolo. Asphalt ist mein persönlicher Trigger für den teerartigen Charakter der Nebbiolo-Traube; mit diesem rauchigen Hauch assoziiere ich Röstkaffee und in Weinbrand eingelegte Sauerkirschen. Nimm dann noch getrocknete Rosen, Leder, Trüffel und ein bisschen trockenen Waldboden mit Herbstlaub dazu, und voilà: Nebbiolo – in seiner vornehmsten Heimat, dem Piemont. Ich laufe dann durch den Park, wo die Gärtner gerade das Gras mähen. Dieses scharfe, stechend grüne Aroma erinnert mich an grüne Paprikaschoten; es mischt sich mit dem Duft der Zitronenbäume in der Nähe und verbindet sich zu einem lebhaften Bild von Zitronengras. Nimm dazu noch etwas Grapefruit und Katzenpisse, und peng: Ich spaziere geradewegs durch eine Flasche Sauvignon Blanc aus Neuseeland.

Meine Gedanken schweifen weiter zurück, an meine Zeit an der Uni. Ich schwimme im kühlen Baggersee eines Kalksteinbruchs und rieche, wie moosiges Wasser über feuchten Kalkstein schwappt: ein ungemein knackiger, steiniger, charakteristischer Duft. Auf einer Decke zwischen weißen Wildblumen am Ufer schneide ich einen säuerlichen Granny-Smith-Apfel auf. Dann merke ich, dass dieser Tagtraum in Wirklichkeit von Chablis handelte. Der Chardonnay, der in diesem

Teil Frankreichs wächst, hat so eine typische Flusskiesel-Mineralität, die Mischung aus Kalkstein und Kreide wie im Steinbruch, mit einer frischen Säure wie von Äpfeln und einem eleganten, schlanken floralen Reiz. Du siehst, Weinbeschreibungen müssen nicht besonders technisch oder sogar intellektuell sein; manchmal kommen sie einfach aus dem Gefühl heraus. Je mehr du diese bleibenden Eindrücke mit den Gerüchen und Aromen in deinem Glas verbinden kannst, umso weiter bist du schon auf deinem Weg zum „aktiven" Verkosten, achtest auf Tendenzen in deinem Schmecken und kannst die „Trigger" für verschiedene Trauben, Orte und Weinstile genau erkennen.

Viele der wirksamsten „Aufhänger", die du dir zum sofortigen Erkennen von Trauben, Stilen, Jahrgängen oder Regionen anlegen kannst, ergeben sich aus nichts anderem als aus Erinnerungen. Diese Emotionen waren in einem bestimmten Moment stark genug, um sich dir ein Leben lang einzubrennen, also nutze sie! Nimm etwa den folgenden Text, den ich vor ein paar Jahren für eine französische Literaturzeitschrift geschrieben habe. Er ist sehr viel mehr eine Erzählung als eine Verkostungsnotiz, aber ein Beispiel dafür, wie eine Erinnerung, die nur aus wenigen Sekunden besteht, das Wesen eines Ortes ganz und gar erfassen kann. Sie hat die Verkostungsnotiz im Endeffekt dauerhaft in meinen Gaumen eingraviert:

Nebbiolo und frischer Asphalt

In der Toskana bretterte ich in einem deutschen Sportwagen durch dichte Wälder und sanft geschwungene Täler in halsbrecherischem Tempo die Straßen hinunter; ich hatte es eilig, noch etliche Termine warteten auf mich. Welche Gefahren vor mir lagen, ahnte ich kaum.

Später an diesem Vormittag ging ich ein paar Schritte über das Anwesen eines Chianti-Winzers und durch die gepflegten Gärten seiner Villa. Ich kam zu einem breiten Weg, der zu den Kellern führte. Doch nach ein paar Schritten merkte ich, wie sich mir die Nackenhaare sträubten. (Offenbar haben sich in mir noch ein paar primitive Instinkte erhalten, trotz meiner furchtbaren Domestizierung.) Im hellen Mittagslicht stand direkt auf dem Weg vor mir eine Familie von Wildschweinen: Mutter, Vater, drei Kinder, das volle Programm. Die nackte Angst ließ unser aller Bewegung und die Zeit selbst erstarren, während unsere Blicke sich trafen. Die Frischlinge schlugen sich eilig in die Büsche, ich erwartete das drohende Urteil. Das leere, eisige Starren der Muttersau rief eine tiefe Ruhe in mir hervor, trotz meines heftig klopfenden Herzens. Die Ganzheit der Toskana blitzte vor mir auf, ihre ungezähmte Schönheit und wilde Romantik. Die vertrauten Aromen von Herbstlaub, schwelenden Feuern und ziehendem schwarzem Tee drangen in meine Nase. In den Hufen des Tiers steckte feuchte Erde, wilder Rosmarin, der sich im borstigen Fell verfangen hatte, und Überreste von reifen Sauerkirschen versüßten den stechenden Moschusgeruch – sie garnierten den bitteren Cocktail dieses Augenblicks. Die Realität nahm eine seltene Schärfe an, fuhr mir in die Glieder mit all der enttäuschten Wut eines noch nicht entdeckten Stars: So stand ich da, ein veritables Fabergé-Ei der Verletzlichkeit vor dieser Ankündigung von Zähnen und Hauern. Doch trotz des frischen Geruchs nach Schweinefleisch in meinem Frühstücksatem sprangen die Wildschweine davon, und die Lebensgeister kehrten zurück in meinen irdischen Körper.

Und so wird mein Geist immer dorthin zurückschweifen; mit jedem Glas rotgewandetem Chianti Classico, das ich einschenke, kommt mir dieser Weg wieder in den Sinn. Eine ruhelose Seele auf der Suche nach dem Teil von mir, das immer noch dort in den toskanischen Hügeln gefangen ist. Und auch wenn man wohl niemals wirklich „ist, was man isst", kann man sicher sagen, dass „wir waren", was wir trinken. Denn ehrlicher Wein ruft Erinnerungen wach. Er ist nicht nur ein Produkt von Emotion, sondern auch ihr Auslöser.

ERSTE SCHRITTE:
LERN DEN TEXT,
DANN KLAPPT DIE ROLLE

> *Sticks and stones*
> *may make your Vosne;*
> *but grapes*
> *will never hurt you.*
>
> JUSTIN G. LEONE

Der Baum, der sich nicht lumpen lässt:
Ein Weinvokabular aufbauen

Vielleicht ging es Mister Miyagi ja nicht nur um billige Hilfe im Garten, als er den armen Karate Kid den ganzen Tag seine Bonsais schneiden ließ. Vielleicht wollte er etwas Bestimmtes. Ich lasse meine Schüler genau dasselbe machen, nur mit ihren Geschmacksknospen anstatt der Gartenschere. Deine ersten Schritte auf dem Weg zum Somm-Sensei musst du nämlich machen, lange bevor du deinen ersten Blindverkostungs-K.o. landen kannst. Zu Beginn soll das simple Bild eines Baums dein Verständnis von Wein mit dem notwendigen Leben erfüllen. Er besteht aus vier einfachen Teilen:

Die Baumkrone:
Die Früchte deiner Arbeit

Fangen wir oben an. Lass uns im weiteren Sinn davon ausgehen, dass dies der allumfassende, Leben tragende Teil des Baums ist, von dem alle guten Dinge und alle Früchte stammen. Ob die tatsächliche Frucht, um die es jeweils geht, in Wirklichkeit von einer Rebe, einem Strauch oder einer anderen Pflanze kommt, lassen wir mal beiseite und bleiben abstrakt, damit die Metapher funktioniert. Es geht damit los, den Fruchtcharakter (oder dessen Fehlen) zu bestimmen: Das ist der erste Kontakt, der erste Eindruck – und aus einer Vielzahl von Gründen vielleict der aussagekräftigste. Ist die Frucht reichhaltig, süß, vielleicht sogar bombastisch, kommt sie höchstwahrscheinlich nicht aus einem besonders kalten Klima. Ein Beispiel für die Foodies unter euch: eine Caprese, also Tomaten mit Mozzarella, im Februar in München zu bestellen hat genauso viel Sinn (nämlich keinen) wie Pasta mit weißen Trüffeln im September. Die Tomaten werden grün, unreif, sauer sein. Kein Vergleich mit den fruchtig-süßen, runden Aromen, die Tomaten im September haben. Man schmeckt die „Jahreszeit" der Frucht auf Anhieb. In gleicher Weise kann man – auch wenn es aufgrund der breiten Palette von Interpretation, Herkunft, gewähltem Klon und Philosophie des Erzeugers unmöglich ist, jede Rebsorte in die richtige Schublade einzusortieren – TYPISCHE Aromen und Geschmäcke erkennen, die in jeder Traube zu finden sind, und dies als Standard für die persönlichen Erwartungen nehmen. Einem Geschmack einen Namen zu geben hat aber nur Sinn, wenn der Geschmack bekannt ist, und das, Freunde, erfordert Übung. Es geht nicht darum, die Früchte einfach nur zu essen, du musst sie AKTIV essen. Achte darauf, was da in deinem Mund ist und analysiere es bis ins letzte Detail. Was für ein TYP von Beere oder Apfel ist es? Welche Jahreszeit ist gerade, und hat sie einen Einfluss auf den Geschmack? Welche Variationen könnte es geben? Wo habe ich das schon einmal geschmeckt?

Keine gute Idee dürfte es allerdings sein, Obstände zu belagern und an allen möglichen Früchten herumzuschnuppern. Glaub mir, ich hab mir schon jede Menge böser Blicke eingefangen, weil ich auf dem Markt ein paar Melonen zu viel begrapschte. Und da war ich noch nicht mal am Obstand angekommen. Egal, wenn es dir ernst damit ist, die Unterschiede zwischen Granny Smith, Fuji, Macintosh, Golden Delicious und eingemachten Äpfeln kennenzulernen, dann nimm dir eine Woche Zeit, um jede einzelne Sorte zu essen. Konzentriere dich dabei darauf, ihre Süße, ihre Säurestruktur, ihren Tanningehalt und ihre „Grünheit" im Vergleich zur Reife wahrzunehmen und finde heraus, wie das jeweils in das Spektrum von kühlem, gemäßigtem oder warmem Klima passt. Und dann mach das mit jeder Frucht, jedem Gemüse, jeder Wurzel, jeder Beere, jedem Blatt, jedem Kraut und jedem Gewürz, das du nur in die Finger kriegst. Du wirst dich wundern, um wie viel besser du plötzlich auch kochen kannst. Stell dir nur vor, was für exotische und fesselnde kulinarische Experimente du mit einer solcher Könnerschaft im Aromenuniversum veranstalten kannst! Allez, Maître!

Aromarad:
Echt jetzt?
Du findest es millionenfach im Internet. Aromaräder sind unterteilt in große, allgemeine Gruppen, die sich dann bis hin zu sehr speziellen, detaillierten Begriffen weiter untergliedern, um einzelne Unterkategorien von Früchten, Gemüse, erdigen Tönen und sogar Weinfehlern zu beschreiben. Bei allen diesen Rädern, Diagrammen, Tafeln und so weiter geht es darum, deinen Wortschatz zu verfeinern; darum, jeden Eindruck, den dir deine Synapsen ins Gehirn feuern, so genau einzugrenzen, dass du nicht nur eindeutig „Apfel" wahrnimmst, sondern die genaue Apfelsorte. Nicht einfach Blumen, sondern welche genau? Nicht nur rote Beeren, sondern Erd- oder Himbeeren, und sind die eher hellrot und säuerlich oder dunkel, reif und süß? Aber ehrlich gesagt, Aromaräder sind auch old school wie nur sonst was. Such dir ein paar aus, wenn es dir Spaß macht; ich dagegen halte lieber die verdammte Frucht selbst in der Hand – spüre, schmecke, genieße und erinnere mich.

Wenn du für deine Studien einkaufen gehst, dann nimm nur, was du vorher in die Hand genommen und woran du gerochen hast. Du erfährst instinktiv, wie essbar und hoffentlich lecker diese Frucht oder dieses Gemüse ist, indem du seine Festigkeit spürst und riechst, ob es „grüne", also unreife Noten hat, oder ob es umgekehrt saftig, rassig, süß und vollreif ist. Trauben beginnen, wie das meiste Obst und Gemüse, ihr Leben als Knospe und werden dann zur Blüte. Es leuchtet ein, dass eine Frucht schon einen verdammt hohen Reifegrad erreichen muss, um ihre Herkunft aus den Wurzeln vergessen zu machen. Zwischen der bitteren, adstringierenden „grünen" Phase und der süßen, marmeladigen Überreife gibt es unendlich viele Zwischentöne.

Größer könnte der klimatische Unterschied nicht sein: die kühle Champagne und das heiße Barossa Valley.

Auf Wein bezogen, sagt dieser Aspekt des Schmeckens viel über eine der wichtigsten und WESENTLICHSTEN Wahrheiten beim Wein aus: seinen Ursprung.

Ursprung also: Von dort kommt der Wein her. Das Klima lügt nicht und ist im Wein immer präsent. Ein Chardonnay aus einer arschkalten Region wie der Champagne, wo man in den meisten Jahrgängen nur mit Mühe auf einigermaßen vernünftige Reifegrade kommt, lässt sich unmöglich mit einem Chardonnay aus dem heißen, trockenen Barossa Valley in Australien vergleichen. Mit dem Anstieg der Temperatur reift die Traube in immer schnellerem Tempo, während der Zuckergehalt (sprich: der potenzielle Alkohol!) steigt und die Säure weniger wird. Fast als ob die Säure aus dem Wein „herausgebacken" wird. (Schmeckt der Chardonnay mehr nach Omas Apfelkuchen als nach einer bitteren Quitte, bist du wahrscheinlich gerade in einer warmen Region.) In kalten Klimata dagegen sehnt man sich nach mehr Zucker, um Körper und Viskosität zu bekommen: buchstäblich das Fleisch auf den Knochen des Weins. Ganz zu schweigen von einer großzügigen Portion Frucht, um gegen den Säuregehalt anzukommen, besser gesagt, ihn auszugleichen. Logischerweise geraten die Weine in kalten Gegenden und/oder Jahrgängen eher schlanker, spannungsreicher und besitzen eine unverkennbare frische Säure. Und sie riechen und schmecken auch buchstäblich „grüner" als reifere Exemplare.

Um das Konzept ganz auf den Punkt zu bringen, eignet sich nichts besser als unsere alte Freundin, die Banane! Das typische Farbspektrum der Reife von Bananen ist wie folgt, von ganz und gar unreif bis zu: „Upps! Ein bisschen zu lange rumgelegen."

Grün

Grün mit leichtem Gelbton

Grün an den Enden, aber hauptsächlich gelb

Ganz gelb, nur noch am Stiel grün

Kräftiges Gelb

Gelb mit braunen Stellen

Braun mit gelben Stellen

Dunkelbraun

Und wenn man das Bild allgemein ausweitet auf Weiß- und Rotweine, sieht das Spektrum etwa so aus:

Für Weißweine   Für Rotweine

Für Weißweine

Limette
Zitrone
Grapefruit
Orange
Passionsfrucht
Ananas
Grüne Melone
Mango
Quitte
Granny-Smith-Apfel
Gelber Apfel
Roter Golden-Deli-
cious-Apfel
Pink-Lady-Apfel
Apfelmus
Gebackener Apfelkuchen

Für Rotweine

Cranberry
Sauerkirsche
Himbeere
Blaubeere
Brombeere
Pflaume
Frisches Dattelkompott
Trockenfeigen
Feigenkonfitüre

HOLZ VOR DER HÜTTE

"
So if you don't mind me sayin'
I can see you're out of aces.
For a taste of your whiskey,
I'll give you some advice.
"
KENNY ROGERS, „THE GAMBLER"

Ich finde es immer sehr lustig, wie meine deutschen Gäste auf das Thema Eichenholzausbau reagieren. Es gehört mit Sicherheit zu den drei gefürchtetsten Themen eines Tischgesprächs, gleich nach Politik und Religion. Konfrontiert mit einer Weinempfehlung, läuft das dann so:

Gast: „Okay, aber der ist ohne Holz, nicht wahr? Kein Holz. Holz geht für mich gar nicht."

Ich: „Na ja, Rain Man, natürlich ist da etwas Holz. Es ist ein Qualitätswein." (Okay, den „Rain Man" lasse ich am Tisch weg. Meistens.)

(Blick des Gasts, der 86 % Verwirrung und 14 % persönliches Beleidigtsein enthält)

Und genau diese Situation zwingt mich zu der Überlegung: Welches schändliche Verbrechen könnte ein Fass an diesem armen Menschen nur verübt haben, um einen so unversöhnlichen Groll hervorzurufen? Wurde er oder sie als Kind in einen mit Holz ausgekleideten Transporter gelockt und mit einer schrööcklichen Fassdaube unsittlich berührt? Leg dich auf die Couch, atme tief durch und lass uns darüber reden. Das Holz ist nicht der Bösewicht. Und es war sicher nicht der Grund für deine schreckliche Migräne nach der Hochzeit von Cousin Veto.

Das Holz kann nichts dafür, sondern Veto, weil er den billigsten Scheiß eingekauft hat, den er nur finden konnte – mehr Konservierungsstoffe, Farbstabilisatoren, kommerziell produzierte synthetische Hefe und Gott weiß was sonst noch alles anstatt einem echten Erzeugnis aus Trauben. Das, und die vierte Flasche, von der du gar nicht mehr weißt, dass du sie runtergeschüttet hast, bevor du nackt in der Vogeltränke baden wolltest, haben die Sache nicht besser gemacht.

Doch bevor wir hier weitermachen, versprich mir eines: Das nächste Mal, wenn der Sommelier mit der Weinflasche kommt, denk nach, bevor du unbedacht etwas losplapperst wie: „Ist der in Holz ausgebaut?", denn die Frage ist dumm. Sie führt zu nichts und zeigt nur, dass du keine Ahnung hast. Und wenn du womöglich mit einem „Somm-Snob" zu tun hast, stehst du für alle Zeiten auf der schwarzen Liste. Aber wir wollen dem Blödmann diese Gelegenheit ja nicht geben. Ich zeige dir, wie du mit diesem Thema wie ein Profi umgehst.

Zuerst und am wichtigsten: IST DER EINFLUSS VON NEU-EM HOLZ IM WEIN STARK ODER EHER NEUTRAL?

Eichenfässer sind ein bisschen wie Teebeutel. Beim ersten Aufguss lösen sich, sagen wir mal, 70 Prozent der Aromen des Teebeutels im heißen Wasser. Beim zweiten noch einmal 20 Prozent. Mit jedem weiteren Mal geht der Einfluss des Beutels auf das Wasser, in das man ihn taucht, immer mehr gegen Null (okay ihr Nerds, Pu-erh, Sencha und Lapsang Souchong sind ausgenommen). Mit der Eiche ist es ähnlich. Bei der ersten Fassfüllung saugt der Wein eine ordentliche Portion der typischen Eichenaromen auf, was wir gleich noch besprechen werden. Mit jeder weiteren Verwendung gibt das Fass mehr und mehr dieser Aromen an den Wein ab, bis es so neutral wie irgendein Stahlbottich, Betontank oder eine Tonamphore geworden ist. Die Holzfasern lassen allerdings Sauerstoff in minimalen Mengen durch im Gegensatz zu geschlossenen Stahl- oder Betontanks. Wie viel neues Holz sollte man verwenden? Es ist jedenfalls kein Schalter, den man an- oder ausknipst. Es ist vielmehr ein feiner Blend, vergleichbar einer Würzmischung, mit der man eine Rinderbrust einreibt, bevor sie langsam geräuchert wird.

Die meisten Kellermeister kaufen ihre Fässer bei unterschiedlichen Herstellern beziehungsweise „Tonneliers", da jedes Fass ein eigenes Aromaprofil hat. Alle wirken sich etwas anders auf den Wein aus, manche sind aggressiver, manche subtiler. Einige steuern mehr für die Struktur des Weins durch Tannine bei, andere für die Oxidation, das Geschmacksprofil usw. Und falls ihr Mädels euch das fragen solltet: Ja, die Größe ZÄHLT hier!

Auch wenn du einen Hauch blödes neues Holz in deinem Wein entdeckst, musst du trotzdem nicht alle Hoffnung auf Eleganz fahren lassen. Die Größe des Fasses hat einen enormen Einfluss darauf, wie deutlich sich das Eichenaroma im fertigen Wein bemerkbar macht. Im Verhältnis von Wein zu Holz hat ein Standard-225-Liter-Fass logischerweise einen doppelt so großen Einfluss auf den Wein wie ein Fass mit 500 Litern. Was den Gedanken nahelegt: Zu fragen, wie viel „neue Eiche" bei der Produktion verwendet wurde, hat so viel Sinn, wie den Koch zu fragen, wie viel Salz im nächsten Gang ist. Eine Prise für den Amuse-Bouche-Happen ist nicht vergleichbar mit einem ganzen Topf Gulasch. Aber noch wichtiger ist die Frage, welche Rolle die Eiche tatsächlich spielt. Strukturierte, dichte, kraftvolle Weine vertragen mehr neue Eiche, weil sie auch lange Lagerzeiten benötigen. Ein solcher Wein könnte zu 75 Prozent in neuen Fässern aus französischer Eiche ausgebaut werden, und man würde trotzdem kaum etwas bemerken. Katastrophal wird es, wenn man das gleiche Rezept auf eine elegante Rebsorte aus kühlem Klima anwendet: Das würde dem schlanken, eleganten feinen Saft ein ziemlich nuttiges „Eichen-Make-up" verpassen. Und ein Wein sollte, wie ich finde, doch mehr nach diesem großartigen Saft schmecken als nach einem Deepthroat mit einer Fassdaube.

Schlagen wir uns noch etwas tiefer ins Holz: Worum geht's genau?

„Holz" meint Eiche. Die drei wichtigsten für die Weinbereitung verwendeten Sorten sind: amerikanische Weißeiche sowie zwei Arten von französischer Eiche. Es gibt aber auch noch viele andere, etwa aus Ungarn, Slowenien, Deutschland und sogar China. In Teilen Italiens werden traditionell Fässer aus Kastanienholz verwendet, anderswo Akazie und Kirschbaumholz. Man kann sagen, dass slowenische und ungarische Eiche, auch wenn sie zur selben Art gehören wie die französische, irgendwie subtiler mit dem Wein interagieren. Das liegt vielleicht an der größeren Feinporigkeit, die dichter abschließt und weniger Aromen in den Wein eindringen lässt. Ein weiterer wichtiger Faktor ist das TOASTING. Nach dem Trocknen und vor dem Zusammenbau werden die Fassdauben über offenem Feuer in Form gebracht. Sie werden geröstet, so wie wir als Kinder über dem Lagerfeuer Marshmallows geröstet haben. Je länger dieses Ankohlen der Dauben dauert, umso mehr „heavy Toast" bekommen sie ab, was dem Wein später logischerweise umso mehr rauchige Toastnoten verleiht. Dazu kommt ein bisschen süßes Holztannin durch den Prozess der Karamellisierung, das aber von anderer Art ist als das Tannin aus den Traubenschalen. Die meisten Kellermeister bevorzugen Fässer mit mittlerem Toasting, mal mehr, mal weniger, je nachdem. Ein Fass mit starkem Toasting bekommt man außerhalb der Bourbon-Region Kentucky kaum zu sehen.

„Kochen" mit Holz

Um zu erklären, warum Weinmacher im Keller Eiche verwenden, schauen wir uns einen Chefkoch an, der in der Küche letzte Hand anlegt. Für jedes Gericht sind Fleisch, Fisch usw. gegart, die Saucen erwärmt, die Beilagen vorbereitet. Nun richtet der Chef die Teller an, schmeckt endgültig ab, fügt die Garnitur hinzu ... Details, die noch

Das Toasting und die Eichenart machen den Unterschied.

die letzte Würze, Knackigkeit, Pfiff oder Schärfe bringen. Dieses finale Abschmecken und Anrichten macht einen enormen Unterschied, entscheidet zwischen „gut" und „wow!" und ist eine Kunst für sich. Feinfühligkeit ist das Geheimnis: zu viel Salz, zu wenig Säure, zu viel Sauce für zu wenig Protein, und ein ansonsten fantastisches Gericht kann furchtbar in die Hose gehen. Ein unvollendeter Wein vor seiner endgültigen Zusammenstellung ist dem ganz ähnlich. Wenn die Trauben angeliefert werden, muss der Chef entscheiden, wie der Wein zubereitet werden soll. Wie lang der gepresste Saft beispielsweise mit den Schalen EINGEMAISCHT bleiben soll. Ob, und wenn, wie lange, der Wein „SUR LIE" (auf dem Hefesatz) reifen soll, wann BÂTON-NAGE angewendet werden soll (dabei wird die Hefe, die sich auf dem Grund des Fasses oder Tanks abgesetzt hat, aufgerührt, um mehr Kontakt mit dem Wein zu haben. Die Hefen verleihen dem Wein – ganz besonders deutlich bei Champagner – eine im Vergleich zur Eiche andere, an Toast und Brioche erinnernde Cremigkeit.) Wann soll AB-GEZOGEN werden (womit das Überführen des Weins von einem Fass oder Tank in ein anderes gemeint ist, um ihn von der Grobhefe zu trennen und Oxidation, Klärung und eventuell auch den biologischen Säureabbau zu ermöglichen. Das ist im Prinzip nichts anderes, als eine alte Flasche zu dekantieren.) usw. Im Grunde genommen wird der Wein also erst einmal „vorbereitet", und dann ist es der Job des Kellermeisters, ihn „abzuschmecken" und „anzurichten". Französische Eiche in ihrer subtilsten Form ist ein Element, das eine schöne Nuance von Toast, Crème Caramel oder frischer Tahiti-Vanille hinzufügt, vielleicht auch Gewürznoten wie von Nelke, Muskatnuss oder sogar etwas in der Richtung wie Zimtrinde, Röstkaffee und Bitterschokolade, je nachdem, aus welchem Wald die Eiche stammt: aus NEVERS, ALLIER, TRONÇAIS, den VOGESEN oder dem LIMOUSIN, um nur ein paar Beispiele zu nennen.

So wie Sel Gris, Maldon Sea Salt, rosa Himalaya-Salz, schwarzes Vulkansalz und Smoked Sea Salt ganz unterschiedlich würzen, hat auch jedes Fass einen enormen Einfluss auf das Endprodukt. Die ersten drei der gerade genannten Eichenarten haben das härteste und feinporigste Eichenholz ganz Frankreichs. Deswegen genießen sie auch in Regionen, die langlebige Weine mit zwei bis zehn Jahren Fassreife erzeugen, das höchste Ansehen. „Traditionelle" Kellereien verwenden ihre Fässer bis zu einem halben Jahrhundert lang, bevor sie sie erneuern. Die feinen Poren sorgen für einen graduellen, eleganten Einfluss auf den Wein, sodass der Kellermeister bei der Reifung keinen übertriebenen Eichenton im Wein befürchten muss. Der Wein nimmt langsam minimale Mengen an Sauerstoff auf, die ihm Komplexität verleihen ohne das penetrante Aroma von neuem Holz. Bäume aus den Vogesen im Elsass liefern dagegen grobporigeres Holz, das sich für längere Reifung nicht so gut eignet. Dieses Holz gibt typischerweise alles, was es zu bieten hat, schon im ersten Jahr ab, wodurch es für Trauben wie Pinot Noir und Chardonnay, die empfindlicher auf Oxidation reagieren, besser geeignet ist. JUPILLES ist ein weiteres interessantes Beispiel. Dieses Holz aus dem Loire-Tal überträgt – womöglich nicht ganz zufällig – wunderbar subtile florale, fast fruchtige Nuancen, die sich sehr schön mit Chenin Blanc und Sauvignon Blanc vereinen. Beide Trauben sind ebenfalls hier heimisch und brauchen mit Sicherheit keinen massiven Vanilleschub aus dem Eichenholz, um zu glänzen. Zu viel Eicheneinfluss in diesen frischen Weinen wirkt so, als würde man ein von Natur aus wunderschönes Gesicht mit greller Schminke zukleistern. Und schließlich gibt es die Eiche aus dem Limousin. Sie ist der Rüpel unter den Hölzern, mit so großen Poren, dass sie ihre Aromen schneller hergibt als eine 18-Jährige auf dem Abschlussball ihre Unschuld. Für die meisten Weine sind diese massiven Vanillenoten aber viel zu aggressiv. Limousin-Eiche hat schließlich ihren Platz nicht im Himmel, aber in Cognac gefunden. Durch ihre Alkoholstärke sind Weinbrände für die kräftigen Aromen dieses Holzes geradezu prädestiniert, und mittlerweile sind auch Brenner von Rum, Gin und Tequila auf den Trichter gekommen.

Verbindet ihm die Augen, Männer!
Er geht über die Planke

Die Fähigkeit, den spezifischen Einfluss der Eiche auf einen Wein zu erkennen, kann bei einer Blindverkostung manchmal den entscheidenden letzten Hinweis geben. Die einzigen Länder, in denen heutzutage typischerweise amerikanische Eiche verwendet wird, sind Spanien (vor allem für Old-School-Rioja und -Ribera-del-Duero), Portugal, Amerika (erstaunlicherweise viel seltener als anderswo) und gelegentlich Südafrika. Wenn dir dieser Duft von Dill, Kokosnuss, Buttertoast und Vanilleextrakt, wie man ihn zum Backen verwendet, in die Nase kommt: Heureka! Du bist auf amerikanische Eiche gestoßen!

Aber auch wenn du nicht den Ehrgeiz hast, Blindverkoster zu werden, ist Holz beim Wein ein Element, das nicht nur wichtig, sondern auch faszinierend ist. Ich werde nie eine Blindverkostung vergessen, die 2004 bei Nicolas Potel stattfand: ein Dutzend Weine, alle rot, alle in Papiertüten. Ich dachte, dass zumindest ein paar von ihnen Burgunder waren, erlesen, rein, königlich. Wohl einige aus Volnay, Beaune, möglicherweise ein Chambolle-Musigny und ein Morey-Saint-Denis. Vielleicht war auch ein Cabernet Franc im Mix, eventuell sogar ein Pinot Meunier aus Oregon, einige Crus Beaujolais. Ich war ziemlich sicher, es draufgehabt zu haben: Jahrgänge, Gemeinden, sogar Erzeuger. Bis die Tüten entfernt wurden: zwölf Weine, ein einziger Jahrgang, ein einziger Cru der Côte Chalonnaise, eine einzige Traube, elf Hölzer verschiedener Herkunft. Leck' mich am Arsch! Wenn es Homer-Simpson-Momente gibt, bei denen man sich nur auf die Stirn schlagen und „Neinn!" stöhnen will, dann gehörte der zu den Top Five aller Zeiten. Aber welcher Freak nimmt einen Grundwein her und baut ihn auf zwölf verschiedene Arten aus? Kurios waren auch die Etiketten; anstelle des Ortes (in diesem Fall Mercurey) wurde an der entsprechenden Stelle der Wald genannt, aus dem das Fassholz stammte. Und nicht nur das, in der Ecke oben rechts stand auch noch der spezielle „Einzelwald"-Block, zum Beispiel „a1b4", wo der Baum gefällt worden war. „Terroirholz" aus einem bestimmten Mikroklima? Holy Shit! Und alle fielen drauf rein. Kein einziger von uns hatte vermutet, dass auch nur zwei Weine vom selben Erzeuger stammten, geschweige denn, dass es derselbe Wein war. Die Moral der Geschichte? Holz ist eine ganz eigene Welt, also sieh dich vor!

Und wenn mir Blindverkostungstricks einfach schnuppe sind? Dann was?

Mit Tanninen musst du dich auf jeden Fall befassen, ungeachtet aller Taschenspielertricks. Holz bringt nämlich nicht nur Sauerstoff und vielfältige Aromen in den Wein, sondern auch TANNIN. Das ist ein wesentlicher Bestandteil, insbesondere in Rotwein. Tannine gehören zu den Polyphenolen, und man findet sie in Traubenschalen, Kernen und Stielen. Tatsächlich enthalten auch Tee, Bitterschokolade, Kaffee, Kräuter, Baumrinde und verschiedene andere Früchte wie Cranberrys Tannin. Das letzte Mal, als du deinen schwarzen Tee zu lange hast ziehen lassen oder zu lange auf einer Pflaumenschale herumgekaut hast, da hast du wahrscheinlich ein „pelziges", trockenes, fast sandig-körniges Gefühl im Mund und auf der Zunge bekommen. Das, Freunde, ist Tannin. Mutter Natur hat es außerdem so eingerichtet, dass das Tannin in dem Wein, den wir trinken, eine wichtige Rolle als Antioxidans spielt. Wein tendiert wie viele andere Produkte auch von Natur aus zum Oxidieren. Wenn du einen Apfel aufschneidest, ist er innen weiß. Dann lass ihn auf dem Schneidbrett liegen, und voilà, nach ein paar Stunden ist er braun geworden, genauso wie der Wein in der offenen Flasche auf dem Küchentisch. Der wird auch schon einige recht deutliche „Sherryaromen" angenommen haben, wie von Nüssen, brauner Butter und vielleicht auch von etwas, das unangenehm an Schweiß erinnert. Es ist sowohl der Job des Weinmachers als auch unser Job als Weinkellner, so ein Ende zu verhindern. Oder, besser gesagt, die langsame Oxidation durch richtige Lagerung und richtiges Servieren so zu steuern, dass etwas Köstliches bleibt. So wie eine minimale Schwefelung das vermag, halten auch die positiven Aspekte des Tannins einen Wein in der Jugend frisch und elastisch. Je nach Rebsorte kann diese jugendliche Lebhaftigkeit unter ungünstigen Bedingungen aber auch in eine raue, bittere, aggressive Adstringenz umschlagen.

UM DEN STAMM HERUM: LANDSCHAFTSGESTALTUNG FÜR DIE SINNE

> " *Wein ist Licht,*
> *gebunden durch Wasser.* "
>
> **GALILEO GALILEI**

Viele meiner Gedanken findest du superspannend und neu, aber vielleicht nicht immer ganz normal. Ich auch! Aber Spaß beiseite, wir dürfen den Fokus auf die gesicherten Grundlagen nicht verlieren, die Elemente, die wir buchstäblich vor der Nase haben. Also hab Geduld mit mir, wenn wir jetzt noch ein paar Basics durchnudeln. Es geht um die Dinge, die um unseren Baum der Erkenntnis herum sind. Und nicht vergessen: Wir sprechen über Gerüche und Düfte, also über etwas, was zutiefst persönlich ist. Die meisten Weine riechen, vergleichbar mit einem feinen Parfüm, direkt nach dem Öffnen der Flasche anders als Stunden später in der Karaffe. Und so wie Düfte mit der individuellen Körperchemie reagieren, hinterlässt auch ein Wein auf jedem Gaumen (theoretisch) einen etwas anderen Eindruck. Deshalb vermeide ich normalerweise zu strikte Weinbeschreibungen, auch wenn ein paar grundlegende Ankerpunkte außerordentlich hilfreich sein können, um den eigenen Geschmack kennenzulernen und eigene Interpretationen zu formulieren. Hier kommen die Kategorien.

Gras & vegetabile Noten

Vielleicht kennst du bereits neuseeländischen Sauvignon Blanc, der vor frisch geschnittenem Gras mit seinen schmissigen grünen Noten nur so strotzt. Er ist nur ein Beispiel dafür, wie vor allem Weißweine

„vegetabile" (man kann auch sagen: pflanzliche) Aromen wie grüne Paprikaschote, Zuckererbse oder sogar grünen Spargel im Gepäck haben. Bei den Rotweinen spiegeln bekannte Geschmäcke wie rote Paprikaschote, Tomate, Aubergine oder Olive nur einen Querschnitt durch das Spektrum wider, das dich da aus deinem Saumur-Champigny heraus anlacht. All diese Noten finden sich in unterschiedlichem Maße in verschiedenen Rebsorten, und keine davon ist negativ zu verstehen. Einige Sorten legen lediglich ein „kühleres" Benehmen an den Tag im Vergleich zu ihren „sonnigeren", exotischeren Gegenstücken. Je mehr du verkostest, umso besser wirst du erkennen, welche Sorten cool und gelassen bleiben und welche ihrem Temperament freien Lauf lassen.

Beispiele:
Weiß: Verdejo, Albariño/Alvarinho, verschiedene norditalienische Weißweine, Yellow Muscat/Gelber Muskateller, Silvaner
Rot: Chilenischer Carmenère, Cabernet Franc, kühlklimatischer Cabernet Sauvignon, Blaufränkisch, Blauburgunder, Lemberger

Kräuter & Gewürze

Für die Kombination mit Speisen sind Weine mit ausgeprägt kräuterwürzigem Profil der Traum jedes Sommeliers. Schließlich ist es unsere Aufgabe, Gerichte zu ergänzen, nicht, sie zu erschlagen, und diese komischen Käuze können mit ihrer sehr eigenwilligen Natur einen Menügang aufwerten wie sonst nichts. Einen solchen Wein schenke ich lieber erst aus, wenn die entsprechende Speise bereits serviert wurde, und ohne vorherigen Probeschluck. Er ist so speziell, dass das Fehlen dieses Speisekontextes tödlich sein könnte. Es sind Weine, die eine einzigartige Synergie herstellen; sie fügen der Speise etwas hinzu, was sie noch nicht hatte, sie bringen sozusagen den Gedankengang zu Ende. Das beste Beispiel ist der klassische Begleiter zu gebratenem Lammkarree. Wilde Lämmer ernähren sich von den Gräsern und Kräutern, die auf dem Land wachsen, und einige davon enthalten das Aroma, das die Franzosen „garrigue" nennen: eine Mischung – ähnlich den Kräutern der Provence – aus Rosmarin, Thymian, Basilikum, Lavendel und anderen. Kräftig-würzige Aromen wie von Zimt, Muskatnuss, Nelke, Pfefferkörnern aller Art (rosa, schwarz, grün oder weiß), Blättern der

Schwarzen Johannisbeere, Tomatenblättern, Zypressen, Salbei, grünem/schwarzem/weißem Tee können dem Wein schöne komplexe Nuancen verleihen, die sich wunderbar mit Speisen kombinieren lassen.

Beispiele:
Weiß: Grenache Blanc, Roussanne, Marsanne, Semillon, Gewürztraminer, Pinot Gris, Trebbiano, Furmint
Rot: Sangiovese, Barbera, Nebbiolo, Grenache, Syrah, Mourvèdre, Graciano, Canaiolo, Alicante, Zinfandel, Aglianico, Mencía, Xinomavro, Teroldego, Zweigelt, Refosco, Pinot Meunier, Merlot

Blumen

Einige Rebsorten erinnern an einen Spaziergang durch blühende Wiesen an einem warmen Sommertag. Das reicht von weißen Pfingstrosen über gelbe Margeriten bis zu roten Rosen, Veilchen oder Lavendel, Hyazinthen, Jasmin oder Flieder. Ein „kühleres" Beispiel wäre die klassische Eleganz weißer Blumen bei Chablis, während man eine wärmere, vollere Variante etwa beim Gewürztraminer findet mit seinem verräterischen Bouquet von Hagebutte und Lanolin. Und schließlich die Rhône, wo der Viognier seine ganze Fülle erreicht, überbordend mit Düften von Geißblatt und Orangenblüte. Wenn du diese Gerüche nicht selbst aus der freien Natur kennst, kannst du sie auch in Seifen, Lotionen, Raumsprays oder Duftkerzen erschnuppern, was die Sache für dich leichter macht, als du denkst. Das mag alles sehr feminin klingen, und ich bestreite auch nicht, dass florale Aromen in aromatischen weißen Sorten oft stärker präsent sind, doch auch in Rotweinen sind sie ein Element. Ein großer Côte de Nuits Pinot Noir duftet unverwechselbar nach Lavendel, ein Chinon Cabernet Franc prunkt mit Veilchen, ein klassischer Barolo Nebbiolo hat eine kräftige Nase von getrockneten Rosen und Pfingstrosen.

Beispiele:
Weiß: Riesling, Chenin Blanc, Chardonnay, Malvasia, Muscat, Soave, Falanghina, Fiano di Avellino, Viognier, Arneis, Gewürztraminer, Chasselas, Fernão Pires (Portugal), Gros und Petit Manseng (Jurançon), Godello (Spanien)

Leder, Tabak, Blut und Schweiß ...

Animalische Noten, Leder, Tabak & Blut

„Wo die wilden Kerle wohnen" passt auf einige Trauben viel besser als „Frühstück bei Tiffany". Gäste kichern oft, wenn mir das Wort „animalisch" im Gespräch über einen Wein herausrutscht, aber für bestimmte schweißige Biester ist das die einzig richtige Beschreibung. Sie hat was zu tun mit der sogenannten Erdigkeit, eine Kategorie, in die wir später noch tiefer eintauchen werden. Aber während einige Trauben wie Regenbögen und Einhörner sind, ähneln andere mehr dem Stall, in den das Einhorn abends heimkommt. Heu, Scheiße, Moschus, Schweiß, gut eingeöltes Sattelleder, der Geruch der ausgedrückten Zigarre des Cowboys und des Pferdes, das er dabei geritten hat. Glaub mir's oder nicht, aber das sind ganz besonders hoch gehandelte Aromen, die man in vielen der begehrtesten Weinjuwelen dieser Welt findet. Diese besonders deftigen Aromen können auch in jüngeren Weinen auftauchen, wahrscheinlicher aber ist es, dass sie zum Vorschein kommen, wenn der Wein schon eine gewisse Reife erlangt hat. Sie klingen „maskulin" und kommen auch tatsächlich in robusten roten Sorten viel häufiger vor als in feinen weißen. Mit der Zeit können aber auch Weißweine ähnliche Eigenschaften entwickeln. Das geht manchmal bis hin zu „fleischig" oder „blutig". Bei einem meiner ersten Weinerlebnisse mit einem Rotwein aus dem Languedoc war ich wie vom Donner gerührt gewesen, wie der Geschmack eines Weins, der ja nun mal aus Trauben gemacht wird, sich im Mund in Grillfleisch, Kräuter der Provence und Blut verwandeln kann. Um uns allen das Leben ein bisschen leichter zu machen, kürze ich hier die Liste der roten Beispiele ab, aber vielleicht hast du Lust, ein paar der „erdigeren" Weißen aufzutreiben und selbst herauszufinden, was ich meine.

Beispiele:
Weiß: Chenin Blanc (hauptsächlich Savennières), weißer Rioja Gran Reserva (gereift), Savagnin (Jura), Furmint (Ungarn), Chasselas
Rot: Cinsault, Syrah (gereift), Malbec, Nebbiolo (gereift), Pinotage, Tannat, Tempranillo, Sangiovese (gereift), Baga, Sagrantino, Pinot Noir (Burgund)

Honig & Nüsse

Eine mir nur allzu vertraute Reaktion der Gäste, wenn ich einen gereiften Weißwein einschenke, ist: „Wow! Schaut euch die Farbe an ... und er schmeckt irgendwie wie ... Cognac!" Hm, ja und nein. Ich kann sie nachvollziehen, diese naheliegende Reaktion auf den dunkleren Farbton – Mahagoni oder Wildblumenhonig – in Kombination mit einem Geschmack, der nicht sofort „frische Früchte und Blumen" kräht. Völlig daneben ist diese Analyse nicht, aber wir können dieses Erlebnis besser ausdrücken.

Beispiele:
Trockene Weiße: Fiano di Avellino, Semillon (gereift), Roussillon (gereift) Garganega (Soave), Grenache Blanc, Riesling (gereift), Clairette, weißer Bordeaux (gereift)

Und dann gibt es noch das süße Zeugs. Seit den alten Römern, wahrscheinlich sogar seit den alten Ägyptern, wurden Weine mit einer guten Portion Restzucker sehr geschätzt. Süße Dinge waren – im Gegensatz zur heutigen grauenhaften Allgegenwärtigkeit – selten und meist der Oberschicht vorbehalten. Das begründete das geheimnisvolle, abgehobene Flair, das Dessertweine umgab. Man kann diesen süßen Kuss der Vornehmheit auf mehreren Wegen erreichen, etwa durch das Vergären des Rosinensafts sonnengetrockneter Trauben, wie es etwa an den heißen Stränden Siziliens traditionell geschieht. Oder, genau anders herum, im berühmten Eiswein Deutschlands. Für den werden die Trauben bei einer Temperatur von minus sieben bis acht Grad gelesen. Das Wasser in den Trauben ist dann gefroren, und nur ein Tropfen hyperkonzentriertes Elixir kann sanft herausgepresst und vergoren werden. Die dritte und häufiger angewendete Methode hat mit einem speziellen Schimmelpilz namens BOTRYTIS CINEREA zu tun. Was man normalerweise sofort wegschmeißen würde, wenn man es im eigenen Kühlschrank entdeckt, führt zu einer Transformation in Weintrauben, die an einen Kokon erinnert. Der sonst magere, säuerliche Sauvignon Blanc wird in diesem erstaunlichen Pilz-Pelz am Ende der Ernte zu einem wunderbaren Sauternes-Schmetterling. Wie der amerikanische Schriftsteller Jay McInerney einmal schrieb: „Seit Baudelaire Opium rauchte, hat keine Fäulnis mehr in solche Schönheit gemündet." Geschmack, Viskosität und Süße, die in ein und derselben Traube bis dahin undenkbar waren, entstehen scheinbar aus dem Nichts, wenn der Schimmel die ganze chemische Zusammensetzung der Traube verändert, den Zuckergehalt dramatisch konzentriert und gleichzeitig die natürliche Säure auf einen Höchststand bringt.

Beispiele:

Süße Weiße: Sauternes, Tokaji, gereifte Riesling Trockenbeerenauslese (TBA) / Eiswein, österreichischer „Ausbruch", Constantia, Vin Santo, Vouvray Moelleux

UNTER DEM BAUM:
MACH DIE MOTORHAUBE AUF UND
ZEIG, WAS ER DRAUF HAT

> " *It's a naïve domestic Burgundy*
> *without any breeding,*
> *but I think you'll be amused*
> *by its presumption.* "
>
> **JAMES THURBER**

TERROIR. Oh mein Gott, das MUSSTE ja noch kommen, was? Hört sich an wie ein bärtiger Hipster mit Männer-Dutt, der sich weltmännisch geben will, indem er gelegentlich ein „Je ne sais quoi" oder „Really awesome" an unpassender Stelle einstreut. Aber Terroir ist keine leere Phrase, sondern eine unwiderlegbare begriffliche Grundlage des Weins. Und, wichtiger noch, hier fangen wir an, die Muttersprache des Weins zu sprechen und dringen damit in seine überwältigenden Tiefen ein. Zwar ist „Terroir" von „Terre" abgeleitet, dem französischen Wort für „Erde" beziehungsweise „Boden", und viele Profis verwenden es auch oft synonym für „Bodentyp", die Idee dahinter reicht jedoch viel weiter. Es gibt für diesen Begriff keine direkte Übersetzung. Er fasst in einem Wort die Einzigartigkeit eines Weinbergs auf das Wesentliche zusammen: der magische Algorithmus, der die Geologie, die Ausrichtung, die Höhe, die Wetterbedingungen, den Typ und das Alter der Reben, die Philosophie des Winzers und viele andere Aspekte in einer einzigen eleganten Wendung enthält. Und auch wenn es sich der herkömmlichen Logik entziehen mag, ist das Ergebnis doch größer als die Summe seiner Teile. Aber wir wollen uns auf das konzentrieren, was unter unserem metaphorischen „Baum" ist. Die schon erwähnte „Erdigkeit" beziehungsweise die „erdigen" Aromen gehören zum Aussagekräftigsten, was ein Wein zu bieten hat. Wir haben bereits festgestellt, dass ein Wein das Produkt seiner „Erziehung" ist, und er deshalb in jedem Glas eine Geschichte erzählen oder ein Bild malen sollte. Jeder halbwegs anständige Wein sollte seinen Wurzeln und dem, was sie in ihn zu transportieren vermochten, treu sein. Es ist deshalb keine besondere Überraschung, dass ein großer Chablis leicht nach Kreide schmecken sollte, ein feiner Mosel-Riesling seine Petrolnote aus dem Schiefer holt und ein Weltklasse-Pomerol irgendwie an Töpferton erinnert. Es kann sogar passieren, dass du in einem Wein den Bodentyp noch vor der Rebsorte herausschmeckst!

Wir schauen uns gleich ein paar der wichtigsten Bodentypen an, aber keine Sorge, das hier wird kein geologisches Hauptseminar. Es soll dir eher helfen zu verstehen, woher ein Wein kommt, damit du besser einschätzen kannst, wohin er geht. Man könnte sagen, dass der Boden für den Wein das ist, was die Kultur für den Menschen ist: Die Werte der anderen zu verstehen schafft ein allgemeines Verständnis. Wenn du dein Leben so lebst, dass du alle Franzosen für arrogante Ärsche hältst, wirst du nie die Begeisterung spüren, die in jeder Ecke von Paris steckt. Was eine verdammte Schande wäre. Und wenn du denkst, dass Italiener nur chaotische, korrupte Chauvinisten sind, wirst du dich nie in die Schönheit und die Geschichte Roms verlieben. Auch das wäre ziemlich blöd – für dich. Die „Kinderstube" eines Weins zu schmecken – und das meine ich ganz und gar nicht anzüglich – heißt, mit der Welt um dich herum in Verbindung zu stehen.

Viele der weltbesten Rebflächen wurden von Mönchen angelegt, diesen alles andere als extrovertierten Burschen in Kutten, die wenig aßen, viel tranken und lieber ihre geliebten Reben hätschelten, anstatt sich auf Tinder herumzutreiben. Mit ihrer glühenden Hingabe an Glaube und Weinbau waren diese Kapuzen-Misanthropen auch verantwortlich für die Kartierung der berühmtesten Weinbaugebiete: Champagne, Burgund, Rhône-Tal, Piemont, Mosel, Priorat usw. Und dazu waren sie mit nichts als einem feinen Gaumen und einer Obsession für den Boden unter ihren Füßen bewaffnet. Sie registrierten jeden kleinen Spalt, jede Bruchlinie, jede unterirdische Verwerfung, alle Mikroklimata, alle Höhenunterschiede. Ihre akribisch gezeichneten Karten sind noch heute gültig. Allein aus geduldiger Beobachtung und der Aufzeichnung, wie die Unterschiede der Böden sich auf Wachstum und Ertrag der Weinstöcke, der Rebzeilen und der Parzellen auswirken, zogen sie Grenzlinien. Sie definierten sogenannte Lieudits innerhalb von Weinbergen (so was wie Flurnamen), unterschieden Grand Crus von Premier Crus und fanden heraus, welche Trauben an welchen der sehr verschiedenen Stellen am besten gediehen – und all das aufgrund des „Terroir".

Und ohne jetzt zu tief in dröge Details zu gehen: Liegt es nicht nahe, dass ein kühles Klima, das „kühle" Bestandteile wie Schiefer, Kalkstein oder Kreide enthält, auch mit „kühlen" Rebsorten harmoniert? Rasiermesserscharfe Profile, die mit straffer Säure und wenig Alkohol glänzen? Wie es andersherum einleuchtet, dass dort, wo eine erbarmungslose Sonne auf Granit und Sand brennt, nur die Starken überleben. Breitschultrige Typen mit Haaren auf den Zähnen, die ihre feminine Seite nicht gern zeigen. Kerle von echtem Schrot und Korn: wenig Säure, null Zucker und eine ausladende, volle, würzige, ölige, oft alkoholische Persönlichkeit mit ausgeprägter Fassreifung. Wenn du die Sonne im Glas buchstäblich schmecken kannst, kannst du davon ausgehen, dass sie auch da ist. Und wenn nicht, lohnt es sich auch nicht, lange zu suchen. So einfach kann das sein. Und wenn du dann noch den Zusammenhang herstellen kannst, wo genau diese Bodentypen existieren, bist du ein gutes Stück näher dran, deine Lieblingsweine in- und auswendig zu kennen.

Lass uns mit einer Sammlung von Begriffen beginnen, mit denen man das Wesen eines Weins tiefer erfassen kann, bevor wir mit der fortgeschrittenen Lektion über Bodentypen und die Regionen, in denen man sie findet, weitermachen. Mit ein bisschen Anleitung wirst du bewusster, genauer und gründlicher verkosten. Du wirst in dem, was du trinkst, Trends erkennen und diese zunächst mit Regionen verbinden. Später dann (mit etwas Wissen darüber, was unter diesen berühmten

Orten liegt) wirst du diese Weine auch mit den Böden, auf denen sie wachsen, in Beziehung setzen können.

Leder / Tabak / Tee
Felsig / Flusswasser
Graphit/ Asphalt / Teer
warmer Ziegelstein / Bimsstein
Kreide / Staub
Salz / salzhaltig / Meer
Trüffel / Pilz / Wurzeln / Wurzelgemüse
Waldboden / feuchte Erde / Moos
Benzin / Petrolnote
Pferd / Kuhstall / Heu

Grundbegriffe für „Erdigkeit"

Dein Zweijähriger lutscht an Steinen und kaut auf Dreck herum? Da ist er etwas auf der Spur!

Manchmal kann Wein sogar logisch sein. Bei Bodentypen und dem, was sie hervorbringen, ist das ganz sicher der Fall. Als Wein-Aficionados haben wir die Pflicht, die Eigenschaften dieser häufig vorkommenden Mineralien zu kennen, um wirklich verstehen zu können, warum die Weine, die auf ihnen wachsen, so schmecken wie sie schmecken. Und wenn du gelernt hast, den einzigartigen Charakter zu erkennen, den diese Böden weitergeben, und wie erstklassige Weinmacher ihren Einfluss interpretieren, kannst du in Nullkommanichts erstklassigen Sommelier-Tratsch von dir geben. Ich habe hier nicht alle Bodentypen aufgeführt, sondern nur die wichtigsten beziehungsweise häufigsten. Und wenn du Schwierigkeiten hast, sie mit dem Inhalt des Glases vor dir in Verbindung zu bringen, dann stell dir vor, welche Oberfläche deine nächste Küchentheke haben oder woraus deine neue Dusche bestehen sollte. Und vielleicht wird dir ja auch das körnige Zeugs, auf dem du bei deinem nächsten Malediven-Urlaub in der Sonne liegst, neuen Respekt abverlangen.

Granit – der Missing Link zu den Enfants Terribles: Ton, Sand und Kalkstein

Granit gilt als die Mutter aller Felsen und somit als die Kruste von Mutter Erde selbst. Aber tatsächlich ist Granit nur ein riesiger Softie. Durch Verwitterung hat er Sand, Ton und Kalkstein über den ganzen Globus verteilt. Die Partikel überdauerten prähistorische Ozeane und spielten vielleicht sogar eine Rolle bei der Entwicklung der Schalen früher Meereskrebstiere. Verrückt, oder? Granit erhebt sein grandioses Urhaupt insbesondere an einem Ort sehr deutlich: dem Beaujolais. Aber vergiss den „Nouveau"-Quatsch, diesen üblen (wenn auch auf traurige Weise brillanten) Marketingtrick, um einem Publikum, das sich nur zu gern hinters Licht führen lässt, trostlose Pferdepisse anzudrehen. Ich spreche von den zehn besten Gemeinden im Beaujolais, die als „Crus" bekannt sind. Eine Region, die sich einst ins eigene Schwert gestürzt hat, ist drauf und dran, ein glorioses Comeback zu erleben. Die Weine sind nämlich saugut. Ich erinnere mich immer noch sehr gern an mein erstes großes Beaujolais-Erlebnis in einem damals unbekannten Laden im Städtchen Beaune in Burgund. Der Laden war eine Schatzkiste: massenweise faszinierende reife Weine aus „schlechteren" Jahrgängen, dubiosen Appellationen und von unbekannten Winzern. Manchmal schmeckten sie furchtbar, aber wenn sie gut waren, dann war das reine Magie in Flaschen. Ich hatte einen Fleurie aus den 1980ern, einen Moulin-à-Vent aus den 1990ern und einen Morgon aus den frühen 2000ern. Und eines Tages besorgte ich mir einen 1966er, und bei dem schmolz mir das Hirn. Er zählt bis heute zu den wichtigsten Weinen, die ich je verkostet habe. Vielleicht weil er aus heiterem Himmel kam, aber ein echter Hammer war er auf jeden Fall: Kraft, Grazie, Eleganz und tagelang Frucht.

Die Mineralität großer Beaujolais-Weine ist kristallklar (ein paar Weinberge haben auch einen guten Schuss Schiefer im Boden, nur zur Info), auch wenn Granit seine Struktur im Vergleich zu anderen Bodentypen manchmal nur nach und nach enthüllt: massiv, dicht, rund und doch irgendwie zart. Das ist Beaujolais in seiner Essenz: dunkle Farbe, runder Körper, reichhaltiger Charakter und doch leicht, raffiniert und elegant mit delikatem Tannin und feiner Säure. Völlig anders als der gezackte, eckige Schiefer, der großen Riesling hervorbringt, anders als die präzise, aber auch fragile Schönheit der Kreide mit ihrem Chablis oder die rohe Fleischigkeit der Tonböden in Pommard. Granitböden finden sich auch in einigen der besseren Weine aus dem Elsass und des nördlichen Rhône-Tals, die die gleiche Balance von kraftvoll und filigran aufweisen.

Ton – ein starker Kleber

Es ist kein Zufall, dass Blumen in Tontöpfe gepflanzt werden, denn darin sind sie ihrem natürlichen Lebensraum am nächsten. Ton ist ein Wundermaterial; er kann geformt, gebrannt, gehärtet und in jegliche Gestalt gebracht werden. Diese Tonarten sind für Reben allerdings meist ganz furchtbar. Im Gegensatz dazu kann „quellfähiger" Ton für durstige Reben aufgrund seiner Wasserrückhaltefähigkeit ein sicherer Hafen sein. Da Ton wie ein kristalliner Kartenstapel strukturiert ist, kann er tief bohrenden Wurzeln wie ein Klettergerüst dienen und bietet ihnen an heißen, trockenen Tagen einen schönen kühlen Schluck.

In Dürre-Jahrgängen ist er ein Segen, in besonders nassen Jahren kann er eine Katastrophe sein. Auf jeden Fall ein spannendes Terroir, auch wenn sich die „Ton-Aromen" nicht immer leicht ausmachen lassen. Sie sind eher so etwas wie der Mörtel zwischen Mineralschichten, weniger etwas ganz und gar Eigenes. Trotzdem gibt es ein paar sehr bedeutende Beispiele von einzigartigem Charakter.

POMEROL – Diese unvergleichlich eleganten „Burgunder aus Bordeaux" wachsen hauptsächlich auf Tonböden unterschiedlicher Ausprägung. Manchmal ist mehr Sand, Löss und so dabei, was der Traube, die diese Bedingungen besonders liebt, nämlich dem umgänglichen Merlot, jedes Mal einen ganz eigenen Dreh verpasst. In Topform duften diese Weine tatsächlich nach frischem Töpferton. Während der Reifung kommen dann wunderbare animalische Eigenschaften dazu: die Fleischigkeit des Merlot, die in einen fokussierten, strukturierten und in den besten Jahrgängen reichhaltigen, fast likörartigen Fruchtcharakter übergeht. Und auch wenn diese Weine mit der Tanninstruktur ihrer auf Cabernet basierenden Geschwister vom linken Ufer mithalten können, entwickeln sie mit der Zeit doch eine Weichheit und ein geschmeidiges Gefüge, die unvergleichlich sind.

POMMARD – Das ist eine Gemeinde in Burgund zwischen Volnay und Beaune. Pommard zeigt aber weder den runden Charakter der Weine seines Nachbarn Beaune noch die filigrane Femininität der Volnays weiter im Süden. Pommard ist eher kantig, ungehobelt und rustikal. Es sind Pinot-Weine, die eine Deftigkeit verströmen, die beinahe an rohes Fleisch oder sogar Blut erinnern. Klingt zu sehr nach Bram Stokers „Dracula"? Dann denk an die Böden. Auf einem früheren Trip zum Weinberg namens Clos des Épeneaux des Comte Armand starrte ich ungläubig auf die blutrote, eisenhaltige Tonerde – Einschlüsse von Eisen durchziehen hier die Erde wie aus einer Schrotflinte geschossen. Kein Wunder also, dass der Wein in seiner Jugend so brutal ist. Aber das ist Pinot auf Eisen und Ton und erklärt, warum er so völlig anders ist als die opulenten Pinots aus Beaune mit ihrem südlichem Flair von sandigen Böden oder die flotten, raffinierten Schönheiten von Kalkstein und Löss in Volnay.

Sand – mehr als nur geschmeidig

Gerade hast du dir gedacht, dass das alles ziemlich kompliziert wird, aber jetzt kommt's: Sand ist weich, und so sind auch die Weine, die Sandböden hervorbringen. Endlich ist was logisch! Berühmte Sandböden findet man im piemontesischen La Morra, dessen Weine – ganz im Gegensatz zu Serralunga – bekannt sind für ihren vollen, runden, samtigen Charakter. Das Gegenteil von der Schmirgelpapier-Rauheit, die einem die Haut vom Gesicht zieht. Einige der weichsten Bordeaux-Exemplare stammen aus Pessac-Léognan, das nicht zufällig auf Sand liegt. Auch die vollen, ausladenden, köstlich dekadenten Zinfandels und Petite Sirahs aus der kalifornischen Region Lodi entstehen auf einem guten Teil Sandboden, ganz zu schweigen von den dunklen, dicken, schwerblütigen Rotweinen aus dem spanischen Jumilla. Und last, not least stammen einige meiner absoluten Lieblings-Australier aus dem Barossa Valley, McLaren Vale und Eden Valley von knorrigen 200 Jahre alten Weinstöcken auf Sandboden, manchmal gleich neben Palmen. Und ich meine wirklich 200 Jahre alte Weinstöcke, denn auf diesen Böden können Reben so alt werden.

Ein ruchloser Schädling, bekannt als „Phylloxera" oder Reblaus, landete um 1870 erstmals im französischen Cahors an, breitete sich im Nu wie ein Lauffeuer aus und vernichtete in den folgenden vier Jahrzehnten Rebflächen auf der ganzen Welt. Glücklicherweise hatte die Reblaus eine Achillesferse: Sie mochte keinen Sand in den Schuhen. In sandreichem Terroir konnte sie sich nicht richtig vermehren, weshalb diese Gebiete weitgehend lausfrei blieben. Der zweite Schwachpunkt wurde viel später entdeckt und rettete uns buchstäblich den Wein, wie wir ihn kennen. Die Lösung stand direkt vor unserer Nase: Da die Reblaus auf amerikanischen Wurzelstöcken eingeschleppt worden war, mit denen in Europa experimentiert werden sollte, musste es einen Grund geben, warum diese Reben bei der Ankunft noch am Leben waren. Offenbar sagten sie ihren hungrigen blinden Passagieren nicht sonderlich zu. Infolgedessen wurden von da an alle Reben auf amerikanische Wurzelstöcke gepfropft, sogenannte Unterlagsreben. Deswegen können wir bis heute Wein genießen. Regionen mit Sandböden, oft als „zweitklassig" eingestuft gegenüber den hochnäsigen Regionen mit ihren vielen

Schiefer-, Kalkstein-, Ton- und Kreideböden, hatten am Ende den letzten Lacher. Einige der ältesten bekannten Reben wachsen auf ihren eigenen Wurzeln in sandigen Böden, unangetastet von der Bedrohung. Das haut rein, was Kreide! Wer ist jetzt hier die Lusche, hä?

Kalkstein – der Stoff, aus dem Legenden sind

Ich habe eine sehr persönliche Beziehung zu Kalkstein aus der Zeit, die ich an der Indiana University verbrachte. Immer wenn ich den Film „Breaking Away" anschaue (auf Deutsch unter dem schwachsinnigen Titel „Vier irre Typen – Wir schaffen alle, uns schafft keiner" herausgekommen), bringt mich das zurück zu den Tagen, als ich draußen auf dem Land in aufgelassenen Steinbrüchen geschwommen bin. Dieser unvergessliche Geruch von Brunnenwasser, nassem Kalkstein, Moos ... fast wie Kreide, aber nicht ganz. Kantiger, schärfer. Gewichtiger. Das ist genau die Grundlage, die einem Chevalier-Montrachet seine fesselnde Nervosität verleiht, einem Serralunga seine ungeheure Kraft, einem Sancerre die chirurgisch präzise Säure, einem Saint-Émilion die klare Kante und einem Ribera del Duero die königliche Balance aus Kraft und Präzision.

Experten sprechen mit einer Selbstverständlichkeit von „aktivem" Kalkstein, als ob sie Mitglieder eines Geheimbundes wären, die wüssten, was zum Teufel das überhaupt sein soll. Aber Angeberei beiseite, es ist tatsächlich ganz einfach: Es gibt „ruhenden" und „aktiven" Kalkstein. Letzterer ist ein fürsorglicher Gastgeber, der alles bietet, was eine Rebe für eine glänzende Zukunft braucht, wo immer sie Wurzeln schlägt. Und er ist auch ein möglicher Faktor im Rätsel Burgund, dessen Weine lebhafter, komplexer und alterungswürdiger sind als andere Pinots oder Chardonnays von ähnlicher Attraktivität.

Und weil wir schon dabei sind: Burgund ist sowieso mein Steckenpferd! Diese Region hat etwas so Besonderes und Einzigartiges, dass sie zum absoluten Vorbild für alle Pinot-Noir-Liebhaber wurde, und es gibt nicht wenige, die ihre majestätische Größe nachbilden wollen. Ich glaube, jeder Pinot-Erzeuger, der nicht zugeben würde, am liebsten selbst in Weinbergen wie Richebourg, Chambertin, Musigny oder

Clos de Vougeot Wein erzeugen zu dürfen, hätte eine Schraube locker. Und ohne die herrlichen Hänge am Mont Rachet (der Berg, an dem die Lagen Montrachet & Family zu Hause sind, also Bâtard, Bienvenue-Bâtard, Criots-Bâtard und Chevalier) würde Chardonnay sicherlich nicht in jeder Ecke dieser Welt angebaut werden. Diese Weine sind wahre Ikonen; sie verkörpern eine unfassbare Eleganz und Grazie, zusammen mit einer fast übernatürlichen Präsenz. Eine stille Macht ohne plumpe Muskeln, dafür mit einer beispiellosen Intensität und Komplexität. Und das liegt weitgehend am einzigartigen Kalkstein, der im Gewebe der verschiedenen Böden an der Côte d'Or vorhanden ist. Übrigens kann sich jeder diese Weine leisten, nämlich aus den preisgünstigsten Gebieten der Region: Pouilly-Fuissé, Mâcon, Saint-Aubin und Auxey-Duresses, nur um ein paar großartige Gemeinden für einen Crashkurs in burgundischem Kalkstein-Chardonnay für wenig Geld zu nennen. Und obwohl Montrachet beileibe kein Alltagswein ist, solltest auch du ihn dir einmal im Leben gönnen.

Trio Infernal – die drei Arten von Schiefer

Vorbemerkung: Was man auf Deutsch landläufig „Schiefer" nennt, können ganz unterschiedliche Gesteine sein. Gemeinsam ist allen, dass man sie in dünne, flache Platten aufspalten kann. Für die folgenden drei Typen hat das Englische eigene Wörter.

Schieferton / Tonstein (shale)

Denk dir „Jurassic Park" ohne einen stotternden Jeff Goldblum. Und anstatt von in Bernstein eingeschlossenen Moskitos nimm alten Ton, der mit reichlich anderen Mineralien sowie Überresten urzeitlichen Lebens durchsetzt ist. Jedes Stück ist eine Art prähistorisches Museum.

JURA – Kaum eine Region ist faszinierender (und wird mehr gehypt) als der Jura. Der östlich von Burgund bis in die Nähe des Mont Blanc verlaufende zerklüftete Gebirgszug heißt genauso wie das Erdzeitalter, in dem er entstand. In Urzeiten war es ein Meeresbecken, und man findet hier eine Reihe von sehr unterschiedlichen Bodentypen. Der außergewöhnlich hohe Kalksteingehalt aus den Sedimenten prähistorischer Meeresmuscheln hat dem Jura den Ruf verschafft, das „Burgund

I. LEARNING: GRAB IT. Unter dem Baum: Mach die Motorhaube auf und zeig, was er drauf hat

der nächsten Generation" zu sein. Tatsächlich kann der rote und graue Schiefer in den Böden die Ton-, Kalkstein- und Mergelböden der Côte d'Or nachahmen. Und das ist der Knackpunkt: Jenseits des eigenartigen Vin Jaune (wörtlich: „gelber Wein") von Château Châlon, der an Sherry erinnert und auch unter einer Hefeschicht ähnlich dem „Flor" von Jerez reift, können die viel geradlinigeren Pinots und Chardonnays verdammt köstlich sein. Die Chardonnays verbinden auf verblüffende Weise frische Säure mit leicht nussiger Rundheit. Die Pinots stützen sich auf knackige Frucht, ohne die krautigen Noten vieler deutscher Spätburgunder zu haben, und sie sind nicht so reif oder dunkel, wie Pinots aus Oregon sein können. Zwei weniger bekannte lokale Schätzchen werden von den Sorten Poulsard und Trousseau erzeugt – zwei ziemlich einzigartige Trauben mit gegensätzlichen Stilen: Erstere ergibt helle, fast durchsichtige Rosés, Letztere enthüllt eine gewisse Rustikalität mit einer dunkleren Farbe und rauen Tanninen.

Tonschiefer / metamorpher Plattenschiefer (slate)

Ein hartes Gestein, wie eine Diamantklinge, und so sind auch die Weine, die von dieser Schieferart kommen. Die Struktur ist metallischer, eher mit Splittern durchsetzt als mit Körnern. Die Weine bohren sich hinterrücks in den Gaumen wie ein Knastmesser. Und wenn man bedenkt, wie viel Zeit sie brauchen, um gefügiger zu werden, kann man sie auch zu 20 Jahren schwerem Kellerdasein verknacken. Das wird ihnen eine Lehre sein.

MOSEL – Ich könnte tagelang von dieser Region schwärmen und werde das später auch tun. Nur ist der Wind unter den Flügeln eines großen Mosel-Rieslings nicht ätherisch, sondern viel erdverbundener: Schiefer. Riesling und Schiefer gehören zusammen wie Sonny & Cher, Batman & Robin, Weißbier & Weißwurst. Wer jemals auf den gefährlich steilen Spitzenlagen wie der Wehlener Sonnenuhr, dem Wiltinger Gottesfuß, dem Mertesdorfer Herrenberg oder dem Brauneberger Juffer stand, der hat Majestätisches erfahren. Die Weine verströmen den Duft eines einzigartigen „Benzin-Terroirs", so als würde man an der Tankstelle am Zapfhahn schnüffeln. Und auch wenn du das merkwürdig findest, bei uns Weinfreaks löst das einen Pawlow'schen Reflex

Fels pur: Die Wehlener Sonnenuhr an der Mosel

aus, der uns das Wasser im Mund zusammenlaufen lässt. Wie diese Weine es schaffen, bei gerade mal sieben bis neun Prozent Alkohol so griffig, kraftvoll und präsent zu sein, ist einfach überwältigend. Ihre Säure, scharf wie eine Pfeilspitze, rührt von ebenjenem Schiefer her und sticht durch das dichte Fleisch dieser Weine hindurch.

PRIORAT – Als ich zum ersten Mal nach Torroja kam, saß ein ledriger alter Mann auf der anderen Straßenseite neben dem verlassenen Kloster und schnitzte. Er sah lässig auf und fragte mich in breitem Katalanisch, ob ich Gras kaufen wolle. Ich kam mir vor, als wäre ich gestorben und in einem Film von Quentin Tarantino wieder aufgewacht. Ich lehnte höflich ab und gab ihm zu verstehen, das ich hinter etwas anderem her war: „Licorella". Ein einzigartiger Typ von rabenschwar-

I. LEARNING: GRAB IT. Unter dem Baum: Mach die Motorhaube auf und zeig, was er drauf hat

zem Schiefer, manchmal mit Streifen von goldenem Glimmer durchzogen, der in dieser Gegend häufig vorkommt. Die Berge reichen hier fast 1000 Meter hoch, und ihre 60 Grad steilen Hänge machen selbst der Mosel Konkurrenz. Der Oberboden ist so mager, dass man die Hänge kaum hochklettern kann – es ist, als würde man einen Haufen loses Kleingeld erklimmen wollen. Die Reben sind chaotisch gepflanzt, alle knorrig und gebeugt unter dem Druck der extremen Wetterverhältnisse, der heißen Tage und kalten Nächte. Kräftige Winde wehen über die Weinberge, oft stark genug, um Blätter und Trauben wegzureißen. Deshalb ist hier ein Rebenerziehungssystem namens Gobelet üblich, das für Schutz sorgt; dabei werden die Triebe nach oben wie ein Haarknoten zusammengebunden und formen so eine Art schützenden Korb für die wertvollen Trauben darin. Überleben ist hier alles. Die Rebe konzentriert ihre Energie hauptsächlich auf das Graben nach Nährstoffen und lässt wenig übrig für die Traubenentwicklung oben. Der Durchschnittsertrag pro Rebe liegt unter einem Kilo: Qualität schlägt Quantität. Nun könnte man annehmen, dass Überextraktion hier ein Problem ist, aber der Schiefer ist der Retter. Er nämlich sendet seine geheimnisvollen Gammastrahlen in die alten Grenache- und Carignan-Reben wie beim Riesling an der Mosel. Das sind die Superkräfte, die unter der harmlosen Erscheinung mit Anzug und Gleitsichtbrille schlummern.

Kristalliner Schiefer / Glimmerschiefer (schist)
Die anderen beiden Schiefertypen sind ja schon harte Jungs, aber der hier ist ein Knaller vom Schlag eines Samuel L. Jackson. Ein eiskalter Bruder, der jeden unter den Tisch trinkt, ein Street Poet, ein Killer. Der kompakteste Fels unter den dreien, entstanden in größeren und heißeren Tiefen als Tonschiefer – im Wesentlichen eine Mischung aus zusammengepresster Lava und Vulkanasche.

LOIRE-TAL – Das ist nicht nur die landschaftlich schönste Weinregion der Welt, sondern meiner Meinung nach auch eine der unterschätztesten. Das Kaleidoskop der Terroirs ist eindrucksvoll, ebenso wie die unterschiedlichen Stile, die sie hervorbringen. Das reicht von Melon de Bourgogne über Cabernet Franc, Grollot, Sauvignon Blanc bis zum König, dem Chenin Blanc. Die beiden unangefochtenen Herrscher hier heißen Vouvray und Savennières.

Auf der einen Seite stehen die Klarheit, der Reiz und die Vornehmheit des Chenin aus Vouvray: prächtig, dabei filigran, mit einer Säure wie ein Laserstrahl, die ein fantastisches Potenzial garantiert. Nicht viele Weine schaffen es, sowohl in der Jugend köstlich zu sein, als auch über 100 Jahre reifen zu können. Ihr kristalliner Fokus und ihre Delikatesse sind diesem speziellen Boden zu verdanken. Vergleiche einfach einen großen Jahrgang von Gaston Huets „Le Mont" mit einem einfachen Steen aus Südafrika, und du wirst augenblicklich verstehen, was ich meine. Und wer je die Gelegenheit gehabt hat, Gastons 1919er, 1929er, 1936er, 1945er oder sogar den mythischen 1947er zu verkosten, der kennt die enorme Kraft und chirurgische Präzision dieses Terroirs.

SAVENNIÈRES – Ein Name ist synonym mit diesem Terroir: Nicolas Joly, der König von Anjou. In dieser speziellen kleinen Ecke der Loire-Region liegt sein unvergleichliches Gut Roche-Aux-Moines, dessen Kronjuwel ein alter, ummauerter Weinberg ist, der im 12. Jahrhundert von Zisterziensermönchen angelegt wurde. Die Reben in diesem Clos de la Coulée de Serrant genannten Weinberg liefern einen Wein von wahrhaft majestätischer Größe. Anders als ihre Gegenstücke in Vouvray sind die hiesigen Chenins normalerweise knochentrocken. Doch obwohl es reichlich trockene Vouvrays gibt, meine ich, dass die wahre Stärke der Chenin-Weine in der Kategorie „Moelleux" liegt (dafür werden die Trauben später gelesen, und die Weine haben eine gute Portion Restzucker). Ihr Kennzeichen ist eine Eigenschaft, die ich keinem anderen Wein dieses Planeten zuordnen kann und die ich gern und mit Genuss beschreibe: Der verdammte Saft riecht wie nasses Schaf. Ohne Scheiß. Na, vielleicht ist sogar auch davon ein bisschen was dabei. In jedem Fall erdig. Dieses frappierende Aroma von nasser Wolle ist so einzigartig, dass es dich umhaut. Stell dir vor: Ein Schaf, unterwegs auf einer blumenübersäten Frühlingswiese in Richtung Melonenbeet, wo es grasen will, wird von einem kräftigen Regenschauer erwischt und stößt durch Zufall mit einem Bienenstock zusammen, wodurch es ganz in Honig getaucht wird.

CÔTE RÔTIE – Der „geröstete Hang" an der Rhône ist für viele der Mount Everest des Syrah. Eine fleischige, rauchige, erdige Köstlichkeit mit Noten von Wild und schwarzen Beeren. Bei dieser Traube mit der Fähigkeit, quasi in Nullzeit von mager, grün und echt herb in schlaff, formlos und marmeladig umzuschlagen, heißt der Feenstaub, der sie zur Goldmedaillenleistung dopt: Schiefer. Wie ein schlanker Jagdhund, im Vorstehen auf sein Beutetier fixiert, Muskeln gespannt, Haare gesträubt, Lefzen hochgezogen und leise knurrend. Das ist Syrah, wie ich ihn mag: handfest, machtvoll, und dabei vornehm.

Kreide es der Champagne an

Weißt du noch, wie es war, mit Kreide an die Tafel zu schreiben? Und wie du dann den Staub aus allen Tafelschwämmen klopfen musstest, nachdem dein Kaugummi in den Haaren deiner zukünftigen Exfrau gelandet war? Dann verstehst du diese beiden Böden schon ganz wunderbar, und auch den Charakter der Weine, die sie hervorbringen.

Von den beeindruckenden Klippen von Dover über die eher unspektakuläre Landschaft der Champagne bis zu den sanften Hügel von ... Austin, Texas? Yep. Von Kreideböden stammen einige der begehrtesten Weine der Welt. Das Texas Hill Country hat wohl noch eine Wegstrecke vor sich, auch wenn es eine enorme Rolle gespielt hat, Champagner, Cognac und Armagnac nach der Reblauskatastrophe zu retten. Das Prärieland um Austin bildete sich parallel zum Pariser Becken, einschließlich der Kreideböden von Chablis, der Champagne, Armagnac, Cognac und Dover. Da man Wurzelstöcke nicht einfach in jedes Terroir pflanzen kann, hatten die Franzosen Glück, als sie auf den einheimischen Experten T.V. Munson stießen; ein Weinbaufachmann, der in die Geschichte einging als „der Texaner, der den französischen Wein rettete". Unter seinen wachsamen Augen wurden die Reben dieser großen Regionen auf kompatible, resistente Wurzelstöcke texanischen Ursprungs gepfropft und bekamen so ein zweites Leben geschenkt.

Kreide kennt jeder. Dieser unverwechselbare staubige, steinige und scharfe Flussufergeruch, der in die Nase dringt. Nur fünf Minuten in Les Clos, dem berühmten Chablis-Grand-Cru, reicht aus, um das Bild vollständig zu zeichnen. Greif dir eine Handvoll Erde, und du hast eine veritable prähistorische Ausgrabung in der Hand. Fossilienabdrücke, Muscheln, Meeresschnecken und so weiter. Es ist fast surreal, die Vorgeschichte buchstäblich in der Hand zu halten, und was sie auf den Wein überträgt, ist pure Magie.

Die Champagne ist vielleicht nicht Burgund, aber sie liegt verdammt nah an Chablis, und das gehört zu Burgund. Beide verbinden nicht nur die bemerkenswert ähnlichen Böden, auch ihre Anfänge hängen direkt miteinander zusammen. Frühe Kaufleute aus dem Westen, die in der Bretagne angelegt hatten, reisten dann ostwärts über Reims. Und hier versuchten die Winzer der Champagne, mittelalterliche Unternehmer, die sie waren, den Burgundern zuvorzukommen. So entstand der Champagner, und er begann als STILLWEIN. Die Sache mit dem Schäumen kam später.

Vergiss nicht, die Champagne liegt noch ein bisschen weiter nördlich. Und da man damals noch nichts über das Verhalten der Hefe bei der Gärung und so weiter wusste, verhielten sich Chardonnay und Pinot in der deutlich kühleren Wachstumssaison anders als in Chassagne-Montrachet. Die Weine vergoren nur teilweise und wurden dann über den Winter in Eiskellern gelagert. Im folgenden Frühling wurde die Hefe wieder aktiv und produzierte neues Kohlendioxid – in der geschlossenen Flasche. Bumm! – die Ergebnisse waren echt explosiv. Man nimmt an, dass von den jährlich 10.000 erzeugten Flaschen etwa die Hälfte in Scherben auf dem Boden endete.

Trotz des Geschenks dieser Kreideböden mussten die Winzer immer noch mit dem Randklima zurechtkommen. Die hauptsächlich angebauten Pinot-Noir-Trauben erreichten bei den niedrigen Durchschnittstemperaturen nur selten eine auch nur passable Reife. Wein aus der Champagne erwarb sich einen Ruf als billige, aber bittere, grüne und dünne Alternative zu Burgunder. Es dauerte noch einmal 100 Jahre bis der Champagner, wie wir ihn kennen, Perfektion erreichte. Nachdem sie aber ihr Schicksal als Schaumweinproduzenten angenommen und die Vorzüge des Kreide-Terroirs zu schätzen gelernt hatten anstatt dagegen anzukämpfen, wollten sich die Erzeuger der Champagne schließlich auch von ihren Kollegen im flachen Süden abheben. Die stahligen Blanc de Blancs, die in den Côte de Blancs ausnahmslos von Chardonnay erzeugt werden, die fruchtigen, überschwänglichen Weine auf Pinot-Meunier-Basis aus dem Valée de la Marne und die strukturierten, festen und gleichzeitig opulenten Pinots aus Aÿ gehören alle zu den absolut besten Exemplaren in ihrer jeweiligen Klasse.

*Und ja, Champagner soll auch altern. Und ja, er kann auch „korkeln".

Vulkanböden – Disco Inferno

Vulkane sind echt eine dramatische Sache, oder? Aber du muss nicht noch mal den Untergang von Pompeji erleben, um vulkanische Erde zu erkennen. Wenn du kürzlich in der Sauna warst, dann erinnere dich an den Dampf, der direkt nach dem Aufguss herüberzieht, und du hast schon die halbe Miete. Der Rest ist dieses verführerische „Je-ne-sais-quoi" des Vulkanbodens, subtil, aber beharrlich, mit einer Würzigkeit in der Jugend, die sich mit zunehmender Reife in cremige Fülle verwandelt. Ohne dabei je seine belebende Mineralität und Säure aufzugeben. Die Weine sind in der Jugend oft fruchtig-überschwänglich, verwandeln sich mit der Zeit aber in echte Kampfhunde.

SOAVE – Wenn du denkst: „Um Gottes willen, jetzt sitze ich mit all den anderen Ärschen am Gardasee", sollte dich dein Auto einfach weiter nach Soave fahren, ein Städtchen mit erhaltener Stadtmauer und Burg auf einem alten Vulkanhügel. Noch höher liegen einige der besten Weinberge Italiens für Weißweine. Unangefochten stellt für mich der Garganega von alten Reben aus der Lage La Rocca von Pieropan den höchsten Standard des Landes dar. Lebhaft, erfrischend, flott und mineralisch in der Jugend, brechen seine forschen Gewürznoten wie ein Vulkan im Dekanter aus. Mit mehr Reife fließen sie wie goldene Lava: Marzipan, Pfirsichblüte, Waldboden und Power, Power, Power.

ETNA – Viele, die an seinen Hängen werkeln, sagen, dass der Ätna für den Weinbau wie der Mond ist, und ähnlich unerforscht ist sein unglaublicher Flickenteppich von Mikroklimata. Auch jenseits von kalten Wintern und brennend heißen Sommern balanciert die Weinproduktion hier auf dem schmalen Grat zwischen Begeisterung und Wahnsinn. Die Palette reicht von traditioneller Produktion zu überzeugten Anhängern der Orange-Wine- oder Naturwein-Bewegung. Der alte sizilianische Stil – vor allem dichter, oxidierter Nero d'Avola – hat einer Zukunft Platz gemacht, die auf angenehme Trinkbarkeit setzt. Klarere, präzisere Weine mit einem charakteristischen Biss. Das Weinbaugebiet könnte tatsächlich die neue Bastion für Naturweinfans werden. Die Weißen besitzen eine spürbar runde, konzentrierte Kraft, während die Roten eine wunderbar warme, an Bimsstein erinnernde Mineralität und feste, aber ausgewogene Tannine zur Grundlage haben. Ihre hellere Farbe verschleiert nur ihre immanente Eleganz, die ein paar Jahre Geduld beim Einkellern großzügig belohnt. Die Weine sind fast wie Piemontesen, nur sonnengebräunter.

Der Ätna: oben noch Schnee unten schon Wein

I. LEARNING: GRAB IT. Unter dem Baum: Mach die Motorhaube auf und zeig, was er drauf hat

DEDICATED FOLLOWER OF WINE: LEKTIONEN ÜBER TEXTUR, GEWICHT, ZWECK UND QUALITÄT

> *Jogginghosen (Lugana)*
> *sind (ist) das Zeichen einer Niederlage.*
> *Man hat die Kontrolle*
> *über sein Leben verloren,*
> *und dann kauft man eben Jogginghosen (Lugana.)*
>
> **KARL LAGERFELD (& JUSTIN LEONE)**

Viele Männer, die dies lesen, teilen mit mir sicher das Gefühl des Schreckens, wenn die Frau oder Freundin mit einem shoppen gehen möchte. Lieber würdest du dir den rechten Fuß abhacken, was? Nach diesem Kapitel aber gehst du womöglich freiwillig mit. Selbst wenn du dich für das Gegenteil von modebewusst hältst, sogar für eine echte Stilkrücke, hab keine Angst: Den Anfang, um WEINQUALITÄT zu erkennen, hast du buchstäblich in der Hand. Die Stoffe, Schnitte, Texturen, Formen, Gewichte, Farben und vor allen Dingen das Gefühl, das sie dir vermitteln, sind GENAU die gleichen, mit denen Wein verstanden wird. Ihr braucht nur ein bisschen Stilgefühl, Freunde.

Was macht man instinktiv, wenn man den perfekten Pullover sucht? Man nimmt ihn natürlich in die Hand und befühlt ihn. Als erstes spürt man das Gewicht: Ist er federleicht und sommerlich oder schwer und winterlich? Vielleicht auch etwas dazwischen; ein mittleres Gewicht mit dunklerem, kühlerem Einschlag für den Herbst oder immer noch leichtgewichtig mit einem lebhaften Gefühl für Frühling? Dieses erste

Gefühl vermittelt dir eine Vorstellung vom Zweck des Kleidungsstücks beziehungsweise von den Absichten des Modedesigners: Geht es um Bequemlichkeit, wohlige Wärme, luftige Freiheit oder sogar um das Selbstbewusstsein, dass man sich mit dieser Klamotte überall nach dir umdrehen wird.

Und bei dieser Gelegenheit habe ich auch noch gleich ein Hühnchen mit den Leuten zu rupfen, die „selbstverständlich nur Rotwein trinken". Ich bin zwar absolut der Ansicht, dass jeder trinken sollte, was, wann und wo immer zum Teufel er möchte, doch an einem bestimmten Punkt wird's aberwitzig. Nehmen wir mal diesen gemütlichen, mit Fleece gefütterten Cardigan in, sagen wir, Amaronerot, den du so liebst ... Den trägst du also auch im Hochsommer? Am Strand? Klingt lächerlich und ist es auch. In puncto Strandkleidung sind wir uns, glaub ich, einig, woher kommt dann aber diese eindimensionale Haltung beim Wein? Ich kann dir versichern, dass du keineswegs alle Weißweine „nicht magst", ebensowenig, wie du jegliche Badekleidung für den Strand „nicht mögen" kannst. Dir wird einfach noch kein Weißwein begegnet sein, der dich inspiriert hätte. Vielleicht fühlst du dich ja in deinem neuen, superengen Badeslip anfangs ein bisschen unwohl im Juli, aber er passt in diese Jahreszeit immer noch um Längen besser als der NorthFace-Fleece, den du trinkst.

Qualität gegen Quantität: maßgeschneiderter Dandy versus H&M-Tusse

Wenn du jede sexy Kurve oder jeden Muskel an deinem Körper in Stoff gemeißelt haben willst, wirst du höchstwahrscheinlich entweder eine Ewigkeit nach dem Modelabel suchen, das damals deinen Doppelgänger als Anprobemodel beschäftigt hat, oder du gibst ein Vermögen für maßgeschneiderte Kleidung aus. Wein ist zwar alles andere als maßgeschneidert, aber es gibt mit Sicherheit perfekt passende Exemplare in jeder Farbe und für jeden Geldbeutel. Wenn du dir aber etwas Maßgeschneidertes leistest, kann ich nur hoffen, dass die Luxusklamotten dich überleben. Man sollte bekommen, wofür man bezahlt, und das gilt auch für die billigen Sachen vom Wühltisch, die sich nach einer Saison buchstäblich auflösen. Das ist genau die Idee von Qualität über

Maßanzug oder Stangenware ...

Quantität. Es gibt genug Anzüge von der Stange, die modisch, sexy und tatsächlich auch gut verarbeitet sind. Wie es auch einfache Weine gibt, die lecker und ordentlich bereitet sind und sogar jede Menge Reifungspotenzial haben. Aber wenn wir über die Savile Row sprechen, ist das natürlich eine ganz andere Hausnummer. Und hier liegt genau der Unterschied zwischen einer Flasche Burgunder für 15 Euro und einer für 150 Euro. Niemand braucht im Alltag wirklich einen Maßanzug oder ein maßgeschneidertes Kleid, aber von Zeit zu Zeit ist es auch gut, sich etwas zu gönnen.

WALLSTREET-FATZKE ODER ZOTTEL-HIPPIE? DIE NATURWEIN-DEBATTE

> *Bartender please, fill my glass for me;*
> *with the wine you gave Jesus that set him free*
> *after three days in the ground.*
>
> **DAVE MATTHEWS, „BARTENDER"**

Du kannst mich ruhig altmodisch nennen, aber ich war schon immer der Meinung, dass man gefälligst erst mal wissen muss, was man tut, bevor man an Improvisation überhaupt denken kann. In der klassischen Jazzterminologie kann man die Improvisation definieren als das freie Spiel über einer Grundanordnung. Man verrückt Eckpfeiler, interpretiert Essentials in etwas Frisches, Neues um und tut das mit etwas Glück auf umwerfend virtuose Weise. Dazu braucht man aber ein Repertoire; man muss die renommierten Klassiker genau kennen und völlig beherrschen, BEVOR man freier mit ihnen umgehen kann. Mir scheint, dass hinter der neuen Welle der Naturweinjünger die Möchtegern-Freejazzer der modernen Sommelierwelt stecken. Eine Bande radikaler Neo-Hipster, die normalerweise Mozart nicht von Thelonius Monk unterscheiden können, geschweige denn den Unterschied kennen zwischen einem monumentalen Grand Cru aus Burgund und einem Premier Cru aus Bordeaux, macht plötzlich ein Mordsbohei um den relativen Schwefelgehalt im Wein. Und durch einen bizarren Marketingmechanismus – oder vielleicht aus purer Langeweile heraus – prägt das Fehlen dieser einen kleinen Komponente nun das Trinkverhalten einer ganzen Bewegung. Meinetwegen kann man das auch Kult nennen. Aber egal, die Ignoranz, die hinter all dem steckt, die macht mich wirklich fassungslos. Damit verdamme ich aber NICHT Naturweine im Allgemeinen. Garantiert nicht. Ich sage nur, dass blinder Glaube gefährlich ist, also mach dich schlau, bevor du auf den Zug aufspringst, und entscheide – was auch immer – aufgrund von Wissen.

Naturwein im puristischen Sinne definiert sich durch die vollständige Abwesenheit von Schwefel in der chemischen Form SO_2 – im Zusammenhang mit Wein ein einfaches Desinfektionsmittel. Er ist so etwas wie ein Antibiotikum im Krankenhaus und NICHT der Teufel höchstpersönlich. Schwefel stabilisiert den Wein, indem er eine Zweitgärung in der Flasche verhindert, hilft, ihn vor den negativen Auswirkungen von Hitze, Licht und Sauerstoff zu schützen, entfernt unerwünschte „freie Radikale" im Wein, indem er sie bindet, und tötet bestimmte negative Bakterien und Hefen ab, die Fehlaromen hervorrufen können, etwa Brettanomyces. Nur ungebundenes SO_2 möchte man nicht haben, da es unlöslich ist. Es verbleibt im Wein, riecht wie eine Schachtel abgebrannte Streichhölzer und lässt sich nie in das Gefüge „integrieren" oder einbinden. Es ist die Aufgabe des Kellermeisters, einen sauberen, stabilen Wein herzustellen; und dafür muss er wissen, welche Dosis der Wein verträgt. Alte deutsche Rieslinge hatten früher häufiger ein Schwefelproblem: Wenn man eine Flasche öffnete, war das, als würde man eine Wunderkerze an Silvester anzünden. Apropos Licht: Licht ist ein Riesenproblem. Ich hab mal eine Blindverkostung einer recht bekannten Champagner-Marke mitgemacht, die ihre Weine aber bescheuerterweise in Klarglasflaschen abfüllt. Eine Flasche wurde direkt aus dem Keller geholt; sie war schwarz eingepackt und nur kurz gelbem LED-Licht ausgesetzt gewesen. Die andere kam aus einer Umgebung, die der der meisten Weinläden nachempfunden war, und stand zwei Wochen im Tageslicht. Der Unterschied war grauenhaft. Der eine Champagner war frisch und lebhaft, der andere mausetot.

Meinen persönlichen Moment der Weinwahrheit erlebte ich jedoch eines Abends in Paris in einem supergehypten, hippen, trendigen Restaurant mit einem exzellenten jungen Küchenchef und einem nicht weniger ehrgeizigen Weinprogramm. Ganz zu schweigen von der entzückenden holländischen Sommelière. Die Weinkarte war ebenso verwirrend wie aufregend – eine kompromisslose Auswahl unbekannter Naturweinerzeuger. Besonders faszinierend waren die Beaujolais-Positionen, also vertieften wir uns in die. Ich platzte mit meiner Liebe zu den großen Crus des Beaujolais heraus, und wir hechelten ein wenig die Themen Lagerfähigkeit, obskure ältere Häuser und große Jahrgänge durch. Ich erwähnte, wie sehr ich Château des Jacques von Jacques Lardière (Louis Jadot) bewundere ... sie blickte mich an und zwinkerte: „Nie von dem gehört." Und ich fragte mich, wie in aller Welt ein Weinprofi mitten in Paris einem derart maßgeblichen Standard absichtlich aus dem Weg gehen kann?

Man stolpert alle hundert Meter über Weine wie diesen, aber irgendwie hatte diese Person immer um alle einen Bogen gemacht. Dafür war ihr Arsenal voll mit No-Names; lauter Märtyrer, die im Verkehrschaos von Mutter Natur auf das tödliche Feiglingsspiel setzten. Kein Jahrgang, in dem es irgendeine Sicherheit in Bezug auf Qualität oder stilistische Konsistenz einzelner Flaschen desselben Weins gegeben hätte. Und wie soll man ohne irgendeinen Maßstab überhaupt die Typizität, die Qualität oder das Potenzial eines Weins beurteilen? Sie war überhaupt nicht militant, aber ganz allgemein war ich mir darüber im Klaren, dass sie mit diesem friedlich-trotzigen Glauben an die „natürliche" Gegenkultur nur noch sehr wenige Tassen im Schrank hatte. Selbst wenn die Naturweinagenda eine totalitäre Abscheu vor allem Konventionellen verlangen würde, bliebe immer noch der Spruch: „Halte deine Freunde nahe bei dir, aber deine Feinde noch näher." Ich gebe zu, dass auch ich viele Weine ins Herz geschlossen habe, die ich ursprünglich nur aus Trotz gekauft hatte. Wenn ich so einen Wein dann das nächste Mal zu fassen bekam – oder einen seiner Brüder im Geiste –, hatte ich eine prima Rechtfertigung, um reinsten Gewissens zuzugreifen. Ich würde mir nur wünschen, mit den Anhängern der neuen Naturweinwelle ernsthafter darüber sprechen zu können, aus welchen Gründen sie die klassischen Weine ablehnen, welche konkret sie ärgern und warum. Aber das kommt nur selten zustande. Ihre Hingabe scheint im besten Fall blind zu sein, und jedes Nachbohren ruft Ärger, eisiges Schweigen oder im schlimmsten Fall arrogantes Gelächter hervor, gefolgt von einem Kopfschütteln und einem mitleidigen Blick für meine so furchtbar unterentwickelte Sichtweise. Kommt mir vor wie eine klassische Nummer von Zach Galifianakis als „The Pretentious Illiterate" – der Analphabet, der auch noch stolz darauf ist.

Aber das Abendessen war großartig, ebenso wie die Weine. Und auf dieser Erfahrung beruht auch mein gegenwärtiges Grübeln darüber, warum Naturweine eine solche Anziehungskraft entwickeln konnten und was Schwefel für Weine und Verbraucher bedeutet. Der Schwefel ist ja nicht das wirkliche Problem. Wenn der Wein nicht gerade wie eine Streichholzschachtel gerochen hat, brauchst du deine Kopfschmerzen nicht einer hygienisch arbeitenden Kellerei in die Schuhe zu schieben. Reden wir doch kurz mal über Pestizide. 2008 enthüllte eine Studie des Pesticides Action Network Europe, dass bestimmte Weine einen über 5800-mal höheren Gehalt an Pestizidrückständen aufweisen als Trinkwasser. Wie das? Weil bis heute kein akzeptabler oder unakzeptabler Standard für gelöste Rückstände definiert wurde, und für Weine keine Liste der „Zutaten" angegeben werden muss. Zutaten? In Wein? Aber hoppla. Die Gesetze sind so löchrig, dass sogar als „biologisch" oder „biodynamisch" deklarierte Weine industriell hergestellte Kulturhefen enthalten können, die die Herkunft, den Jahrgang und den Charakter des Weins überdecken. Es gibt auch noch „Rezepte" dazu: Wie lang wird die Gärung sein, wie warm und welche Aromen haben sich am Ende gebildet. Du willst mehr Kirsche? Hier ist die Hefe dafür. Ach, lieber mehr Banane? Hab ich auch. Und nimm die für einen Hauch von Pfeffer und Tabak, und schon hast du dir einen 95-Punkte-Wein gebastelt! Ganz zu schweigen von all den anderen Mittelchen zur Extraktion und Farbeinstellung, vom Tanninpulver und den Säurelösungen, dem Eichenstaub, den Enzymen und was zum Teufel sonst noch alles.

DIE ARCHITEKTUR VON WEIN: FRANK-GEHRY-MEISTERWERK ODER BAUHAUS-BUNKER?

> " *It is not the beauty of a building*
> *you should look at;*
> *its the construction of the*
> *foundation that will stand*
> *the test of time.* "
>
> DAVID ALLEN COE

Ob man nun mitten in der Stadt arbeitet, umgeben von monumentalen Gebäuden, die den Gesetzen der Physik hohnzusprechen scheinen, oder in einem Dorf, das aus ein paar Bauernhöfen besteht – die meiste Zeit verbringt man in oder in der Nähe von Bauwerken, die von jemand entworfen und von jemand anderem errichtet wurden, und noch jemand anderes lebt darin. Ganz ähnlich wie Wein: entworfen von einem großartigen Weinberg, ins Leben gerufen von visionären Kellermeistern und gekauft von Sammlern auf der ganzen Welt. So weit, so logisch. Doch wie oft schlenderst du an einem entzückenden Reihenhaus, einer eleganten Villa, einer imposanten mittelalterlichen Burg oder einem riesigen Wolkenkratzer vorbei und denkst groß über seine Gestaltung nach? Über die Struktur als mathematische Meisterleistung im Vergleich zur Ästhetik, über die Form im Gegensatz zur Funktion, über Materialbeständigkeit und Stil? Sehr selten, würde ich wetten, außer du bist selbst Architekt. Und noch seltener, wenn überhaupt, schaut man auf eine protzige, viele Millionen teure Villa und macht sich sofort Gedanken über die letzte Flasche toskanischen Char-

Bauhaus praktisch gegen Gehry fantastisch

donnay, die man getrunken hast. Sollte man aber! Denn die Grundprinzipien der Architektur können, wie wir gleich sehen werden, unseren Weg zur Weinerleuchtung weiter ebnen.

Konzept und Funktion

Man geht davon aus, dass Architektur ihre Umgebung unterstützen, kritisieren oder negieren kann, sei es die Geschichte des Gebäudes, sei es seine Funktion an sich. Tatsächlich bietet das Vorhandensein so bezwingender Strukturen Anlass zu kulturellen Reflexionen; ein musikalisches Frage-und-Antwort-Spiel über zeitgenössische Bedürfnisse und Philosophien. Schon ein kurzer Blick auf die Architektur einer Stadt verrät viel über die zugrunde liegende Zivilisation.

„Konzept und Funktion" mag wie ein zusammengehöriges Paar klingen, doch tatsächlich schließen sie einander aus. Ein „Konzept" im architektonischen Sinn ist ein abstraktes intellektuelles Stück Kunst, maßgeschneidert für den Kunden. Doch nicht jedes „Konzept" basiert auf der dem Gebäude zugedachten Funktion. Es kann praktisch sein, wenn es für einen bestimmten Zweck geschaffen wurde, oder potenziell unpraktisch, wenn die Funktion nur die entfernte zweite Geige spielt. Diese rein konzeptionellen Gebäude – oder Weine in unserem Fall – können für den Auftraggeber eine riskante Sache sein. Eine verwegen visionäre Konstruktion, ebenso wie viele Weine aus Boutique-produktion, wird vielleicht niemals verwirklicht, da ihr Erfolg bedenklich auf der Kante viel zu hoher Kosten, gesellschaftlicher Akzeptanz und äußerer Attraktivität balanciert. Und findet sie doch ihren Weg auf die Bühne, erwartet sie möglicherweise ein Hagel tomatenbeladener Ablehnung anstatt Rosen der Begeisterung. Die Linie, die den Loser von der Legende trennt, kann wirklich sehr fein sein.

Nimm zum Beispiel die Weine von Madame Lalou Bize-Leroy. Genauer, ihre Abfüllungen von der Domaine d'Auvenay. Davon eine Flasche zu trinken heißt, so nah mit Gott selbst ins Gespräch zu kommen, wie es Menschen überhaupt möglich ist. Zumindest ohne die Zuhilfenahme von LSD. Diese Weine besitzen eine Kraft, eine Dynamik, eine Potenz … als wirke ein nicht enden wollender Geist, der dich in unendliche Schwingungen versetzt. Purer, göttlicher Widerklang, der die innersten Saiten anreißt und auf der Seele spielt wie auf einer Engelslaute. Es sind unglaublich unpraktische Weine. Die Arbeit im Weinberg ist entweder inspiriert, irrsinnig oder beides; darüber hat das Gericht noch nicht entschieden. Die Reben werden nicht geschnitten wie in allen anderen Weinbergen Burgunds, da sie nicht verkrüppelt werden sollen; sie sollen ganz frei wachsen dürfen. Das bedeutet, dass jede einzelne Rute zu einem Bogen geformt und am Stamm zusammengebunden werden muss. Das wiederum bedeutet, dass die Laubpflege allerhöchste Bedeutung hat – wie viele Blätter hängen bleiben und wie viel oder wie wenig Schatten oder Sonnenlicht die Trauben abbekommen sollen. Zu viel Photosynthese bedeutet schlaffe Weine mit viel Alkohol und Zucker. Zu viel Schatten beziehungsweise zu wenig Photosynthese führt zu unreifen, grünen Aromen und bitterer Säure. Da sie nicht geschnitten wird, hat die Rebe doppelt so viel Laub, was auf die vierfache Menge an Gedanken, Überlegungen und Arbeit hinausläuft, um die goldene Mitte zu finden. Es wird eine rigide Grünlese durchgeführt, das heißt, unvollkommene Trauben werden früh weggeschnitten und der Ertrag damit strikt begrenzt. In ihrem Fall sind es nur zwei bis drei Trauben pro Rebe. Das bringt eine unvergleichliche Konzentration hervor, jedoch zu enormen Kosten. Dazu wird auf dem höchsten Niveau der Biodynamie gearbeitet, stets das Risiko vor Augen, dem die Frucht ausgesetzt ist, sollte ein Unglück eintreten: keine Chemikalien, um die Natur zu dopen, damit sie trotz der Katastrophe doch noch liefert. Eine winzige Produktion auf diesem Qualitätsniveau bedeutet: Wenn dir ein glückliches Geschick einen solchen Wein beschert, muss du eine sehr tiefe Tasche haben, in die du greifen kannst. Trotz ihrer Göttlichkeit sind diese konzeptuellen Monumente aber weit davon entfernt, Anhänger in Scharen zu gewinnen. Sie sind heikle, fordernde, völlig einnehmende Schwarze Löcher, und nicht jeder hat die Geduld oder das Verlangen, sich so einer intellektuellen Supernova auszusetzen. Sie können erdig sein, eckig, aggressiv und manchmal einfach nur strange. Sie brauchen Jahrzehnte, um zu reifen, und sind unerschwinglich teuer. Sie sind herrlich und der Inbegriff von Konzept.

Und dann gibt es funktionelle Weine. Sie werden für ein bestimmtes Publikum entworfen, erzeugt und verpackt. Ob sie 2 Euro kosten oder 12.000 Euro ist unerheblich. Fantasie, Romantik, Dekadenz: Nichts davon kommt infrage. Es sind sozusagen Weine im Bauhaus-Stil. Die ungeschminkte, schnörkellose Verbindung zwischen Kunst und Leben, Kunst und Kunsthandwerk, dem Intellektuellen und dem Praktischen, dem Akademischen und dem Pragmatischen. Absolut stringentes, effizientes Design, das allein der Funktion dient und nur darauf achtet, dass die Mittel den Zweck erreichen. Intelligenz ist das Ziel, Ausschmückung ist überflüssig. Doch wie man dem Sprichwort zufolge seine Freunde nah bei sich halten sollte, seine Feinde aber noch näher, verhielt sich niemand im Bauhaus ignorant gegenüber den Feinheiten der Form. Nur, wenn man die Materialien in- und auswendig kennt, kann man sie souverän auf den kleinsten gemeinsamen Nenner eindampfen. Man bediente sich auch gern der Technik zur Optimierung der Qualität und Haltbarkeit des Produkts, doch das Ziel, die Unterschiede zwischen Künstler und Kunsthandwerker zu beseitigen, blieb. Mit anderen Worten: Diese Gebäude konnten verdammt hässlich sein. Doch obwohl ihnen im Allgemeinen Wärme und Reiz fehlten, erfüllten sie ihren Zweck und forderten die Architekten heraus, alles, was sie gelernt hatten, infrage zu stellen. Sie waren niemals ein Wunder an Schönheit, aber auf radikale Weise zweckdienlich; sie erleichterten das Alltagsleben und machten es allen zugänglich.

So wie Petrus. Mann, ich habe echt schon ein paar wunderbare alte Flaschen Petrus getrunken und die meisten von ihnen mochte ich. Wenn ich aber jetzt neuere Jahrgänge verkoste, kommen sie mir … ich kann es nicht besser ausdrücken: fantastisch unspektakulär vor. Doch, das passt. Stell dir vor: Geschäftsessen, Abschlüsse fetter Verträge, intensive Diskussionen, dreckige Witze, fette Steaks in Sauce Béarnaise, dazwischen vielleicht ein paarmal mit Whiskey angestoßen. Da ist kein Platz für Feinheiten, Nuancen, Komplexität. Das ist die Bühne für große Etiketten mit noch größeren Preisschildern dran, die wenig Stress und Ablenkung garantieren. Genau diese Weine mögen die Neureichen, deren Geschmack nicht notwendigerweise so gut ausgebildet wie ihr Bankkonto fett ist. Vielleicht sind sie Weinneulinge oder trinken jenseits solcher Szenarien nur selten Wein. Umso wichtiger ist es, ihnen etwas Harmloses anzubieten, ohne komische animalische, erdige oder anderweitig „müffelnde" Aromen. Keep it simple. Rund, lecker, und ja nicht überstrapazieren. Dann muss man den Wein noch nicht mal mehr mit Cola mixen, um ihn runterzukriegen. Aber zumindest weiß jeder, dass man hohe vierstellige Summen dafür hingelegt hat.

Für uns Weintrinker ist es wichtig anzuerkennen, was der Wein zu leisten versucht. Wurde er als Monument der Verehrung gebaut, der Passanten faszinieren, aber nicht von ihnen berührt werden soll? Oder ist er ein funktionelles Bauwerk, das jedermann regelmäßig benutzen, bewohnen und wertschätzen soll? Darum geht es gleich am Anfang: Was erwarte ich vom Wein, wie verwende ich ihn, und schließlich, wie kann ich ihn genießen. Eine einfache Fußgängerbrücke kann und sollte man nicht mit der Golden Gate Bridge vergleichen; beide wurden mit völlig verschiedenen Absichten gebaut. Die eine ist nett, dekorativ und erleichtert eine routinemäßige Tätigkeit. Nicht mehr und nicht weniger. Die andere kann man als Weltwunder auffassen, als ein Zeugnis menschlicher Innovationsfähigkeit. Kontext ist einer der wichtigsten Schlüssel zum Genuss, also überlege, was dein Wein heute Abend leisten soll, bevor du ihn einkaufen gehst. Pizza oder etwas Extravaganteres? Der weniger ausgetretene Pfad mag der abenteuerlichere sein, aber nicht unbedingt der geeignetste für einen einfachen Sonntagsbraten. Vielleicht bleibst du hier besser im Mainstream, schnappst dir diese prima Flasche roten Languedoc für 8 Euro und hast einfach Spaß. Den Latour hebst du dir besser für eine großartigere Gelegenheit auf.

Form

Es ist beinahe unfassbar, dass Notre-Dame de Paris das Produkt rein menschlichen Schaffens und Einfallsreichtums sein soll. Die Komplexität dieses Bauwerks ist überwältigend und stellt zudem eine ungeheure Hommage an eine „höhere Ordnung" dar, die es über uns geben mag. Ich staune immer wieder über diese Kakofonie architektonischer Brillanz und kann den Musigny fast auf der Zunge spüren; oder vielleicht den Château Lafleur, den reifen alten Jahrgang eines Menetou-Salon oder den Vouvray von Gaston Huet aus den späten 1920er-Jahren.

Andere Beispiel sind dagegen eher Würdigungen menschlicher Irrtümer als eine Hommage an Reinheit und Erhebung. Da fällt mir sofort eine bestimmte Kathedrale in Südfrankreich ein, deren Geschichte alles andere als einfach ist. Die Leute hofften tatsächlich, mit dem Bau die Hand Gottes erreichen zu können. Wie in der biblischen Parabel stürzte sie aber kurz nach der Fertigstellung ein. Sie wurde umgebaut, um stabiler zu stehen, doch wurden dabei auch die Fenster weggelassen, sodass kein Licht mehr hineinkam. Die Bauherren hatten DEN wesentlichen Beweis für die Anwesenheit Gottes in seinem eigenen Haus ausgesperrt, also das Gegenteil erreicht, wofür eine Kathedrale steht. Ich kann nicht anders, als Parallelen zu vielen von Parkers berühmten „100-Punkte-Cabernets" aus Kalifornien zu ziehen.

Die kalifornischen Weinpioniere hatten davon geträumt, Weine zu erzeugen, die sich vor den besten aus Bordeaux nicht verstecken mussten. Nicht Bordeaux zu kopieren war das Ziel, sondern die Crème de la Crème qualitativ herauszufordern, ohne die eigene Identität aufzugeben. Schließlich ist das Klima recht unterschiedlich, wie auch die Böden, Ausrichtungen und so weiter. Das Potenzial jedoch war unzweifelhaft vorhanden, und bei einer legendären Verkostung, die als „The Judgement of Paris" (Die Weinjury von Paris) bekannt und in dem Film „Bottle Shock" verewigt wurde, hielten kalifornische Weine nicht nur einfach mit, sondern schlugen sogar einen Großteil der Bourgeoisie von Bordeaux – und das, obwohl das Jurorenteam bei der Blindverkostung aus prominenten (und in keiner Weise politisch unparteiischen) französischen Kellermeistern, Sommeliers und Journalisten bestand. Das war der auf der ganzen Welt zu vernehmende Schuss, der am Ende Amerikas Platz in der globalen Weinelite sicherte.

Zunächst bereiteten die Kalifornier, manchmal mit viel weniger Erfahrung als die alten französischen Familien, wunderbar klassische, teils auch rustikale Weine getreu ihrer Lagen, des Sonnenscheins, der breiten Täler und verstreuten Berge. Sie waren auf unverwechselbare Weise Kalifornier. Dann aber trug der Punkteteufel seinen Hang zu Portweinaromen in dieses bis dahin unberührte Paradies. Die Weinmacher folgen ihm wie dem Rattenfänger von Hameln in jeden Fluss und jeden Tümpel. Ihre Integrität versank in Umkehrosmose, Tanninpulver, Mikrooxidation und jeder anderen kosmetischen Manipulation, die man sich nur vorstellen kann. Aber hey, so ist das Business, Baby: Bleib hübsch für die Kamera! Und wenn dazu Operationen, Implantate, Spritzen und Botox benötigt werden, dann denk dran, dass du mithalten musst. Dein Nachbar macht's doch auch. Nur wenn du hübsch bist, kriegst du viele Punkte, und die Punkte sind es, die Kasse machen. Eine Welle grausamer Weine überschwemmte den Markt, wie aus einer Verbindung von Frankensteins Monster mit Anna Nicole Smith entsprungen. Seelenlose, kommerzielle Produkte, die nur dem Ego und Exzess dienten, ein schrecklicher Verrat an dem, was sie eigentlich sein sollten. Nicht trinkbare, undurchdringlich schwarze Scheußlichkeiten, extrahiert und konzentriert wie Collagenlippen und mächtige Silikontitten, die aber schon nach ein paar Jahren schlaff und verschrumpelt herunterhängen.

Ein Wein kann eindrucksvoll sein, aber das sollte auf zeitloser Schönheit, feinen Einzelheiten, Haltbarkeit und Einzigartigkeit beruhen, nicht nur auf schierer Größe oder weil so laut für ihn getrommelt wird. So wie jeder wahrhaft große Tempel oder jede Kathedrale natürlich geräumig genug sein muss für all die Menschen, großartig genug, um Gott zu ehren und die menschliche Schaffenskraft zu zeigen, und akustisch in der Lage, das Lob des Himmels zu singen. Nicht einfach nur Dekadenz auszugießen ohne Ziel, Zusammenhang oder ein gewisses Maß an Praktikabilität.

Struktur

Die Anfangsidee eines Architekten hat natürlich auch das Endprodukt im Sinn. Er zieht perspektivische Linien, platziert Stützpfeiler, entwirft Deckengewölbe. Die wahre Kunst ist jedoch nicht annähernd so sexy; man braucht enormes technisches Wissen, um beim Blick auf eine Entwurfszeichnung einen Ständer zu bekommen. Ein geschultes Auge kann aus dem zweidimensionalen Plan das Ganze der ungeheuer komplexen Infrastruktur herauslesen. Es würdigt jedes Fundament, das später jede Ausschmückung möglich und darüber hinaus folgerichtig macht. Ohne praktische und notwendige Basis ist jede Dekoration lediglich eine Fassade ohne Substanz. Und für Wein gilt dasselbe. Ich will das erklären:

An einem besonders VIP-lastigen Abend im Restaurant blieben anschließend noch ein paar enge Freunde, um einige Korken knallen zu lassen und zu quatschen. Ein önologischer Wolkenkratzer nach dem anderen wurde geöffnet, und eine Diskussion entspann sich über das Thema „Junger Syrah ist scheiße". „Ein Haufen fauliger weißer Pfeffer und bitterer schwarzer Olivensaft", behauptete einer. Im Versuch, ihn zu widerlegen, holte ich eine Flasche jungen Hermitage von Marc Sorrel aus dem Keller. Als sich sein Duft ausbreitete, sah sich mein meinungsstarker Freund und Kollege natürlich bestätigt. Der Wein hatte diese pfeffrige, mit Oliventapenade und Mittelmeerkräutern angereicherte Schärfe, die nur Syrah-Weine von der nördlichen Rhône auszeichnet, und genau deswegen liebe ich sie. Ungeachtet persönlicher Präferenzen war das Thema inspirierend. Darum geht es nämlich: Solange sie magere, pickelige Jugendliche sind, gibt es an diesen Weinen nicht viel zu kuscheln, aber so wie ein Architekt ein Gewirr aus Linien, Winkeln, Zahlen und Berechnungen analysiert, kann auch ein junger Wein für die Brillanz seines Plans gewürdigt werden, ohne dass seine Grandiosität schon unmittelbar erfahrbar wäre. Sammler, die in ihren Kellern enorme Geldwerte bunkern und sich den Luxus leisten können, das Reifen ihrer Investitionen geduldig abzuwarten, dürften dieses Argument albern finden. Der Rest von uns, die wir im Allgemeinen unsere Weine etwas jünger trinken oder die, wie ich, für die Durchführung von Weinseminaren verantwortlich sind, muss lernen, „ungeborene" Weine, die also noch im Fass liegen, zu schätzen, ganz zu schweigen von jungen Flaschen. Das ist eine andere Art Wein zu trinken, mit dem Blick aufs Wesentliche: auf die Struktur und die handwerklichen Fähigkeiten des Erzeugers, auf die Gestaltung und die inneren Abläufe. Auf der anderen Seite geht es um Voraussicht: das Talent, die Alterungskapazität, das Entwicklungspotenzial und das Können bei der Weinbereitung einzuschätzen.

Verwendung

So wie Musik gespielt wird, damit man sie hört, werden Gebäude errichtet, um bewohnt zu werden. Die Frage ist, wofür sie gebaut werden und wie man ihren Zweck optimieren kann. Nimm als Beispiel ein junges Paar ohne Kinder. Höchstwahrscheinlich legen die beiden keinen allzu großen Wert auf ein riesiges Schlafzimmer, da der Großteil ihres Lebens sich wahrscheinlich um Arbeiten, Ausgehen oder Einladungen in den eigenen vier Wänden dreht. Bei jeder guten Dinner Party versammeln sich am Ende alle ausnahmslos dort, wo der Zauber seinen Ursprung hat: in der Küche. Ein intelligenter Architekt, der diesen spezifischen Lebensstil im Blick hat, wird also die Größe des Schlafzimmers oder Arbeitszimmers kleiner und stattdessen den Küchenbeziehungsweise Wohn- und Essbereich größer planen.

Oder vergleiche ein Haus in Norddeutschland mit einem in Südspanien. Im kühleren Klima sind die Grundstücke eher kleiner, dafür gibt es im Haus einen Keller oder ein Souterrain. Wenn es neun Monate im Jahr kalt ist, muss das Haus zudem gut beheizbar sein. In Südspanien braucht man dagegen weniger Platz im Inneren, da man die meiste Zeit sowieso draußen auf der Terrasse, dem Balkon, dem Flachdach oder sonstwo verbringt. Bezogen auf Wein bedeutet das, dass ein moderner Weinmacher aus einem heißen Klima wie in Südaustralien, Sizilien oder Südspanien schlau ist, wenn er einen Wein erzeugt, der seinen Abnehmern in ebendiesem Klima gefällt. Das heißt, die Trauben für die

Weißweine früher zu lesen, um die knackige Säure zu bewahren, damit die Weine erfrischend und durstlöschend sind. Sie passen so auch besser als Begleiter zum ähnlich eleganten Stil der Küche dieser Regionen, die meist auf frischen Produkten, Fisch und leichten Saucen beruht. Der Weinmacher wird zudem tunlichst einen massiven Einsatz von Eiche vermeiden sowie den biologischen Säureabbau begrenzen, da der Wein ansonsten in Schichten von cremigen, würzigen, buttrigen Aromen eingepackt wäre wie in Winterdecken – bei 40 Grad im Schatten nicht wirklich praktisch. Mit diesem Beispiel lässt sich der gegenwärtige Rotweintrend in Australien erklären. Vergessen wir mal nicht, dass die Australier bis zur „Grange-Revolution" in den 1950er-Jahren, als der erste nicht gespritete, vom Bordelais inspirierte „Tischwein" herauskam, nur einheimische (und äußerst mäßige) Port- und Sherry-Imitate getrunken hatten. Der allgemeine Geschmack begann sich zu verändern und Tischweine wurden populärer. Doch immer noch legten die Roten ein portweinähnliches Verhalten an den Tag, und die Weißen konnte man bestenfalls plump nennen. Eigentlich kaum zu glauben angesichts der Durchschnittstemperaturen in weiten Teilen des Kontinents. Aber das war dann doch nur ein Zwischenschritt in der allgemeinen Lernkurve dieser jungen Weinregion. Im heutigen Australien dauert die Revolution an. Zahllose Garagenkellereien produzieren von Hand bereitete Weine in kleinen Auflagen, und die Experimente reichen von absolut natürlichen, leicht perlenden, ungefilterten Exemplaren bis hin zu früh gelesenen, nur leicht eingemaischten, unglaublich leichten Rotweinen, die gerade mal zwölf Prozent Alkohol haben und die leicht gekühlt ganz wunderbar schmecken. Beide Stile zielen auf mehr Säure und weniger Tannin ab; die kühlere Trinktemperatur hebt die knackige Frucht und unmittelbare Zugänglichkeit bei mäßiger Extraktion hervor. Im Endeffekt geht die Bauart auf die Bedürfnisse der Bewohner ein, beziehungsweise in unserem Fall auf die Bedürfnisse der Konsumenten, die in dieser „Klimaanlage" aus zupackendem Biss und durstlöschendem Abgang gern eine zweite Flasche ordern.

FEINTUNING
FÜR DEN PERFEKTEN GAUMEN

66
Musik drückt das aus,
was nicht gesagt werden kann
und worüber zu schweigen
unmöglich ist.
99

VICTOR HUGO

Widmen wir uns jetzt dem Verkosten mit einem etwas musikalischeren Ansatz. Wenn du dir das nächste Mal deine Lieblingsmusik anhörst, ob es jetzt Slow Jam ist, Butt-Rock-Balladen oder Death-Metal-Gesänge, dann denk an Stile und Rebsorten mit Unterstützung dieser akustischen Elemente, die du schon kennst, auch wenn du das noch nicht weißt!

Musik ist in praktisch jedem Interview, das ich gebe, ein wiederkehrendes Motiv. Nicht nur, weil sie in meinem früheren Leben eine riesige Rolle gespielt hat, sondern auch, weil sie der Grund ist, dass ich dieses Buch schreiben konnte. Manchmal kommt man zur völligen Durchdringung eines bestimmten Themas nur, wenn man es von einer ganz und gar unkonventionellen Seite angeht. Und indem man bislang noch nicht beschrittene Wege geht, können Themen, die seit Langem für erforscht, erledigt und als Schnee von gestern gehalten wurden, in neuem Licht gesehen werden. All die Stunden im Konservatorium, in denen ich Harmonielehre paukte, die Komposition von Symphonien zerlegte oder die Theorie komplexer Akkordfolgen analysierte, haben am Ende zwar keinen Weltklasse-Kontrabassisten aus mir gemacht, aber sie haben mir ermöglicht, meinen ganz eigenen Ansatz zu finden, die Seele des Weins durch und durch zu verstehen. Und du kannst das auch. Und falls du nicht weißt, wo du anfangen sollst, dann vergessen wir mal für's Erste den ganzen chemischen und geologischen Quatsch und nähern uns dem Wein von einer Seite, die wir alle lieben und von der wir ständig umgeben sind, ob wir wollen oder nicht: der Musik. Lass deine Skepsis noch einen Moment beiseite und begleite mich auf dem Weg, den Wein zu „hören". Zuhören zu können ist der Schlüssel; ein wahrer Meister wird immer erst zuhören und dann sprechen.

In der Musik gibt es eine Reihe wesentlicher Komponenten, aufgrund derer wir den Stil, den Künstler, die Zeit der Entstehung und die Herkunft des Stücks erkennen. Nicht anders, als eine Flasche blind zu verkosten, uns aber so geläufig, dass wir die Stücke im Radio oder die Fahrstuhlmusik fast unterbewusst analysieren. Wenn du diese Prinzipien auf Wein anwendest, wirst du auf Verkostungen einschlagen wie eine Bombe – wie Axl Rose in einer Karaokebar.

Sobald du diese Begriffe verdaut hast, spazieren wir ein wenig den önologischen Walk of Fame hinunter, und ich mache dich mit den Rockstar-Trauben der Weinwelt bekannt. Dazu kommt eine interaktive Playlist, damit du nicht nur verstehst und schmeckst, sondern bei jeder von ihnen den wahren Geist HÖREN UND FÜHLEN kannst. Schließlich soll Weintrinken nie ein zweidimensionales Erlebnis sein; es soll deine Augen und Ohren, deinen Gaumen und deine Finger, deine Nase, deinen Geist und deine Seele ansprechen.

Melodie

Normalerweise ist die Melodie das erste Element in einem Lied, das man sofort erkennt. Sie gibt den Ton vor – ob bei einer traurigen Ballade, einem schmerzvollen Klagelied, einer jubilierenden Ode oder einem stampfenden Rock. Tun wir so, als sei sie die „Persönlichkeit" des Weins. Ist sie ein schüchterner, aber reizender Chianti mit knackiger Säure und heller Frucht wie ein klassisches Stück von Sting, getragen von akustischer Gitarre und Crash-Becken? Oder ist sie dunkler, düsterer, die flüssige Ausgabe eines Tool-Songs, dessen makabre Texte auf der Zunge prickeln wie die Tannine eines tiefschwarzen Tannat von der Domaine Arretxea? Ist sie sinnlich, sexy und kurvenreich wie die satten Licks auf Carlos Santanas Gitarre, die mit deinen Mandeln

Tango tanzen wie ein 1970er Vega Sicilia? Oder gleicht sie dem merkwürdig eingängigen Gesang der Indie-Band Modest Mouse, der nervös auf deinem Gaumen navigiert wie ein neuer Grüner Veltliner von Pichler-Krutzler: bekannt, aber irgendwie frisch und unberechenbar?

Harmonie

Mit einer Melodie im Kopf und einer Persönlichkeit auf der Zunge können wir uns den anderen Sachen zuwenden. Nebenstimmen verleihen jeder Melodie einen üppigen, vollen Charakter, und das gilt auch für Wein. Für mich ist das die Ausgewogenheit des Weins an sich. Kannst du dir vorstellen, dass die Backing Vocals den Leadsänger übertönen? In der Musik ist das ausgeschlossen, beim Wein nicht. Etwa, wenn das zur Unterstützung engagierte Eichenfass plötzlich den Leadsänger gibt und die „Frucht-Melodie" in den Hintergrund drängt. Wir haben uns nicht zehn Stunden in die Schlange gestellt, um DEN Typen zu hören! Oder wenn die Säure (der Schlagzeuger) auf alle verfügbaren Becken eindrischt oder den Beat nicht hält. Dann verliert der Song seinen Puls und kommt entweder sauer und hart rüber oder flach und langweilig. Auch wenn das Tannin (der Bass) viel zu laut (grün) ist, zerstört das die Schönheit der Komposition, und alle Komplexität geht verloren.

Instrumentierung

Sagen wir, du willst deine kulturelle Seite ein bisschen pampern und gehst ins Symphoniekonzert. Die Bühne steht voll mit Instrumenten, die du noch nicht einmal als solche erkennen kannst (Neherleschol, Tchilar, Khondorni ... nie gehört? Es sind Trauben!), aber sie geben zusammen eine umwerfende Performance vom Languedoc-Terroir, wie Mas de Daumas Gassac. Oder du besuchst das Konzert einer bekannteren, aber lauten Truppe von Country Boys, die einen guten alten Hoedown schrubben. Banjos, Akkordeons, Steel Guitars und Waschbretter fetzen drauflos wie die Mitglieder eines aus 13 Rebsorten gekelterten Châteauneuf-du-Pape vom Château La Nerthe. Vielleicht magst du aber auch eine tolle Solo-Performance von Andrea Bocelli, der die Herzen mit all der Emotion und Komplexität eines Musigny Grand Cru von J.F. Mugnier bricht. Das Zusammenspiel der einzelnen Instrumente (Rebsorten) bringt einen komplexen Klangteppich hervor, so wie die Kunst des Verschneidens beim Wein wahre Wunder bewirken kann. Dagegen bietet die pure Brillanz sortenreiner Weine eine unvergleichliche Klarheit und Definition von Terroir, Jahrgang und Stil.

Dynamik

An einem bestimmten Punkt kündigt in vielen großen Kompositionen ein dramatisches Crescendo den nahenden Höhepunkt an. Dein Wein sollte dasselbe tun, vorausgesetzt, du hast die richtigen Entscheidungen getroffen: richtiger Jahrgang gewählt, früh genug geöffnet, damit der Wein atmen kann, oder korrekt dekantiert. Und wenn er dann klingt, ist er gedämpft, leise und reserviert wie eine Etüde von Chopin oder bombastisch wie „Die Planeten" von Gustav Holst? Entwickelt er sich nur statisch wie Minimal Techno von Richie Hawtin oder wild und unberechenbar wie Brian Wilsons „Smile"?

Textur

Das am meisten unterschätzte Element beim Wein ist die Textur – was auch für die Musik zutrifft. Sprechen wir über einen üppigen, reichhaltigen, fetten Groove wie ihn George Clinton mit Parliament Funkadelic raushauen würde, während er an einem Shiraz von Charles Melton nippt? Oder von der freien, luftigen Abgefahrenheit in Radioheads „Airbag" und ihrem Echo in der unwiderstehlich zarten, fast unvorstellbaren Eleganz eines Rieslings von Maximin Grünhaus? Es gibt Weine, die so dick sind, dass man sie kauen muss, andere fühlen sich in ihrer ranken und schlanken Präzision wie Rasierklingen am Gaumen an. Ist der Wein ölig, fast fettig wie ein Hit von den Black Keys oder so trocken, fast knochig, dass man ihn höchstens noch mit David Byrne oder den Talking Heads in Zusammenhang bringen kann?

Genre

Ist der Wein barock oder modern? Eine Sinfonietta von Mozart oder eine Queen-Performance in Wembley? Denk dir einen Barolo vom großen Bartolo Mascarello: makellos traditionell, eine Filigranarbeit, aber nicht ohne rustikalen Touch. Als Mozart seine großen Werke komponierte, musste er kaum je eine Note korrigieren, die er niedergeschrieben hatte, und ebenso selten entdeckt man in einem dieser piemontesischen Meisterstücke eine Dissonanz. Aber wie der junge Mozart auch für seinen derben Humor und sein alles andere als höfliches Betragen bekannt war, so sollten wir bei Mascarello nicht vergessen, dass er Italiener war, und damit meine ich, er war ein bisschen dreckig. Nimm auf der anderen Seite das ungenierte Auftreten von Freddie Mercury, der ein Glas Pinot Noir von Peter Michael in der Hand hält: Er ist sich seiner klassischen Ausbildung bewusst, aber kompromisslos, provokant und ausschweifend. Immer die Diva, hat er sich nie einem Trend untergeordnet oder sich als jemand ausgegeben, der er schlicht nicht war. Reinrassige kalifornische Pinots haben ebenfalls kein Interesse am burgundischen Spiel. Ihre Frucht ist ausladend, die klassischen „Bauernhof"-Noten sind selten, und sie spielen für ein anderes Publikum. Vielleicht mit etwas mehr Eyeliner als die verstaubten alten Burgunder.

Temperatur

Es geht um mehr als um Wärme. In der Musik meint man damit das Timbre – das, was der Klang eines Liedes in dir auslöst. Musik ist pure Emotion, und auch Wein kann Gefühle auslösen, ähnlich wie der Soundtrack eines Films. Wein kann dich von deinen beruflichen Fesseln befreien, dich, und wenn auch nur für ein paar Minuten, an einen anderen Ort entführen. Du kannst buchstäblich aufsteigen, dich hoch über deine Sorgen und Beschwernisse erheben. Er kann dich in Momenten tiefen Nachdenkens erleuchten, Schmerz lindern oder eine ohnehin schon ausgelassene Stimmung von zehn auf die theoretische elf hochschrauben. Die Frage ist, wie kann man Musik mit diesen speziellen Augenblicken richtig verbinden? Offensichtlich ist das nicht, aber frage dich: Woher kommt der Wein? Kann ich mir das Wetter, den Boden, die Leute vorstellen? Doch, so einfach ist das. Entspricht deine Stimmung einem unterkühlten Albariño wie Björks „All is full of love" oder hüllt sie dich in die warme Sommerbrise eines Hermitage Blanc von Chave wie „Hard Candy" von den Counting Crows? Die künstlich-künstlerische Natürlichkeit von Kurt Cobains „MTV Unplugged" verbindet sich mit einem Glas aus Arbois von Pierre Overnoy, und die ungeheure Präzision von Nine Inch Nails trifft auf den „Silex" von Dagueneau. Ob weich und dick oder frisch und durchdringend, jeder Wein hat seine Zeit, und jeder Moment hat seinen Soundtrack.

LISTENING:

TUNE IT.

> *Sometimes you tell the day by the bottle that you drink. Sometimes when you're alone, all you do is think.*

JON BON JOVI

TRAUBEN, ALTER-EGOS UND 21 GRÜNDE, HÄUFIGER WEIN ZU TRINKEN

Dich wie eine Gans mit enzyklopädischen Beschreibungen zu stopfen liegt mir so fern wie nur irgendwas. Dir beizubringen, wie man Rebsorten erkennt, ist notwendig, aber ich kann das zumindest auf meine, auf eine neue Weise tun. Ich lenke den Scheinwerfer auf die wahren Rockstars der Weinwelt, indem ich ihnen eine Identität gebe. Ich personifiziere sie mit Musikern, von denen ich wirklich glaube, dass damit der Charakter, Geist, Hintergrund und das Talent der einzelnen Reben verkörpert wird.

Mit Sicherheit hast du eigene emotionale Verbindungen mit diesen verschiedenen Trauben und Künstlern, und wenn du nicht immer meiner Meinung bist, ist das völlig in Ordnung. Das Wichtigste ist, für einen Moment aufzuhören, an Wein zu denken und ihn einfach nur zu SPÜREN. Deinen Bauch entscheiden zu lassen, was du trinken möchtest, wie du auch das richtige Album findest, das zu deiner Stimmung passt. So ist es auch bei einer Blindverkostung: Dein Bauch ist viel enger mit deiner Seele verbunden als seine verkopfte Nemesis, also leg los und lass die Korken knallen.

*Anmerkung:

Die folgenden Playlists unterscheiden sich in der Länge erheblich voneinander, und das hat zwei Gründe: Erstens habe ich zu dem einen oder anderen wahrscheinlich eine größere Affinität, und deshalb fällt es mir schwer, meine Auswahl zu begrenzen. So ist es nun mal, du hast das Buch ja schon gekauft, also wirst du damit zurechtkommen müssen. Zweitens kann man tonnenweise mehr Riesling oder Pinot Noir trinken als etwa Muscat oder Gewürztraminer. Du brauchst also eine größere Gesellschaft, weil du dich bei denen ein bisschen länger aufhalten wirst. So oder so, es sind Vorschläge; nimm sie an oder lass es bleiben. Ich wünsche mir nur, dass sie dich inspirieren werden.

Thom Yorke

RIESLING

Cool, berechnend, präzise, brillant und irgendwie rätselhafte ist diese Rebsorte. Niemand verkörpert sie besser als Thom Yorke von R A D I O H E A D*. Spiel einfach „Airbag" mit direktem Übergang in „Paranoid Android" ab, und du hast eine grandiose, eindringliche akustische Übersetzung dieser Sorte. Die gespenstisch-roboterhafte Stimme, die tief im Hintergrund schwebt, unterstreicht Yorkes wildes Genie, den Kampf zwischen Bewusstem und Unterbewusstem als archetypischen Gegensatz von Mensch und Technik. Sie spiegelt die unnachgiebige Struktur der Riesling-Traube, die auf den steilsten, schwindelerregend abschüssigen Steillagen Deutschlands geboren wurde. Einfach genial.*

Es gibt mehr als nur ein paar Gründe, warum sich Wein-Hipster in aller Welt den Namen dieser Traube auf jedes noch freie Körperteil tätowieren lassen. Selbst ein kompletter Ignorant wird zugeben müssen, dass sie einfach umwerfend ist, diese Vorbotin der Anti-Apokalypse. Die unnachahmliche Antwort auf all die anmaßenden, ermüdend reichhaltigen, unerträglich dekadenten Rebsorten beziehungsweise Speisen. Sie ist die 35-Kilo-Ballerina, die 350 Kilo reißen kann. Wenn die Erde im nuklearen Inferno untergeht, werden nur Kakerlaken und Riesling übrig bleiben. Sie ist kalt und mechanisch wie ein schwereloses Monster aus Stahl. Rasiermesserscharf und chirurgisch präzise. Kurz: Sie ist eine verdammte Deutsche. Doch nicht nur dort ist sie zu Hause; auf der ganzen Welt tauchen umwerfende Exemplare auf, wenngleich die Klassiker immer noch, wenn nicht aus Deutschland, dann aus der österreichischen Wachau kommen. Dort zeigen sie sich normalerweise etwas voller, muskulöser, weniger säurebetont und insgesamt „dunkler" im Profil. Auch das Elsass gehört größtenteils mehr auf die öligere, würzigere, breitere Seite des Riesling-Spektrums, und mit dem Bereich Clare Valley in Australien wächst ein Außenseiter heran, mit dem zu rechnen sein wird. Hier zeigt sich die Rebe in der Regel eher floral und mit mehr elektrisierender Zitrusfrucht als die zuvor Genannten, ohne die stechende Note einer neuen Tennisballdose, wie sie einige neuseeländische Exemplare zeigen.

In Deutschland finden sich nirgendwo Rieslinge mit mehr Tiefe, Komplexität, Präzision, Alterungswürdigkeit und, trotz ihres Federgewichts, überwältigender Kraft als an der Mosel. Wie solch ein Wein tänzeln kann wie ein Schmetterling (bei sieben bis acht Prozent Alkohol), aber mit seiner brillanten Säure sticht wie eine ganze Armee von Hornissen, wird mir ein ewiges Rätsel bleiben. Das gilt insbesondere für die Rieslinge von den tückisch steilen, kalten Hängen an der Saar. Da ist es keine Überraschung, dass man auf alten Restaurant-Weinkarten vom Ende des 19. und Anfang des 20. Jahrhunderts, von New York bis Paris, Preise für die besten Auslesen findet, die fünfmal höher lagen als für jeden Lafite, La Tâche oder d'Yquem. In der deutlich wärmeren Pfalz kann man einen viel volleren, runderen Stil mit etwas Gartenobst im Gepäck und vielleicht sogar einer Spur Eiche erwarten. Es sind solide, kraftvolle Weine, meist trocken und durchaus alterungswürdig. Aus den Steillagen des Rheingaus kommen Exemplare, die Kraft mit Finesse und Struktur kombinieren. Sie brauchen Zeit im Keller, lohnen die Geduld aber mit einem hinreißend femininen Bouquet und frischer Mineralität. Rheinhessen hat sich zum neuen Superstar der Szene mit etlichen „Kultkellereien" aufgeschwungen, die einige der gefragtesten (und entsprechend teuren) Abfüllungen Deutschlands produzieren. Hier nimmt der Riesling eine bemerkenswerte Fleischigkeit an, ohne an Eleganz einzubüßen; eine subtil integrierte Säure unterstützt die beachtliche Viskosität im Glas. Weiter an der Grenze zur Nahe gibt es mehr vulkanische Böden, „Porphyr" genannt, was wieder für einen strengeren Einschlag sorgen kann. Im Anbaugebiet Nahe selbst findet man abermals Weinberge von beeindruckender Steilheit. Sie sorgen für eine rasiermesserscharfe Säure, die die ungezügelt sich breit machenden floralen Noten unterstreicht. Jung können diese Weine recht mager und harsch wirken; manchen tut eine längere „Auszeit" gut, bevor man sich ihnen noch einmal zuwendet. In Baden dagegen hat der Klimawandel, der nun eine unbestreitbare Realität ist, dem Riesling praktisch den Garaus gemacht. Die besten Lagen sind einfach zu warm geworden, was dem Riesling alles nimmt, was ihn so einzigartig macht. Er mutiert zu Übergewicht und Schlaffheit, ganz ohne Spannung und Feuer.

Wenn ich nur einen Stil von Weißwein in den Keller auf einer einsamen Insel mitnehmen dürfte, wäre es kein Burgunder. Bei Rotwein schon, auf alle Fälle. Aber bei Weißwein wäre es mit Sicherheit deutscher Riesling. Vor allem, wenn es einen Zeitlang dauert, bis ich gerettet werde, denn dieses Zeugs wird mit zunehmendem Alter immer besser. Mal ganz abgesehen davon, wie großartig es zu Kokosnüssen passt.

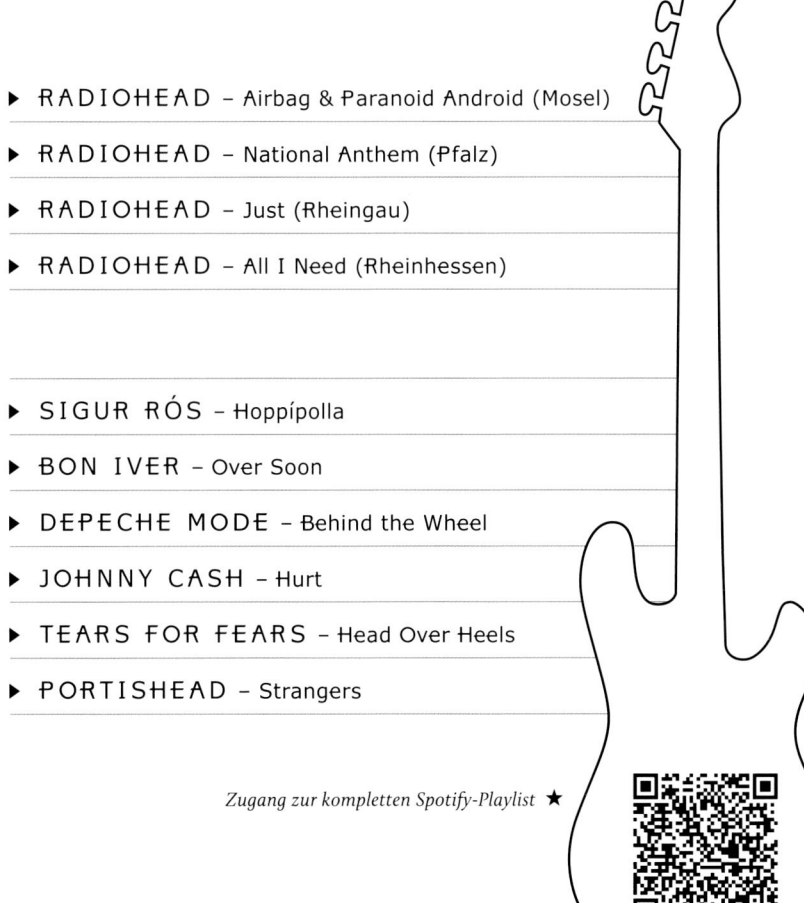

▶ RADIOHEAD – Airbag & Paranoid Android (Mosel)

▶ RADIOHEAD – National Anthem (Pfalz)

▶ RADIOHEAD – Just (Rheingau)

▶ RADIOHEAD – All I Need (Rheinhessen)

▶ SIGUR RÓS – Hoppípolla

▶ BON IVER – Over Soon

▶ DEPECHE MODE – Behind the Wheel

▶ JOHNNY CASH – Hurt

▶ TEARS FOR FEARS – Head Over Heels

▶ PORTISHEAD – Strangers

Zugang zur kompletten Spotify-Playlist ★

SAUVIGNON BLANC UND SÉMILLON

Der bissige, freche, manchmal unkooperative, aber liebenswerte Typ ist voller Energie, stachelig und im Grunde das Gegenteil von sinnlich oder sexy. Die WHITE STRIPES *mit „Fell in Love With A Girl" könnten es nicht besser treffen mit Jack Whites durchdringender Stimme, die so grell ist wie die Säure spritzig. Seine Gitarre reibt wie Sandpapier und imitiert den grasigen Biss des Sauvignon bis aufs i-Tüpfelchen, während seine unkomplizierte Struktur perfekt zu Megs reduziertem Schlagzeugspiel im Four-on-the-floor-Beat passt. Man könnte sogar sagen, dass die Art und Weise, wie Megs geschmeidige Kurven in Kontrast zu Jacks spitzen, wirren Linien stehen, mehr oder weniger auch die Yin-Yang-Beziehung von Sauvignon und Sémillon in einem typischen Bordeaux-Verschnitt illustriert.*

Wir scheinen am Ende einer wilden Renaissance dieser Rebsorte zu stehen, und ich bin froh, sagen zu können, dass sie gerade wieder herunterkommt von ihrer recht trendigen Flugbahn. Warum? Weil Sauvignon-Weine einzigartig und köstlich sein mögen, aber unseren Job als Sommeliers machen sie zur Hölle. Der typische Sauvignon-Charakter aus Gras, Meyer-Zitrone, Grapefruit, Stachelbeere, Feuerstein und nassem Kalkstein ist unverwechselbar, aber genau deshalb ist es schwer, Sauvignon-Weine während einer gesamten Mahlzeit zu trinken. Die Säure ist rasiermesserscharf, und der grasige, vegetabile Stil der Frucht, der in Richtung Paprikaschote, Zuckererbsen und grüner Spargel geht (wenn der Wein aus einem kühlen Klima oder einem kühleren Jahrgang stammt), bietet nicht gerade Kombinationsmöglichkeiten mit Speisen in Hülle und Fülle. Trotzdem kann eine klassische Abfüllung aus Sancerre, Pouilly-Fumé, der Südsteiermark oder dem Friaul ein Traum zu klassischem Gazpacho sein, wie auch zu weißem Spargel,

Salaten und vegetarischen Gerichten im Allgemeinen. Bei exotischeren Interpretationen dieser Traube, zum Beispiel aus Australien, Neuseeland oder Nordamerika, lassen sich auch extravagantere Fischgerichte mit fruchtigen Marinaden usw. ins Spiel bringen. Wegen der Säure und der schlanken Struktur des Sauvignon sind jedoch Sahnesaucen problematisch. Stell dir vor, Milch mit Zitronensaft zu mischen und zuzusehen, wie sie stockt. Ganz im Gegensatz dazu wirken viele Exemplare aus Bordeaux fast burgundisch im Stil, ungewöhnlich breit und cremig, oft noch gefördert durch Fassausbau. In dieser uncharakteristisch fülligen Interpretation passt weißer Spitzen-Bordeaux, vor allem nach einem oder zwei Jahrzehnten der Reife, ganz ausgezeichnet zu klassischen Saucen wie Beurre Blanc oder Sauce Mornay. Die Cremigkeit des Alters schließt die Lücke zum einst grasigen jungen Sauvignon. In Bordeaux steht Sauvignon selten allein, sondern wird mit Sémillon und Muscadelle verschnitten. Ersterer fungiert fast wie das Yin zum Yang des Sauvignon und liefert das säurearme Fleisch auf den Knochen. Sémillon ist in der Jugend meist schlank und unnachgiebig, doch er ist für's Altern gemacht und zeigt sich dann sehr breitschultrig. In Süd- und Südwestaustralien hat er als Semillon (ohne Akzent!) eine zweite Heimat gefunden. Die besten Exemplare von dort können Jahrzehnte lagern und entwickeln dann eine intensiv gelbe, wachsige, ölige Dekadenz.

▸ WHITE STRIPES – Fell in Love With A Girl
　▸❙ (Château Olivier 2015: 75% Jack = Sauvignon Blanc,
　dazu 25% Meg = Sémillon)

▸ RACONTEURS – Salute Your Solution
　▸❙ („Quarz" von der Kellerei Terlan)

▸ THE DEAD WEATHER – I Cut Like A Buffalo
　▸❙ (wie „Silex" von Dagueneau)

- ▶ DEATH CAB FOR CUTIE — Sound of Settling
- ▶ FOUNTAINS OF WAYNE — Mexican Wine
- ▶ DIXIE CHICKS — Wide Open Spaces
- ▶ RASCAL FLATTS — Life is a Highway
- ▶ GOO GOO DOLLS — Here Is Gone
- ▶ SNOOP DOGG — Gin & Juice
- ▶ THE STROKES — Is This It
- ▶ SUBLIME — Doin' Time
- ▶ OK GO — Get Over It
- ▶ REEL BIG FISH — Sell Out

Zugang zur kompletten Spotify-Playlist ★

ALBARIÑO

Seine rauchige Stimme ist alles andere als virtuos, aber Hölle nochmal, er spielt Gitarre, als ob er eine Glocke läutet. Zehn Sekunden eines seelenvollen Solos von JOHN MAYER *reichen aus, um sich zu fragen, wann Stevie Ray Vaughan von den Toten auferstanden ist. Das einzige Problem ist, dass man sie nicht oft genug zu hören bekommt. Außer du schenkst seinem poppigen Ohrwurm-Repertoire mehr als nur einen flüchtigen Blick. Und auf Albariño trifft das in doppeltem Maß zu. Kaum jemand hat diese Traube zu seinem Liebling erkoren, und irgendwie steckt sie immer noch ein bisschen in der Mittelmäßigkeit. Tatsächlich gibt es zu viele Albariño-Weine, die man vergessen kann, aber die besseren sind, wie Mayers Stücke, immer gut trinkbar und in den meisten Situationen sehr angenehm. Doch ebenso wie bei Mayers Können als Musiker und Songwriter kann sich das zugrunde liegende Genie nur eine gewisse Zeit als Mainstream verkleiden. Studiogrößen wie Steve Jordan und Pino Palladino bilden nämlich nicht einfach so ein Trio mit irgendeinem früheren Teenie-Idol.*

Mayers Stil ist überraschend umfangreich; das beginnt mit dichtem, öligem Blues wie in „Who Did You Think I Was", der sein Gegenstück hat in einer würzigen, in Eiche ausgebauten Abfüllung von Granbazán. Die hochgespannte Säure und die der Schärfe eines Katana-Schwerts gleichkommende Präzision der 200-jährigen Reben von Do Ferreiro spiegeln sich wider in der ergreifenden Leichtigkeit von Mayers Version von „Free Fallin'". Der runde, cremige „III Año" (langer Kontakt mit dem Hefesatz) von Palacio de Fefiñanes erinnert an seinen Klassiker „My Stupid Mouth". Und schließlich der natürlich bereitete und durch Schalenkontakt ein wenig als „Orange Wine" sich präsentierende Alvarinho von Soalheiro (jetzt sind wir in Portugal), der einfach ehrlich ist,

John Mayer

ganz so wie Mayers Lonely-Cowboy-Hymne „Queen of California" mit ihrer wunderbaren Einbindung eines staubigen Saloon-Pianos, ihren schwebenden Violinklängen und einer einsamen Slide-Gitarre, die das Bild von einfacheren Tagen in einem rauen Leben malt.

Da, wo die Umlaufbahnen von Riesling, Sauvignon Blanc und Viognier irgendwie kollidieren, erhebt sich Albariño aus der Asche. Klingt bescheuert, aber man kann diese Traube nicht besser beschreiben. Sie ist schlank und fokussiert, aber nicht so nervös wie Riesling. Sie ist frisch, salzig, mineralisch und grasig, aber nicht in dem Maße wie neuseeländischer Sauvignon. Bei voller Reife zeigt sie eine weiche, runde Frucht, die an Pfirsich, etwas grüne Melone, eine Handvoll frischer Kräuter mit einer Prise weißem Pfeffer erinnert, aber immer noch weniger schillernd als Viognier von der Rhône. Beim Vinho Verde in Portugal, wo die Traube Alvarinho heißt, kommt ein ganz anderer Charakter zum Vorschein. Trotz des bescheidenen Rufs dieser Region sind die Spitzenweine wirklich überzeugend; für mich gehört der Bereich zu den spannendsten Gebieten für Weißwein. Und gleich nebenan, in Spanien, liegt Galicien, auch eine Hochburg für Albariño der Spitzenklasse. Diese Region hat das größte Potenzial für die Einführung von Ursprungsbezeichnungen oder Klassifikationen, die weit über die derzeit geltenden allgemeinen DOs hinausgehen sollten – hin zu etwas Spezifischerem, vielleicht nach burgundischem Vorbild.

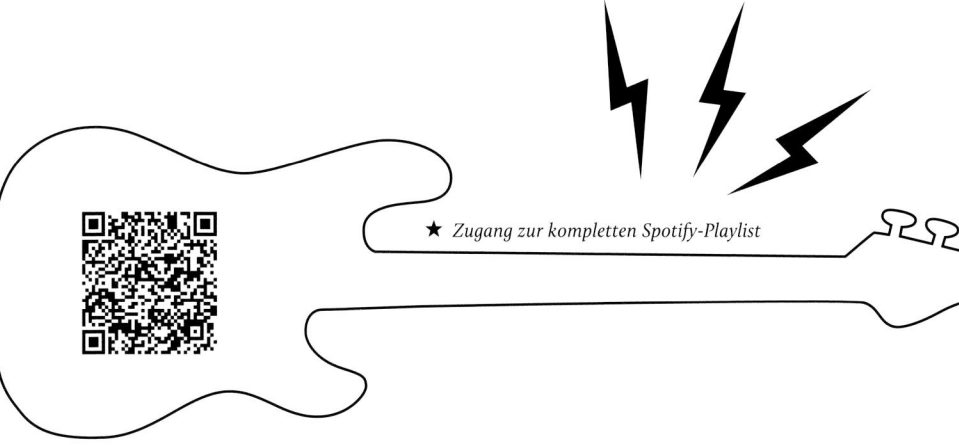

★ *Zugang zur kompletten Spotify-Playlist*

▸ JOHN MAYER — My Stupid Mouth

▸ JOHN MAYER TRIO — Who Did You
Think I Was?

▸ JOHN MAYER — Free Fallin'

▸ THE CARS – Just What I Needed

▸ U2 – Still Haven't Found What I'm Looking For

▸ JAMIE CULLOM – All at Sea

▸ THE COMMODORES &
LIONEL RICHIE – Easy

▸ TRAVIS – Driftwood

▸ VERTICAL HORIZON – Everything You Want

▸ COUNTING CROWS – Hard Candy

CHENIN BLANC

Eine himmlische Stimme aus dem Mund eines Truckers, sprühender Sexappeal über einem gnadenlosen Drive, ein Bild von ausgesuchter Höflichkeit mit einer Vorliebe zum absolut Schmutzigen – diese Beschreibung trifft nur auf zwei virtuose Performer zu: Chenin Blanc und CHRISTINA AGUILERA. *Ihr Stimmumfang ist einer der größten der Musikgeschichte, und kombiniert mit einer makellosen Artikulation und glockenheller Klarheit hat Christina die Messlatte sehr hoch gelegt für alle hübschen Gesichtchen, die zu gern eine Blitzkarriere machen würden. Ihre Vielseitigkeit ist ebenso bewundernswert wie die von Chenin Blanc.*

Ich hatte das große und seltene Vergnügen, vor ein paar Jahren „Xtina" selbst bedienen zu dürfen. Ich empfahl ihrer Gruppe eine Magnumflasche Rheingauer Riesling, und es war Liebe auf den ersten Blick. Wie hätte es auch anders sein können? Wenn Christina Chenin Blanc ist, dann ist der König neben dieser Königin mit Sicherheit Riesling. Für mich besteht eine enge Beziehung zwischen den beiden aufgrund ihrer funkelnden Säure und dem virtuosen Balanceakt, den sie zwischen Zucker, einer enormen Präsenz ohne Fett, Öligkeit oder Alkoholstärke und natürlich ihrer Alterungsfähigkeit hinlegen. Das Fruchtprofil von Chenin unterscheidet sich stark von dem des Riesling; es stammt eher aus dem Obstgarten als aus tropischen Gefilden: von holziger Quitte bis zu eher exotischer asiatischer Birne, von Apfelcidre zu grüner Melone. Das Terroir kann bei Chenin Blanc durchscheinen wie bei kaum einer anderen Traube. In Savennières verleiht ihr der Schiefer einen eindeutig erdigen Waldboden-Charakter mit animalischem Einschlag. Im scharfen Gegensatz dazu stehen der Kalktuff von Vouvray mit seinem laserstrahlscharfen Fokus und der schneidenden Mineralität, der kristalline Schiefer von Anjou sowie die mit Feuerstein durchsetzten Tonböden von Jasnières, wo Chenin Blanc immer geschmeidig, rund, floral und irgendwie würzig ausfällt.

Was die Textur angeht, ist Chenin ein Meister. Von schäumenden „Mousseux", die den sanft fruchtigen Meuniers der Champagne verdammt nahekommen, bis zu klebrig-süßen Wunderwerken mit genug Komplexität, um die Prominenz aus Sauternes erröten zu lassen. Und es gibt alles dazwischen: vom knochentrockenen „Sec" über koketten halbtrockenen „Demi-sec" bis zum kraftvollen „Moelleux", der mühelos Jahrzehnte überdauert, bevor er überhaupt erst anfängt, reif zu werden – und trotzdem seine stahlige Kante, den unverwechselbaren Fokus und die brillante Balance behält. Noch mehr gute Nachrichten? Dies ist die bei Weitem beste Zeit, um Chenin-Weintrinker zu werden, trotz des schweren Nachkriegstraumas, das seinen Ruf beinahe vernichtet hätte. Aber um die wahre Größe des Chenin wirklich zu verstehen, müssen wir uns zurück an den Tatort begeben, ins Loire-Tal.

Auch wenn zurzeit in Südafrika mehr Chenin-Reben stehen mögen (oft unter dem Namen „Steen" anzutreffen), ist die Loire seit Ende des 19. Jahrhunderts die wahre Heimat dieser Traube. Sie genoss dort einen sehr gehobenen Status und wurde der durstigen Bande von Adeligen kredenzt, die sich in ihren „Sommerschlössern" am Fluss die Zeit mit Jagen, Fischen und Müßiggang vertrieb. Als nach dem Zweiten Weltkrieg mehr das blanke Überleben im Mittelpunkt stand und die industrielle Maschinerie in der Landwirtschaft Einzug hielt, verdüsterte sich das Bild: Atemberaubende Weinberge mit umwerfend guten Böden an Hängen, die denen der Mosel in Deutschland nicht nachstanden, wurden einfach aufgegeben. Verfielen. Und zwar die „Coteau"-Lagen anstatt der leblosen Ebenen darunter. Es gab Maschinenlese en gros, Chemie wurde gespritzt bis fast zur Ausrottung und Massenwein für die Touristenhorden in den Pariser Bistros und die Schnäppchenjäger produziert. Die heutige Generation hat, trunken vor Ehrgeiz und hungrig nach Veränderung, zum Glück die fast verlorenen Schätze wieder an sich gebracht. Als Resultat ist die Loire nicht nur die Hochburg einer spannenden Naturweinproduktion geworden, sondern bietet auch ein unvergleichliches Preis-Leistungs-Verhältnis. Hier gibt es authentische, vom Terroir geprägte Schönheiten für wirklich jeden Geldbeutel.

▶ **CHRISTINA AGUILERA** — Dirty
  ▶ (Savennières)

▶ **CHRISTINA AGUILERA** — Genie In A Bottle
  ▶ (Vouvray)

▶ **CHRISTINA AGUILERA** — Candy Man
  ▶ (Quarts de Chaumes)

▶ **AVRIL LAVIGNE** — Happy Ending

▶ **BOB MARLEY** — Is This Love?

▶ **ZWAN** — Honestly

▶ **BAND OF HORSES** — No One's Gonna Love You

▶ **JEFF BUCKLEY** — Lover, You Should've Come Over

▶ **THE KOOKS** — She Moves In Her Own Way

▶ **BEN FOLDS** — Landed

Zugang zur kompletten Spotify-Playlist ★

Hall & Oates

PINOT GRIS UND PINOT BLANC

Das smoothe Jazzsaxophon, der kitschige Synthesizer, die Hochzeitsgesangstexte, die gesampelten Drums aus vorprogrammierten Casio-Keyboards ... klingt wie ein Job für DARYL HALL UND JOHN OATES! *Das einzige Duo in der Rock-/Popwelt, das mühelos gegen Adam West und Burt Ward als Batman und Robin in der 1960er-Jahre-Serie „Batman" hätte anstinken können. Aber Spaß beiseite, die beiden haben 18 Studioalben produziert. 18 gottverdammte Alben! Wenn ich mir das vorstelle, wird mir immer noch schwindlig. Könnte ja sein, dass damals alles viel leichter war. Aber auch für das dynamische Paar war nicht immer alles lecker Wein und eitel Sonnenschein. Von Anfang an hatten sie keine klare Linie, wechselten rauf und runter von Folk zu Jazz und zu old school Rock im Versuch, einen eigenen Stil zu finden, bis sie schließlich bei dem Zwischending landeten, für das sie bis heute am bekanntesten sind. Unter den Hunderten Songs, die sie herausbrachten, einschließlich der sechs Singles, die es in die Top-Charts schafften, sind es nur ein paar, die man wirklich gut gemachte Hits nennen kann. Eine weitere Handvoll ist gerade noch auszuhalten, ansonsten gibt es haufenweise Schrott, darunter ein besonders scheußliches Remake von einem der im Amerika des 20. Jahrhunderts am häufigsten gespielten Songs: „You've Lost That Lovin' Feeling" von den Righteous Brothers.*

Wie Pinot Blanc und Pinot Gris sind die beiden Typen unzertrennlich. Oates ist die schwächere Ausgabe von Hall, wie der eher schlaffe, wenn auch präsente Pinot Gris neben dem charismatischeren, blauäugigen Schnulzensänger Pinot Blanc. Gemeinsam kriegen sie den einen oder anderen Hit hin, ohne groß zu inspirieren. Als Kind habe ich ihre Songs oft als Hintergrundmusik in einsamen Kaufhäusern dudeln hören. Aber die beiden hatten auch ihre großen Momente, so wie Pinot

Gris im Elsass und in Baden großartig sein kann, während Pinot Blanc in der Pfalz und ebenfalls in Baden zu großer Form aufläuft.

Du hältst deine Familie für merkwürdig? Dann versuch mal, zum Clan der Pinots zu gehören. Was für ein komischer, verdrehter Stammbaum aus Helden, Außenseitern, Misanthropen und Superstars! Pinot Noir war für alle so etwas wie die Wurzel und ist selbst wahrscheinlich das Produkt obskurer, wilder Eltern mit unbekannter Genealogie. Und zweifellos war dieser Bastard ein geiler Bock, denn er hat fast 20 andere moderne Rebsorten hervorgebracht, darunter auch Chardonnay, Gamay, Auxerrois und all die anderen Pinots wie Meunier, Gris, Blanc, d'Aunis und so weiter. Er ist nicht nur für versaute Familientreffen verantwortlich, sondern hat auch die Berechenbarkeit eines Abends mit Robert Downey Jr. Eine Traube, so launisch und sprunghaft, dass sie nach Belieben mutieren kann. Bei einem Besuch im Gut von Comte Armand in Pommard wurden mir mehrere Reben gezeigt, bei der nicht nur eine, nicht zwei, sondern sage und schreibe drei verschiedene Pinot-Sorten an einem Stock wuchsen. Angeschwollene rosa Pinot-Gris-Beeren neben kleinen, dunklen Meunier-Trauben, und darum herum mittelgroße Trauben von Pinot Blanc. Etwas Ähnliches passierte bei Henri Gouges in Nuits-Saint-Georges: An einem Frühlingstag ging er zu seinem Pinot-Noir-Weinberg, um nach dem Austrieb der Knospen zu sehen, und voilà: Eine Gruppe Reben hatte sich soeben entschieden, eigenartig aussehende weiße anstelle von Pinot-Noir-Trauben auszubilden. Sie stellten sich bei der Analyse später als etwas ganz Neues heraus und sind bis heute unter dem Namen des Winzers als „Pinot Gouges" bekannt.

Aber auch jenseits der Genetik haben Pinot Gris und Pinot Blanc ein echtes Problem: Sie stehen völlig im Schatten ihrer Verwandtschaft, vor allem von Pinot Noir und Chardonnay, und wirken wie die rothaarigen Stiefkinder der Familie. Pinot Gris kann im richtigen elsässischen Weinberg spektakuläre Weine mit Power, Konzentration, Öligkeit und Würze ergeben, die kein anderer Gris auf der Welt erreicht. Aber abgesehen von ein paar hübschen, an Burgunder erinnernden Weinen aus Baden, der Pfalz und Rheinhessen sowie wirklich fantastischen Exemplaren aus dem Weingut Graf Adelmann in Württemberg liefert diese Traube normalerweise nichts Berühmtes. Tatsächlich sind die meisten deutschen „Grauburgunder" vor allem wässrig, sauer und billig und werden am besten eiskalt serviert, damit Opa dir nicht seinen Rollator um die Ohren haut. Zu viele Weinmacher behandeln die Traube wie eine Massenbiermarke, sozusagen das „Coors Original" der Weinwelt. Man könnte geradeso gut „Saufwein" auf das Etikett drucken. Und das nervt mich kolossal, denn Pinot Gris bzw. Grauburgunder hat eigentlich Potenzial. Aber die deutschen Totgeburten sind nur eine kleine Tragödie im Vergleich zu dem schicksalhaften Tag vor etwas über 50 Jahren, als der erste Container mit Santa Margherita Pinot Grigio den Boden der USA erreichte.

Der wunderbare neue Wein, den der Durchschnittsamerikaner sowohl leicht aussprechen als auch schlauchweise runterspülen konnte, wurde im Nu der am meisten konsumierte der USA. Über zwölf Prozent aller in die Vereinigten Staaten importierten Weine sind Santa Margherita Pinot Grigio. Und alles begann mit Tony Terlato, der es schaffte, mit einem einfachen Wein reich zu werden. Dieser Wein sprach den ungeschulten und, man muss es leider so sagen, (damals) furchtbar unterentwickelten amerikanischen Gaumen an. Der Erfolg war so groß, dass man den Wein selbst heute noch in den Weinkarten prominenter New Yorker Restaurants für über 50 Dollar die Flasche findet, und ich selbst habe ihn im Einzelhandel für rund 25 Dollar gesehen. Unfassbar! Für das Geld bekommst du einen verdammten Village-Burgunder oder sogar Premier Cru! Und schlimmer noch, dieses Trojanische Pferd öffnete die Schleusen für den Todfeind der heutigen Sommeliers: papierdünnen, sauren, verwässerten italienischen Pinot Grigio. Mittlerweile dümpeln Hunderte von ähnlichen Weinen in dieser Jauchegrube voll überflüssigem Ausschuss. Wenn man positiv denkt, könnte ein Flasche Santa Margherita immerhin die Einstiegsdroge für viele gewesen sein, die sich inzwischen echtem Wein zugewandt haben. Aber ich weiß aus erster Hand, wie oft solcher Müll immer noch bestellt wird, ungeniert, von ansonsten gut betuchten, intelligenten, erfolgreichen Leuten. Schau dir nur den ganzen Lugana an, den sie in München saufen. Weia, Charlie Brown!

Und dann ist da noch Pinot Blanc, der leider noch ein Stück weiter weg vom Stamm gefallen ist. Ich will damit sagen, dass er nichts taugt. So, das habe ich jetzt gesagt. Aber die Wahrheit tut weh. Versuch mal, den tollen, einzigartigen Charakter von Pinot Blanc zu beschreiben, nur zu. Klar kann man sich ein paar Eigenschaften herauspicken, aber am Ende läuft jede Beschreibung doch nur auf eine schwächere Version von Chardonnay hinaus anstatt auf etwas Eigenes. Es ist nicht so, dass ich dieser Sorte unbedingt eine reinwürgen will, aber an einem bestimmten Punkt muss man eben ehrlich sein. Howgh, ich habe gesprochen, räume aber ein: Es gibt einen inneren Zirkel von Meistern, die respektablen Pinot Blanc beziehungsweise Weißburgunder bereiten können. Huber, Heger, Salwey, Waßmer, Wagner-Stempel, Fritz Keller, seltsamerweise auch Markus Molitor und von Winning an der Mosel erzeugen erstklassige Exemplare, deren Stile von eichenwürzig, rund, voll und ziemlich burgundisch bis mager, gespannt und mineralisch reichen. Es gibt ein paar coole Beispiele aus Oregon, und auch das Elsass glänzt hier wieder einmal, wobei auch dort Pinot Blanc nicht die Klasse der edleren Sorten besitzt. Möglicherweise gibt es auf den Schieferböden im österreichischen Burgenland mehr Potenzial für diese Traube. Uwe Schiefer etwa ist nicht der Einzige, der Cuvées auf Weißburgunder-Basis im naturbelassenen Stil mit Schalenkontakt erzeugt, die echt rocken.

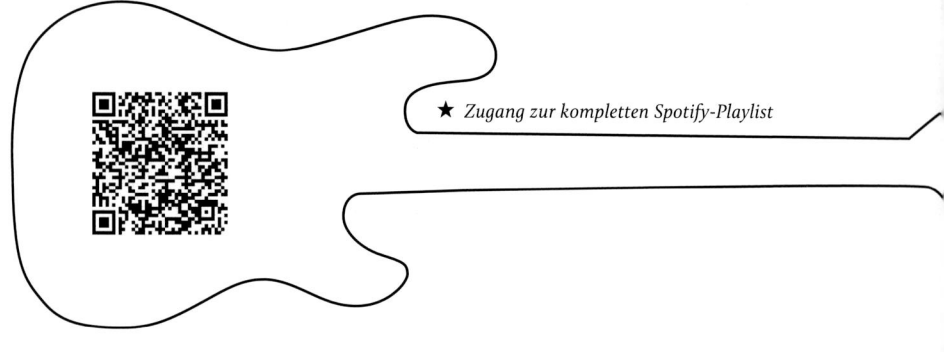

★ *Zugang zur kompletten Spotify-Playlist*

▶ HALL & OATES — Maneater

▶ HALL & OATES — You've Lost That Lovin' Feeling

▶ HALL & OATES — I Can't Go For That

▶ WHEATUS — Teenage Dirtbag

▶ BLIND MELON — No Rain

▶ HOOTIE & THE BLOWFISH — Only Wanna Be With You

▶ JIMMY EAT WORLD — Sweetness

▶ JOHN LENNON — Instant Karma

▶ OK GO — Get Over It

▶ RAMONES — Sedated

▶ THIRD EYE BLIND — How's It Going To Be

▶ PINK FLOYD — Comfortably Numb

▶ TRACY CHAPMAN — Gimme One Reason

▶ HOMEGROWN — Face In The Crowd

CHARDONNAY

Wie oft hast du schon jemand stöhnen hören: „Ich mag die BEATLES nicht". Nicht so oft, denke ich mal. Sie gefallen doch so ziemlich allen. Nur wenige haben diesen gottgleichen Status erreicht, doch sie alle haben ein paar Sachen gemeinsam: künstlerische Brillanz ohne Wenn und Aber sowie Authentizität. Und bei den Besten ging es nicht ohne Experiment und Neuerfindung ab. Egal, was du sonst hörst, selbst ein Hardcore-Metal-Fan kann nicht anders, als zu „Hey Jude", „Revolution", „Paperback Writer" oder „Eleanor Rigby" mit den Zehen zu wippen. Weil es einfach verdammt gute Stücke sind. Makellos arrangiert und ansteckend mitsingbar, trotz ihrer relativen Komplexität von Melodie, Harmonie und Akkordgewebe. Sogar mit Ringo. Und dasselbe könnte man von Chardonnay sagen. Für manche ist er der Ringo, für andere der Paul oder John. Beide Seiten können jedenfalls die Chardonnays im alten, buttrigen, holzbetonten Stil kritisieren, die in den 1990ern die Märkte überfluteten, und das zu Recht, aber überlege mal, wie viele eifrige Weinsammler, Aficionados und Spitzenburgunder schlürfende Gäste in unseren Restaurants zunächst wegen genau dieser Weine auf das buttergelbe U-Boot hüpften? Wahrscheinlich mehr, als wir gerne zugeben würden. Die Weine haben sie inspiriert, egal, was du, ich und sie selbst seitdem gelernt haben mögen. Und es ist diese unglaubliche Bandbreite des Chardonnay, die ihn so aufregend macht. Sommeliers, die „konventionellen" Chardonnay verdammen, drücken damit im Grunde ihren Hass auf die Beatles aus. In den meisten Fällen haben sie einfach nicht genug zugehört, oder, wichtiger, den Details nicht genügend Aufmerksamkeit geschenkt.

„Oh mein Gott, nein. Mein Credo ist immer noch A-B-C: Anything But Chardonnay!", ruft der Gast stolz aus. Nichts lässt mir die Haare höher zu Berge stehen. Ich meine, leck mich doch, warum nicht auch A-B-B plärren, weil du mit blonden Menschen ebensowenig zu tun haben willst? Aber bevor ich mich aufrege, antworte ich lieber: „Selbstverständlich! Wie wäre es mit etwas Schlankem, Elegantem, Raffiniertem ... Chablis vielleicht?", und wenn ich mich geschickt angestellt habe, lautet die Antwort in etwa: „Großartige Idee! Chablis liebe ich!" Nein, ich will niemanden verarschen. Ganz im Gegenteil. Ich habe gelernt, solche Kommentare zu entschlüsseln. Frustriert zu sein, weil dieser „unterentwickelte Affe seinen steinzeitlichen Gaumen nicht auf die Höhe eines Chevalier-Montrachet heben kann", ist Zeitverschwendung und nützt gar nichts. Besonders dann, wenn der Gast entweder eindeutig der Gehirnwäsche ausgeliefert war und Chardonnay gleichsetzt mit der Trostplörre enttäuschter Hausfrauen oder er einfach genug hat von der lausigen Qualität der Chardonnays aus Massenproduktion. Und beides ist leider nicht von der Hand zu weisen.

Doch auch wenn er missbraucht wurde, Chardonnay zählt immer noch zu den edelsten Figuren der Weinwelt. Und hätte es die großartigen Weinlagen am Mont Rachet nicht gegeben, dann wäre Chardonnay, so glaube ich, niemals in alle gottverlassenen Winkel dieser Welt vorgedrungen. Mal abgesehen davon, dass die Amerikaner diese Sorte auch noch richtig aussprechen konnten. Mit ihrer mäßigen Säure, der potenziellen Cremigkeit und ihrer Affinität für Eichennoten ist sie außerdem ein Selbstläufer für Amateurgaumen. Aber kommen wir zu den „großen Fünf", den berühmtem Grands Crus, die an der Grenze zwischen Chassagne- und Puligny-Montrachet liegen: Criots-Bâtard-Montrachet, Bienvenue-Bâtard-Montrachet, Bâtard-Montrachet, Chevalier-Montrachet und natürlich Le Montrachet selbst. Alle drängen sich zusammen auf einem engen, nach Osten ausgerichteten Hang (wie die meisten Lagen der Côte d'Or) und bringen Chardonnay-Weine hervor, in denen sich die Traube selbst übertrifft. In Bestform sind es zeitlose Kunstwerke: tief würzige, florale, mineralische, vibrierende, überirdische Tränen von Mutter Natur, die sie über die Schönheit ihrer eigenen Schöpfung vergießt. Es heißt, Kleopatra habe mit weiblicher List tausend Schiffe ausgeschickt, aber mach mal Platz, Schwester, denn Chardonnay hat eine Milliarde Weine auf den Weg gebracht. Und ein Minenfeld hinterlassen, also pass besser auf.

Keine Sorge, du musst keine Hypothek auf dein Haus aufnehmen, nur um ein ordentliches Exemplar zu ergattern – außer du möchtest einen Grand Cru. Es gibt heute haufenweise tollen Chardonnay in jeder nur vorstellbaren Kategorie. Tatsächlich stecken wir inmitten eines regelrechten Chardonnay-Coups. Die Palette reicht von kleinen, praktisch an Montrachet angrenzenden Weinbergen in Saint-Aubin, deren Weine nur einen Bruchteil davon kosten, über straffe, nervige Exemplare von der kalifornischen Central Coast, die noch schlanker als Burgunder sind, bis zu lasergenau fokussierten Monstertrucks aus dem australischen Beechworth. Ihr Körper kann rasiermesserscharf bis hammermäßig reichhaltig sein, ätzend wie Batteriesäure oder fettig wie Olivenöl. Von Edelstahltank-Rasierern bis Eichensaft-Klistieren. Es ist schwer, diese Traube genau zu charakterisieren, denn sie ist ein Chamäleon und stellt nur selten ihren Eigengeschmack über das Terroir, das sie widerspiegelt. Im Großen und Ganzen kann man aber reifen Apfel, weiße Blüten, Kalkstein/Kreide, Flusswasser, fettarme Butter und einen Hauch Zitronencreme als Ausgangspunkt nehmen, um einen Chardonnay blind zu erkennen. Der Rest hängt ganz von dem Berg der ihn umgebenden Variablen ab.

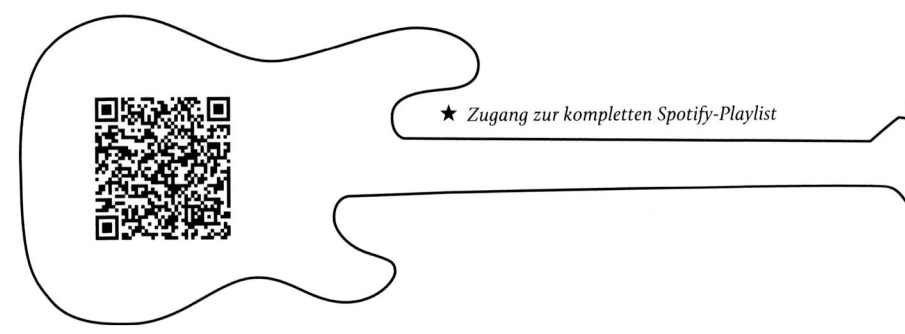

★ *Zugang zur kompletten Spotify-Playlist*

- ▸ BEATLES — Love Me Do (Sonoma)
- ▸ BEATLES — Revolution (Jura)
- ▸ BEATLES — Hey Jude
- ▸ BEATLES — Come Together

- ▸ GEORGE MICHAEL — Freedom
- ▸ THE DARKNESS — Growing on Me
- ▸ FIONA APPLE — Shadow Boxer
- ▸ JAY-Z — Girls, Girls, Girls
- ▸ JAYHAWKS — She Walks In So Many Ways
- ▸ LISA LOEB & NINE STORIES — Stay
- ▸ THE MIGHTY MIGHTY BOSSTONES — The Impression That I Get
- ▸ MATCHBOX 20 — Bright Lights
- ▸ THE ROOTS — The Next Movement
- ▸ TOM PETTY — Free Fallin'

VIOGNIER,
ROUSSANNE UND MARSANNE

Ich fasse diese drei Rebsorten in einer Gruppe zusammen, weil sie aus derselben Gegend stammen. Doch eigentlich ist Viognier ein Fall für sich, während die anderen beiden im Grunde Zwillinge sind, die man nach der Geburt getrennt hat. Bei Viognier ist eines sicher: Sie ist eine Lady. Kurvenreich, sinnlich, bombastisch, exotisch und unverfroren. Jetzt würde ich gern ein möglichst hippes, cooles Bild von Viognier malen, eins, das meine Street Credibility erhöht: Joan Jett, Debbie Harry, Shirley Manson, Nena, meinetwegen sogar Beyoncé. Aber ich kann nicht, also scheiß drauf. Viognier ist S H A K I R A. Wenn du dir ihr Video „She Wolf" ansiehst, mit all den Zuckungen und Verdrehungen, wirst du mir wahrscheinlich widersprechen. Dann schau dir an, wie sie sich mit Rihanna in „Can't Remember to Forget You" auf Satinbettwäsche räkelt, und du wirst mir nicht nur einen Entschuldigungsbrief schreiben, dass du gezweifelt hat, sondern auch einen Dankesbrief mit dazulegen. Nur eine der verführerischsten Sängerinnen aller Zeiten kann es wagen, eine so einzigartige, verlockende Rebsorte wie Viognier zu verkörpern.

Wie die Dukes of Hazzard (deutscher Filmtitel: „Ein Duke kommt selten allein") sind Roussanne und Marsanne laut, wild und maskulin, grob behauen und respektlos. Das Duo T H E   B L A C K   K E Y S ist für mich das Ebenbild, mit dicken, fast schmierigen Grooves, guten Hooks, dass man sich das Fett von den Fingern lecken möchte, und würzigen, knackigen, geradlinigen Riffs. Nichts kann die Reichhaltigkeit und den bodenerschütternden Wumms dieser sonnenverbrannten Übeltäter besser verkörpern. Nimm noch Shakiras „Hips Don't Lie" und „Strange Times" der Black Keys mit dazu, und du bist endgültig daheim an der Rhône.

Keine andere Rebsorte ist auch nur annähernd so sexy wie Viogner. Ihr Duft weht wie ein Feld reifer Pfirsiche und Frühlingsblumen heran, sie hat eine Hammerfigur, und ihre Röcke sind nie lang genug. Sie hat Kurven und denkt im Traum nicht daran, sie zu verbergen. Ich meine, ein guter Viognier fängt bei etwa 13 Prozent Alkohol an und kann locker auch über 15 Prozent kommen, ohne mit der Wimper zu zucken. Die Traube ist bekannt für ihre untypisch geringe Säure, ganz anders als es die Aromenfülle von Orangenblüte, sonnengereiftem Steinobst und Zitrusschale sonst andeutet. Sie ist exotisch und angenehm am Gaumen, opulent, aber auch raffiniert. Ihre Anbaubedingungen sind

Shakira

alles andere als einfach; sie braucht viel Wärme und hat deshalb auf den steilen Granithängen von Condrieu im nördlichen Rhône-Tal ihr Zuhause gefunden. Ihre Qualität ist eine Frage des Timings, der richtige Lesezeitpunkt das A und O. Zu früh, und sie wird zum scharf-sauren Schatten ihrer selbst. Zu spät, und die Weine werden schlaff, platt und völlig uninteressant. In der Nachkriegszeit stand Viognier kurz vor der Ausrottung; nur mickrige acht Hektar waren im berühmten Château Grillet verblieben. Heute aalt sie sich unter der Sonne ihrer wiedergewonnenen Beliebtheit. In den letzten 20 Jahren sind praktisch überall fantastische Exemplare entstanden, von Kalifornien bis Griechenland, in Australien und sogar in Deutschland.

Roussanne und Marsanne sind die hammermäßigen Zwillingscousinen von Viognier. Keinen Deut weniger sexy, aber im Falle von Roussanne die dreifache Diva. Sie liefert unzuverlässige Erträge, reift spät und riskiert damit Regen-, Frost- und Insektenschäden. Gegenüber Rebkrankheiten ist sie ein Schwächling erster Güte. Und selbst wenn man es schafft, eine gute Ernte unversehrter Trauben in den Tank zu bringen, kann es immer noch Probleme mit Oxidation gaben. Aufgrund ihrer sehr pflegeintensiven Persönlichkeit hat Roussanne vor einiger Zeit ihre führende Rolle fast an die verlässlichere Marsanne verloren. Doch wie bei Viognier hat sich der Ruf der Roussanne über die ganze Welt verbreitet, und sie ist ein bedeutender Faktor im Languedoc, in Australien, Kalifornien, Texas, Italien und anderswo geworden. Sie besitzt eine Reichhaltigkeit, die mit dem Alter noch an Fahrt aufnimmt. Anfangs sind die Weine schlank und aromatisch, mit einem Duft nach reifer Birne, Kräutern der Provence, grünem Sencha-Tee und einem Hauch Backgewürzmischung mit einer charakteristisch bitteren Nussigkeit, die mit der Zeit cremig wird. Sie verhilft vielen weißen Châteauneuf-du-Pape-Weinen zu Rückgrat und ist der Copilot der Marsanne im Hermitage, Saint-Péray, Saint-Joseph usw. Man könnte die beiden leicht in einen Topf werfen, aber bei Zwillingen ist immer eine die etwas Stärkere, und das ist nicht Marsanne. Die flog irgendwie aus dem Club an der südlichen Rhône raus, fand aber noch grünere Weiden in Savoyen, der Provence, der Schweiz, in Italien, Spanien, Australien, den USA und weiteren Regionen. Marsanne hat nicht den Biss der Roussanne, sondern eher eine honigartige Qualität, sie zeigt mehr tropische Frucht und im Allgemeinen eine intensivere Aromatik, sofern sie das Zeug zum Reifen hat.

- ▸ SHAKIRA — She Wolf (Video)

- ▸ SHAKIRA — Can't Remember to Forget You

- ▸ SHAKIRA & BLAKE SHELTON — Medicine

- ▸ BLACK KEYS — Thickfreakness

- ▸ BLACK KEYS — Lonely Boy

- ▸ BLACK KEYS — I Got Mine

- ▸ CAKE — I Will Survive

- ▸ HARRY CONNICK JR. — Come by Me

- ▸ THE KILLERS — Mr. Brightside

- ▸ BECK — Where It's At

- ▸ CREAM — White Room

- ▸ MATCHBOX 20 — Look How Far We've Come

Zugang zur kompletten Spotify-Playlist ★

GEWÜRZTRAMINER

Was zur Hölle ist Gewurz? Also in echt? Und dieser Sänger, dessen Namen ich nicht hinschreiben kann, weil er ein Symbol ist ...

Man könnte bei beiden dieselben Fragen stellen. P R I N C E *war ein überragender Musiker und ein enormes Talent. Als ich im Instagram-Müll versank, der auf seinen Tod folgte, wurde ich plötzlich sehr nachdenklich. Wie viele dieser selbst ernannten Hardcorefans könnten auf Anhieb mehr als vier Singles von ihm runterrattern? Diese Leute waren nichts anderes als digitale Geier, die um jedes Unglück kreisen und Knochen blank picken in ihrem unstillbaren Social-Media-Hunger. Hauptsache, du bekommst die Likes. Mann, ich kann es kaum erwarten, bis das nächste gequälte Genie den Löffel abgibt und ich wieder 150 Follower dazukriege. Ich kann die Werbeeinahmen auf meinem Konto fast schon riechen ...*

Ebenso stellt sich die Frage: Würde man den Gewürztraminer tot auffinden, gestorben an einer Überdosis in einem schicken Loft in Manhattan, würde sich irgendwer drum scheren?

Sie würden so tun als ob; es gäbe Hashtags mit #JeSuisAlsace, Profilbilder mit französischen Fahnen, Selfies mit einer damals noch vollen, gesunden Flasche im Restaurant. Aber könnten viele dieser Leute, Sommeliers eingeschlossen, wenigstens fünf Topweine nennen? Ich bezweifle das sehr. Man muss das wahrscheinlich der schlechten Kinderstube zuschreiben. Reden wir nicht drum herum, den Elsässern sind Marketing, Ausbildung und Wahrnehmbarkeit völlig schnurz. Ihre Etiketten sind so verwirrend, dass sogar die Profis nicht den Schimmer einer Ahnung haben, was in der Flasche ist, solange sie noch nicht offen ist. In dem einen Jahr hat der gleiche Wein nur die Hälfte der Restsüße als im Jahr darauf. Für Alltagsweintrinker ist das die Hölle. Du besorgst dir den neuen Jahrgang des Weins, der dir das letzte Mahl zur Thai-Küche so gut geschmeckt hat, und willst ihn mit deinen Freunden genießen. Die Gäste treffen ein, das Essen ist perfekt. Bis etwas, das an Ahornsirup erinnert, aus der Flasche kommt, und du dir nur wünschst, dass sich die Thai-Nudeln durch Zauberhand in belgische Waffeln verwandeln oder dass die Erde sich auftut, um dich zu verschlingen. Keine Hinweise auf dem Etikett, keine Angabe zum Zuckergehalt, nichts. Ein Würfelspiel mit einer Eins auf fünf Seiten.

Aber ich habe Prince genannt, und das aus gutem Grund. Denn er traute sich, etwas zu zeigen, was kaum einer wagt. Dieses schüchterne Kind aus Minnesota entdeckte Eyeliner und Hosen, die seinen nackten Arsch zeigten, und eine ganze Generation von Musikfans war für immer verändert. Aber Make-up beiseite, Prince war das Musiktalent in Person. Er konnte die Instrumente seiner Studiomusiker besser spielen als sie selbst. Sein Werkverzeichnis spricht für sich, und die Resonanz, auf die alles stieß, was er für die Musikindustrie geschrieben und produziert hatte, wird noch für Generationen spürbar sein. Aber es kommt mir nicht so vor, dass die Generationen nach ihm Prince je richtig anerkannt hätten, und den Gewürztraminer hat das gleiche Schicksal ereilt.

Als treuem Anhänger von Make-up und Glamour ähneln die Aromen und Geschmacksnoten dieses sozusagen deutsch/elsässischen Imports mehr einem Freudenhaus in Louisiana im August. Verlang nicht von mir, das zu erklären. Stell dir nur vor: Rosenblütenblätter, Litschis, frisch geriebene Muskatnuss, weißer Tee und ein pfeffriger Schlag in den Mund. Mit einer Textur, die an Creme erinnert. Dieser Wein kann so unglaublich gut sein und ist doch in eine dunkle Ecke gerutscht. Dekadent süße Exemplare stammen aus seinem möglichen Heimatort Tramin in Südtirol, während schlanke, würzige Varianten hier und da in Deutschland auftauchen. Die wahren Champions aber spielen im Centre Court im Elsass. Hier erreicht der Gewurztraminer (ohne Umlaut!) auf einer Vielfalt von Böden seinen Gipfel an Konzentration,

Kraft, Öligkeit, Würze, floraler Feinheit und exotischer Frucht. Mit seiner Alkoholstärke kann er gut reifen, auf Botrytis springt er voll an. Eine elsässische Sélection de Grains Nobles kann ungemein exquisit sein und jahrzehntelang altern.

- ▶ P R I N C E — Partyman (Batman Soundtrack)
- ▶ P R I N C E — Pussy Control
- ▶ P R I N C E — Kiss
- ▶ P R I N C E — When Doves Cry
- ▶ P R I N C E — Purple Rain

- ▶ DEF LEPPARD — Pour Some Sugar On Me
- ▶ FRANK ZAPPA — Peaches En Regalia
- ▶ LES CLAYPOOL — My Name Is Mud
- ▶ BEATLES — I Am The Walrus
- ▶ MGMT — Time To Pretend
- ▶ THE WOMBATS — Greek Tragedy

Zugang zur kompletten Spotify-Playlist ★

MUSCAT

Nenn ihn launisch, unberechenbar oder grenzwertig durchgeknallt, von allen Künstlern dieser Liste ist DAVID BOWIE *mit weitem Abstand der dynamischste. Zu versuchen, seine Karriere zusammenzufassen, indem man ein paar Genres nennt, wäre völlig sinnlos. Ähnlich unmöglich ist es, das Aromenspektrum von Muscat Blanc à Petit Grains, alias Muskateller, Moscato oder Moscatel auf einen Nenner zu bringen. Sich selbst immer wieder neu zu erfinden war die einzige Konstante in Bowies Karriere, die zwischen Folk mit Gitarrenbegleitung, selbst ausgerufenem „Plastic Soul", Funk, minimalistischem, von Berlin beeinflusstem Elektro, hartem Fifties-Rock-and-Roll und symphonischer Grandeur à la Queen oszillierte. Und im Laufe von etlichen Evolutionen tauchte ein Alter Ego auf, erst mit Ziggy Stardust, später mit dem Thin White Duke. Bowies Androgynität verstärkte nur seinen Nimbus und seine Anziehungskraft, und seine Musik verströmte nicht nur Genie, sondern auch eine Sinnlichkeit, die alle gesellschaftlichen Schranken überwand.*

Und genau so ist auch Muscat: ein völlig eigenständiger Glamour-Rocker. Mit einem Duft, der erregt, ob floral und feminin oder moschusartig und maskulin; triefend entweder vor frischer rosa Grapefruit oder deftiger Blutorange, feinem Pfirsich oder pikanter Limette. Der Sex, den du gestern auf der Wiese hattest, mischt sich mit dem romantischen Bukett von Rosen und Holunderblüten von heute Abend. Schneidend, eckig, rund, geschmeidig, knochentrocken und süß: Diese Traube macht alles. Zu Hause ist sie vor allem im Elsass, wo die trockenen Exemplare eine typische Öligkeit unter dem knackigen Biss aufweisen, und die süßen Weine sind unbestreitbar verlockend. Deutschland produziert wunderbar pikante Exemplare, die sich super als Aperitif eignen, und die Südsteiermark in Österreich ist eine

David Bowie

Schatzkiste voll ebenso überzeugender wie süffiger Weine, die man am besten gleich kistenweise kauft. Muscat ist die womöglich älteste bekannte Traubensorte, war einst der Wein der Könige, fiel dann aber in Ungnade. Damals für dieselben Eigenschaften hoch geschätzt, für die man sie nun verteufelt. Die Leute früher müssen ihre köstlich exotische Natur für den Gipfel an Luxus gehalten haben. Nur wenige Trauben erreichen diesen Grad von frischer, überschwänglicher, expressiver Frucht und unwiderstehlicher Frische zusammen mit solcher Komplexität. Das einzige Manko ist die typischerweise niedrige Säure, was trocken ausgebauten Muscat-Weinen kein langes Leben schenkt. Im Elsass gibt es immer ein paar Exemplare, die ganz hervorragend altern, meist trinkt sich Muscat aber am besten, wenn er noch voll mit Sonne aus dem vorangegangenen Sommer steckt.

Außer natürlich bei zwei anderen, sehr unterschiedlichen Stilen von Muscat: dem sündhaft süßen Muscat of Alexandria aus dem südafrikanischen Constantia und dem dunklen Moscatel aus dem spanischen Priorat mit seinen würzigen, am Schiefer geschärften Kanten. Constantia wartete schon in vergangenen Zeiten als Belohnung (und was für eine!), wenn man erfolgreich das Kap der Guten Hoffnung umschifft hatte; die Evolution des Moscatel im Priorat dagegen ist ziemlich neu und aufregend. Naturwein, Orange Wine und traditionelle Erzeugung fließen hier im modernen Muscat-Schmelztiegel zusammen und bringen die Traube in eine Richtung, wie man sie womöglich seit der Zeit der alten Römer nicht mehr erlebt hat.

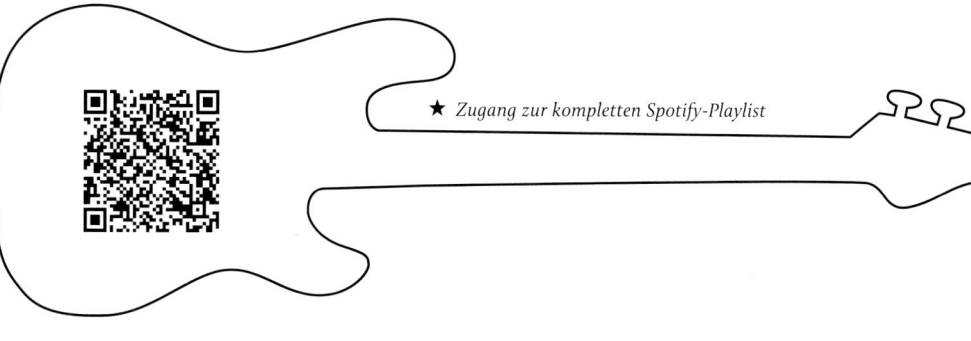

★ *Zugang zur kompletten Spotify-Playlist*

▶ DAVID BOWIE — Changes

▶ DAVID BOWIE — Fame

▶ DAVID BOWIE — Oh, You Pretty Things!

▶ DAVID BOWIE — Rebel Rebel

▶ DAVID BOWIE — Ashes to Ashes

▶ DAVID BOWIE — The Man Who Sold the World

▶ DAVID BOWIE — Ziggy Stardust

▶ DAVID BOWIE — Lazarus

▶ JOURNEY — Don't Stop Believin'

▶ AMERICAN HI-FI — Flavour of the Week

▶ THE FLAMING LIPS — Yoshimi Battles the Pink Robots

▶ AEROSMITH — Dude Looks Like A Lady

▶ JAMIROQUAI — Cosmic Girl

PINOT NOIR

Pinot Noir mag der Grund dafür gewesen sein, warum ich in meinen jungen Jahren meistens Single war. Denn Pinot ist ein ausgekochtes Luder, das weiß, wie man einen Typen hinhält. Ganz abgesehen davon, dass es dich so arm macht, dass du dir keine Affären mehr leisten kannst. Aber diese üppigen Kurven, dieser süßliche Moschusgeruch diese roten, roten Lippen!

Kein Wunder, dass Freddie Mercury „She's a Killer Queen" singt – aber es ist todsicher kein Moët, den die da im Schrank hat. Einen großen Pinot aufzumachen heißt, in die großartigsten Stücke von QUEEN und damit in andere Sphären einzutauchen. Vertrackte, gestaffelte Aromen wirbeln schwerelos über den Gaumen und verbreiten den Geist von Erdbeere, Kirsche und Lavendelessenz. Ein zügelloser Geist, der sich – einmal mehr – in Burgund niedergelassen hat, um seine irdische Natur zu erneuern. Echos von nassem Waldboden, Pilze, Wildbret und Blumengestecke, die nach einem weihrauchgeschwängerten Ostergottesdienst in der Kirche im Weihwasser stehen geblieben sind. Im Alter werden die Weine noch tiefer und beschwören Leder, altes Holz und den gesamten Opernchoral von „Bohemian Rhapsody" herauf: Freddies durchdringende Melodie, die zwischen allen Registern springt, Brian Mays unverwechselbarer Ton, die Komplexität des Stück, das sich clever unter einer trügerisch poppigen Fassade verbirgt, aber mit jeder Drehung und Wendung die Ohren erschüttert.

Queens Kombination von eingängigem Pop mit symphonischer musikalischer Tiefe ist pure Virtuosität, die den Hörer aber nie überfordert, sondern eher dazu „überlistet", Spaß an einem modernen Meisterwerk zu haben, ohne dass die Katze aus dem Sack muss. Darin beruht auch die Schönheit von Pinot: Er ist komplex und gleichzeitig enorm trinkbar, verführerisch, aber dezent, kraftvoll, aber fein, filigran, aber tiefgründig, langlebig und doch leicht.

Pinot Noir ist die betörendste Traube der Welt. Viele finden sie anspruchsvoll, sie sei eine reine „Connaisseur-Sorte", so unbeständig wie komplex. Andere wollen „die Schlampe" nach zu vielen Fehlschlägen und enttäuschten Hoffnungen nicht mehr sehen. Und eine launische Sirene ist sie ja: eben noch körbeweise üppige Frucht aus Carneros, im nächsten Moment eiskalte burgundische Indifferenz. Laubgrün und knackig in Otago, dunkel und schwer in Willamette. Tanzt jetzt Disco auf der Mornington Peninsula und wirft sich später für eine Champagner-Gala in Schale. Sie ist ein echtes Miststück im Anbau, bei der Weinbergpflege, bei der Traubenreife, bei der Lese, bei der Weinbereitung, beim richtigen Ausbau und beim angemessenen Servieren. Pinot ist die frustrierendste, leidenschaftlichste und bereicherndste Liebe deines Lebens. Aber einfach wird es nicht. Die Traube fordert über alle Hingabe hinaus auch akademisches Wissen. Pinot Noir zu kennen heißt, sie zu lieben.

Sie ist eine Lady, die sich mehr auf feine Säure und Ausgewogenheit verlässt als auf Tannin-Muskeln, um ein langes Leben zu führen. Diese Rebsorte wird dich nie anschreien, sondern verführerisch in dein Ohr flüstern. Einfache Exemplare aus warmem Klima haben ebenso wenig Säure wie Tannin und können jung unglaublich köstlich sein. Die kannst du bedenkenlos gekühlt trinken, und sorg dafür, dass du noch ein, zwei Liter in Reserve hast. So billig, um sie auf ex wegzuhauen, sind sie vielleicht nicht, aber auf jeden Fall süffig. Exemplare aus kühleren Klimata können deutlich zurückhaltender sein und brauchen bis zu zehn Jahre, um sich aus ihrer Schale zu befreien und die hart erarbeitete Frucht zu zeigen, die dann die raueren Taninne und die Säure aufwiegt.

Große Burgunder können jahrzehntelang reifen; solche aus den besten Jahrgängern und Weinbergen sogar 100 Jahre. Was ein interessantes Thema aufwirft: Die meisten Anfänger oder Hobbyweintrinker halten gern eine tiefrote Farbe und den Körper beziehungsweise Alkoholgehalt für Zeichen von Qualität. Doch richtig bereiteter Pinot weist keine dieser Eigenschaften auf. Im Gegenteil, er hat eine helle Farbe, wenig Alkohol und niemals viel Extrakt.

Und Pinot Noir ist nicht einfach nur edel, sondern reinrassig: Sie ist eine der ältesten bekannten Rebsorten der Welt und Elternteil eines vielfältigen Clans von Nachkommen. Die Côte d'Or mit ihrem Flickenteppich von Terroirs und Mikroklimata ist wahrscheinlich genau der passende Ort für so alten Adel, hier gibt es für jede Exzentrizität eine geeignete Ecke. Damit wird Burgund zu einer wahrhaft lebenslangen Aufgabe, schon allein aufgrund der natürlichen Gegebenheiten. Da ist die schizophrene Persönlichkeit des Pinot Noir noch gar nicht berücksichtigt, der sich wie ein pubertierender Teenager verhält: Eben noch lacht er, eine Minute später knallt er die Tür hinter sich zu. Man kommt hier nur mit Trial and Error weiter, woran manchmal sogar die Besten von uns scheitern. Noch ein Tipp von mir zum Umgang mit Burgunder: Wenn der Wein, den du gerade geöffnet hast, sich so gar nicht regt, dann lass ihn noch ein wenig in seinem Schlafzimmer schmollen. Ein paar Stunden können reichen, es kann aber auch einen Tag dauern. Setz einfach den Korken wieder leicht auf und schau später noch mal nach. Das klappt sogar bei alten Weinen, die manchmal auch noch etwas mehr Luft brauchen. Schenk dir in der Zwischenzeit was anderes ein und entspann dich. Im schlimmsten Fall hast du jetzt schon deinen Wein für morgen Abend ausgewählt.

▶ QUEEN — Killer Queen

▶ QUEEN — Bohemian Rhapsody

▶ QUEEN — We Will Rock You/We Are the Champions

▶ QUEEN — Bicycle Race

- ▶ JAMIROQUAI — Virtual Insanity
- ▶ KENNY ROGERS — The Gambler
- ▶ LENNY KRAVITZ — Are You Gonna Go My Way
- ▶ THE BLACK CROWES — Hard to Handle
- ▶ ROLLING STONES — You Can't Always Get What You Want
- ▶ TRAVIS — Why Does It Always Rain On Me?
- ▶ TOTO — Hold the Line! Love Isn't Always on Time
- ▶ U2 — With Or Without You
- ▶ DAVID GRAY — Please Forgive Me
- ▶ THE VERVE — Bittersweet Symphony
- ▶ FOO FIGHTERS — My Hero
- ▶ LED ZEPPELIN — Stairway to Heaven
- ▶ RADIOHEAD — All I Need

Zugang zur kompletten Spotify-Playlist ★

NEBBIOLO

Irgendjemand hat mal gesagt, dass die Stimme von TOM WAITS *klingt, als ob sie „in Bourbon getaucht und in der Räucherkammer zum Trocknen aufgehängt wurde; dann hat man sie auf die Straße gelegt und ist ein paar Mal drübergefahren". Er knarzt und röhrt also mehr, als er singt, kann aber auf Kommando schnulzig werden, dass es einem die Socken auszieht. Auch wenn es ihm an der Gewandtheit eines Sinatra fehlt, am Charme eines Sam Cooke, am Wumms eines James Brown oder am Stil eines Michael Bublé. Er ist eher ein Blues singender Penner aus dem Varieté, der in einem Güterwaggon auf dem Weg nach Biloxi, Mississippi, Geschichten über das gebrochene Herz Amerikas spinnt. Ein berühmter Mann mit höchsten Auszeichnungen, goldenen Schallplatten, Grammy-Nominierungen, Tourneen und Rollen in Hollywoodfilmen, der trotzdem buchstäblich zu dem „Jedermann"-Charakter geworden zu sein scheint, den er für die Bühne geschaffen hat. Ein König in Lumpen und einer der einflussreichsten Singer-Songwriter aller Zeiten. Tom Waits ist die Verkörperung von Nebbiolo. Tannine, die den Gaumen wie mit Schmirgelpapier streicheln, eine Säure wie das Sodbrennen am Morgen nach dem Leeren einer ganzen Flasche Scotch, und ein Fruchtcharakter, der noch weniger versöhnlich ist als deine Schwiegermutter. Er kreuzt in schlampigen Klamotten auf, riecht nach Bauernhof und spricht doch mit hinreißender Eloquenz. Er ist tatsächlich der verlorene Sohn, ein in der Vergangenheit verschollenes Mitglied der Königsfamilie, der nun den Thron beansprucht und zu Recht auf Augenhöhe steht mit den größten Traubendynastien der Welt.*

Der Sangiovese im Chianti wird wohl nie ganz seine billige Vergangenheit als Wein in Korbflaschen loswerden, aber in Wirklichkeit war der Nebbiolo das eigentliche Fiasko. Der Name kommt von „nebbia", dem italienischen Wort für die Nebel, die jeden Morgen die Hügel der Langhe überziehen, und dass das ein wenig nach Avalon klingt, macht diese betörende Traube nur noch geheimnisvoller. Wir wissen

Tom Waits

nicht, wann Nebbiolo erstmals auftauchte und woher er kam, aber er ist zweifellos ein Norditaliener. Jedenfalls fand er das ziemlich krasse Klima dort irgendwie einladend. Aber da Murphys Gesetz gilt, reift er spät: Frost, Regen und der gefürchtete Hagel sind hier nur allzu häufig, und dann geht der sensible Nebbiolo zu Boden wie ein Federgewicht mit Glaskinn in einem Kampf gegen Mike Tyson. Doch das sind nicht die größten Beschwernisse, die diese Traube über die Jahre zu erdulden hatte. Es waren oft die Verantwortlichen selbst, die Kellermeister, die die Sache vergeigten. Schon seit Jahrzehnten oder noch länger produzierten andere Regionen langlebige Weine, die in der Flasche reifen konnten – Ribera del Duero, Bordeaux, Douro, selbst Kalifornien; nur im Piemont war man mehr als nur ein bisschen schwer von Begriff. Bis der damals junge Giacomo Conterno, frisch zurück vom Dienst aus dem Ersten Weltkrieg, die Frage stellte: Warum machen wir das nicht? Heute kann man es kaum glauben, aber damals galt Barolo als bescheidener Zechwein. So wie die Franzosen sich täglich ihr Baguette holten, stapften die Piemontesen in die Enoteca nebenan und füllten sich ihre Karaffe direkt aus dem Fass. Verkorkte Flaschen waren eine Seltenheit, selbst noch im 20. Jahrhundert. Angeblich wollte Giacomo sich dann mit einer eigenen „Tête de Cuvée" mit den Besten der Welt messen. Sein Spitzenwein wurde in Flaschen abgefüllt und durfte ordentlich reifen. Und das war die Geburt der ersten piemontesischen Weinikone: „Monfortino". Er trat den Beweis an, dass das Piemont gegen seine gigantischen Konkurrenten anstinken konnte. Die Entwicklung, die darauf folgte, war langsam und schmerzhaft.

Bei der Weinbereitung lag bis in die 1980er-Jahre in vieler Hinsicht einiges im Argen: schmutzige Kastanienholztanks voller Ungeziefer, nirgends Edelstahl in Sicht. Massive Oxidation war normal. Sauber bereiteter Nebbiolo ist niemals dunkelrot, sondern hat eine Farbe zwischen rubinrot und ziegelrot mit orangefarbenem Einschlag, einen leicht rostigen Ton. Noch schlimmer war es, die Weine in einem Zustand abzufüllen, wenn sie in Farbe und Geschmack schon halb wie Sherry waren. Dann endlich führte eine Handvoll unerschrockener junger Winzer Barriques im Bordeaux-Stil ein und fing auch an, im Keller gewissenhaft zu arbeiten: Fässer wurden aufgefüllt, hölzerne Foudres sauber ausgekratzt und Edelstahl zur Lagerung verwendet. Alte Klone, die zu Massenproduktion neigten, aber keine Qualität produzierten, wurden gerodet und gegen bessere ausgetauscht. Die Erträge wurden reduziert, die Einmaischung verlängert, und schließlich bekam der gequälte Künstler Nebbiolo bei der Verbeugung donnernden Applaus statt eine Ladung fauler Tomaten. Nebbiolo ist ein hoffnungsloser Stubenhocker, eine der wenigen Rebsorten, die nur zu Hause zu großer Form auflaufen. Es gibt ganz hübsche Weine von Giaconda in Australien und Palmina in Kalifornien, aber keiner kann großem Barolo oder Barbaresco das Wasser reichen. Und keiner hat dieses unwiderstehliche Bukett von Teer, Rosenblütenblättern, getrockneter Süßholzwurzel, schwarzem Tee, Kassiarinde und Sauerkirschen. Nach 20 bis 30 Jahren Reife findet man Schichten von Trüffeln, Leder, Tabak, eingelegte Kirschen und Röstkastanien. Und wenn ich dir jetzt noch einen Rat geben darf: Nebbiolo hat auf deinem Balkon, deiner Veranda, deinem Sofa vor dem Fernseher und auch beim Nachtisch mit Schokoladenkuchen nichts verloren. Wie bei einer sehr kapriziösen Partnerin sollte man ganz genau darauf achten, was sie sagt, sonst hat keiner einen schönen Abend. Lass dich auf die prickelnde Säure und die robusten Tannine ein, indem du etwas Reichhaltiges, Erdiges dazu isst, Wildbret zum Beispiel. Ein Klassiker ist Wildschwein, aber Hirsch oder Reh sind auch gut. Wildgeflügel wie Fasan, Taube oder, wenn du das hinkriegst, Moorhuhn ist fantastisch. Um diese Weine zu lieben, muss man sie im Kontext kennenlernen, und wenn du ihnen die Bühne richtig bereitest, werden sie sich für dich die Seele aus dem Leib singen.

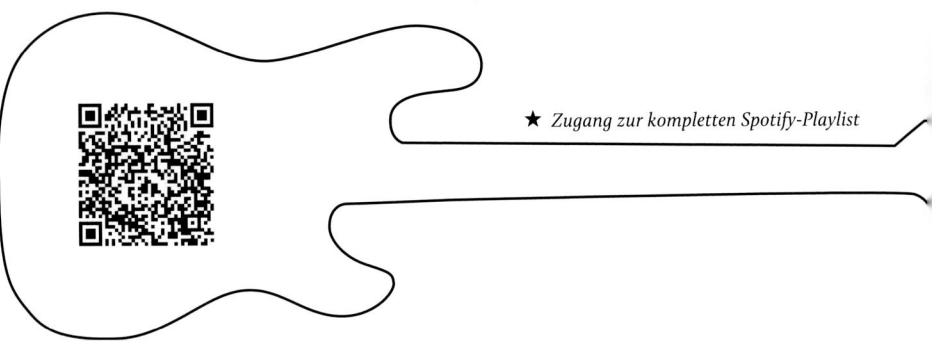

★ *Zugang zur kompletten Spotify-Playlist*

▶ TOM WAITS — Hell Broke Luce (Luca Roagna)

▶ TOM WAITS — Trampled Rose (Giuseppe Rinaldi)

▶ TOM WAITS — Burma-Shave (Chiara Boschis)

▶ PICTUREBOOKS — Zero Fucks Given

▶ SUM 41 — Pain for Pleasure

▶ JIMI HENDRIX — Fire

▶ GREEN DAY — Basket Case

▶ KEANE — Somewhere Only We Know

▶ BJÖRK — Army of Me

▶ RAGE AGAINST THE MACHINE —
People of the Sun

▶ STONE TEMPLE PILOTS — Sex Type Thing

▶ RANCID — Maxwell Murder

▶ JIMI HENDRIX — Fire

▶ THE WHO — Baba O'Riley

CABERNET SAUVIGNON
UND CABERNET FRANC

Es gibt im Leben eines jungen Mannes Augenblicke, die bleiben; keine noch so große Selbstzerstörung oder Ablenkung kann sie auslöschen, kein Alkoholkonsum, kein mörderisches Jetsetting, keine Überstunden bis zum Burnout. Das kann ein erster Kuss sein, ein Schulabschluss, eine Hochzeit oder der Moment, wenn man das große Los auf der Weihnachtsfeier der Firma gewonnen hat. Für mich war es das erste Mal, als ich die RED HOT CHILI PEPPERS *hörte. Ich war 14 Jahre alt. Meine Mutter hatte mich von der Schule abgeholt, ich schaltete den lokalen Radiosender mit Rockmusik ein, und mein Leben änderte sich für immer. „Aeroplane" drang tief in meine behüteten Ohren ein, sodass ich mich fast an meiner Eiswaffel verschluckt hätte. Was zur Hölle spielt der Bass denn da für einen Sound? Wie macht der das? Das klang nicht wie Elvis, die Four Tops oder sonst etwas, womit ich aufgewachsen war! Das war etwas völlig anderes. Es dauerte nicht lange, bis ich mir von meinen Eltern meine erste Bassgitarre erbettelt hatte, obwohl sie der felsenfesten Überzeugung waren, dass Klassik die einzig „legitime" Art von Musik sei. Binnen Kurzem schrubbte ich den Bass wie Flea selbst, und ich habe es nie bereut.*

Es dauerte Jahre, bis ich merkte, dass meine erste Liebe, „Aeroplane", nur die Spitze des Eisbergs war. Mit jedem Album entdeckte ich neue, einzigartige Schätze: den Hardcore-Punkrock ihrer ersten Platte, die den Namen der Band trägt, bis zum 70er-Jahre-Funk von George Clinton mit Bläsersätzen auf „Freaky Styley", den vom Psychedelic Rock beeinflussten Hip-Hop auf „Mother's Milk", das bahnbrechende Power-Funk/Rock-Meisterwerk „Blood Sugar Sex Magik", den Borderline-Emo-Ennui auf „One Hot Minute", in scharfem Kontrast dazu den zurückgenommenen, ruhigen, melodischen Chart-Topper „Californication" und später die saftigen, vielschichtigen Harmonien des Alternative Rock auf „By the Way". Und die ganze Zeit war die Band unterwegs in Jazz, Dancehall, Rap, Metal und so ziemlich allen Genres, die man sich nur vorstellen kann.

Und das Beste an RHCP? Sie haben in ihrem Leben genug Heroin konsumiert, sodass ich es niemals nötig hatte. Aber zum Teufel nochmal, das Zeug hat einfach auch eine Wahnsinnsmusik inspiriert.

Wie bei Viognier und Shakira wollte ich auch meine geliebten Peppers mit allem verbinden, nur nicht mit Cabernet Sauvignon. Es ist ja nicht so, dass ich Cabernet nicht mögen würde, aber dann bin ich beim Baseball eben auch ein Yankees-Fan, beim Fußball ein FC-Bayern-Fan und halte Roger Federer für einen tollen Tennisspieler. Zu einfach. Nur leider, wer sonst kann von sich behaupten, in der Geschichte der Alternative Music länger in den Charts gestanden zu haben, mit den meisten Nummer-eins-Hits, den meisten Top-Ten-Songs und Nummer-eins-Alben in 18 verschiedenen Ländern? Nur Cabernet Sauvignon. Es ist eigentlich unmöglich, eine so omnipräsente Traube zu finden; sie wächst auf den meisten Bodenarten wie Unkraut, gedeiht in den verschiedensten Klimazonen und schafft es immer irgendwie, etwas zumindest Trinkbares, im besten Fall Monumentales hervorzubringen. Überall, wo Reben wachsen können, findest du irgendwelche Spuren von Cabernet Sauvignon. Aber die Sorte hat ebenso viele verschiedene Seiten wie sie produktiv ist – und das ist auch die Crux meiner Chili Peppers.

Ich verliebte mich in den „Mas de Daumas Gassac" aus dem Languedoc aus denselben Gründen: funky, crazy und rockig, dass es knallt. Aber dann erlebst du die reine Seide eines „John Riddoch" von Wynns, und in deinem Mund fängt die Discokugel an, sich zu drehen. Ein erdiger Typ wie Rustenberg aus Südafrika produziert Grunge, im Gegensatz zum barocken Charme der Weine von Jean Leon in Penedès; Diamond Creek in Kalifornien singt Neo-Soul, Maculan in Italien eher Balladen. Aber selbst die klassischsten Cabernet-Weine, Bordeaux nämlich, waren auch nicht immer Musterknaben an Reinheit wie jetzt etwa ein moderner Haut Brion. In seinen jüngeren, wilderen Tagen wurde Bordeaux nämlich dominiert von Carmenère und Malbec mit einem Schuss Syrah aus den gleichen Weinbergen, vergleichbar mit den hedonistischen und kantigeren Anfängen der Peppers. Doch auch wenn sie seitdem etwas domestiziert wurden, haben sich die Peppers noch nicht so sehr dem Gott des Kommerzes ergeben, wie es Bordeaux in den letzten Jahren getan hat – bis hin zu völliger Banalität auf einigen Gütern. Solange das Album mehr wie „The Getaway" klingt und weniger wie „Panic at the Disco" weißt du, dass das Herz auf dem richtigen Fleck sitzt. Und in seinem Innersten ist Cabernet Sauvignon der Apfel, der nicht nur nicht weit vom Stamm gefallen, sondern kaum überhaupt weggerollt ist.

Cabernet Sauvignon hat einen charakteristisch kantigen Charakter, der bei zu früher Lese oder Überertrag unangenehm scharfe Noten von grüner Paprikaschote und Blättern Schwarzer Johannisbeere sowie andere deutlich vegetabile Komponenten aufweisen kann. Dazu kommen bittere, grüne, aggressive Tannine. Und nach was klingt das nun? Richtig kombiniert: nach Sauvignon Blanc. Mama! Ist Genetik nicht klasse? Die grasige, scharfe Sauvignon Blanc hat den Sauvignon- oder „wilden" Anteil dieser Traube mütterlicherseits eingebracht. Und der Vater? Dreimal darfst du raten! Nein, einmal reicht: Cabernet Franc. Und wenn Cabernet-Sauvignon-Trauben reif genug werden, was in der Alten Welt nicht immer der Fall ist, können sie einen Duft verströmen, der fast so verführerisch ist wie der seiner Eltern. Wenn Cabernet Sauvignon Eleganz ausstrahlt, verdankt er das dem Papa. Das größte Problem beim „Cab-Sauv", wie er gern abgekürzt wird, hat jedoch mit der Arbeit der Kellermeister zu tun, die ihm mittels Übererträgen, Überextraktion und genereller Überproduktion jeden Anflug von Terroir oder Individualität rauben können. Solche Exemplare sind normalerweise ganz passable Tafelweine, etwa in der Art von einfachem Chardonnay, aber von ihrer Bestform weit entfernt. Was angesichts des Potenzials dieser Traube zu enormer Tiefe und Langlebigkeit eine Schande ist. Die besten Bordeaux-Weine zeigen noch nach 30 und mehr Jahren eine atemberaubende Jugendlichkeit, und die klassischen kalifornischen Spitzengüter brüsten sich mit Flaschen aus den 1950ern, die immer noch saftig und fruchtig sind. In seiner schlimmsten Form bietet der Wein nicht mehr als Brombermarmelade mit einem schwachen Hauch von Eukalyptus und Kaffee. In Bestform ist er nervig, tanninbetont, schlank und fokussiert, so wie ein professioneller Pokerspieler, der sich hinter dunklen Gläsern verbirgt.

Cabernet Franc mag genetisch dazugehören, aber das war's dann auch schon mit der Ähnlichkeit. Er ist aromatischer, weniger tanninreich, verführerischer und leichter zugänglich. Mit seinem Duft nach Himbeeren, Pflaumen, frisch angespitztem Bleistift und einer Mischung aus Freesie, Lavendel und Veilchen hat Franc eine reife, sensible Seite, die der feurige junge Cabernet Sauvignon selten zeigt. Cabernet Franc ist vor allem im Loire-Tal zu Hause, unterstützt seine Verwandtschaft aber auch gern am linken Ufer von Bordeaux, sowohl in Pomerol als auch in Saint-Émilion, wo er den fleischigen Merlot mit seiner typischen Eleganz und Duftigkeit anreichert. Trotz seines niedrigen Tanningehalts kann er wunderbar altern, erreicht aber nur selten die rohe Kraft des Sauvignon. Sein Auftreten liegt irgendwo zwischen Burgund und Bordeaux, was ihn zu einem wunderbaren Begleiter von Wildgeflügel oder Fisch vom Grill macht. Er wird auch im frischen, fruchtigen Stil durch sogenannte Kohlensäuremaischung bereitet. Dabei findet die Gärung in den Trauben selbst statt, meist unter Sauerstoffentzug in einem mit Kohlendioxid gefüllten Edelstahltank. Oder auf traditionelle Weise durch Gärung in offenen Behältern und Ausbau im Barrique. Erstere Weine serviert man am besten kühl wie einen guten Beaujolais Cru, letztere eher wie einen kräftigen Burgunder, also nicht allzu kühl und gut dekantiert. Man könnte Cabernet Franc als den verrückten Onkel des Cabernet Sauvignon bezeichnen, der eleganter, eigenwilliger und anspruchsvoller schmeckt. Schon mit dem ersten Schluck eines Cheval Blanc, Charles Joguet, Clos Rougeard oder La Jota erkennt man die dieser Traube innewohnende Virtuosität. Stellen wir uns Cabernet Franc als das Nebenprojekt von JOHN FRUSCIANTE vor, dass er neben seinem Hauptjob bei RHCP verfolgt. Seine Arbeiten sind brillant, aber immer ein bisschen schräg. Seltsam, provokant, vielleicht missverstanden, aber kein bisschen weniger exzentrisch und befriedigend wie Cabernet Franc.

- ▶ RHCP — Get Up And Jump
- ▶ RHCP — Nobody Weird Like Me
- ▶ RHCP — Pretty Little Dirty
- ▶ RHCP — If You Have To Ask
- ▶ RHCP — Give It Away

- ▶ JOHN FRUSCIANTE — Going Inside
- ▶ JOHNNY CASH — I've Been Everywhere
- ▶ RADIOHEAD — Creep
- ▶ THE NOTORIOUS B.I.G. — Mo' Money, Mo' Problems
- ▶ KID ROCK — Cowboy
- ▶ PEARL JAM — Alive
- ▶ PRINCE — When Doves Cry
- ▶ A PERFECT CIRCLE — The Outsider
- ▶ SPIN DOCTORS — Two Princes
- ▶ THE NATIONAL — All the Wine
- ▶ FOO FIGHTERS — The Pretender

Zugang zur kompletten Spotify-Playlist ★

MERLOT

COLDPLAY. *Kein Musiker, der etwas auf sich hält, würde zugeben, dass er diese Band mag. Aber die Stücke sind nun mal angenehm und hier und da sogar auch geistreich.*

(Okay, nur die auf dem ersten Album. Aber wer zählt schon nach.) Doch jetzt mal alle geschmackliche und musikalische Herablassung beiseite, die Musik ist unmittelbar sympathisch und sehr eingängig. Manchmal ein bisschen zu poppig, zu harmlos, aber nie beleidigend. Keine harten Sounds, keine schrillen Spitzen, einfach freundlicher akustischer Rock nach Schema F. Und genau das ist auch Merlot auf seiner untersten Ebene. Klar, wenn es um große Weine aus Pomerol und Washington State geht, sind wir weit weg vom Pop. Die können auf göttliche Weise symphonisch sein. Aber trotz seines schlechten Rufs, den er Paul Giamatti im Film „Sideways" verdankt, ist Merlot genau das, was alle trinken wollen (selbst wenn sie ihn noch nicht kennen).

Runde, geschmeidige Tannine, wenig Säure, keine Dellen, keine scharfen Kanten, keine Extreme. Nur saftige Pflaumenfrucht, akzentuiert von reifer Heidelbeere und, je nach Herkunft, leicht bestäubt mit Kakaopulver und frischem Bleistiftabrieb. Eine delikate, etwas kräuterwürzige Note von den Blättern Schwarzer Johannisbeeren zeigt sich in den feineren Exemplaren, die bei Übererrtrag aber schnell grün und krautig wird. „Die Nachfrage ist eine Bitch", so lautet bekanntlich mein Credo. Wenn der Bedarf an einer charismatischen, leicht auszusprechenden Traube also in die Höhe schießt, tut die Produktion dasselbe, und wenn gierige Erzeuger ihre Weinberge auf Übererrtrag trimmen, ist der resultierende Wein verwässert, blass und lässt die sinnliche Üppigkeit des Merlot – eigentlich sein Markenzeichen – völlig vermissen. Übrig bleibt nur eine müde, furchtbar grüne, reizlose Hülle, ein Schatten seiner selbst. Und leider ist es das, was zu viele Weintrinker als Merlot kennengelernt haben. In den 1990er-Jahren gab es einen riesigen Popularitätsboom, was die Situation nicht verbesserte. Doch auch jetzt, wo Merlot so tief im Schatten anderer Sorten steht, bringt die stolze Minderheit, die dieser edlen Traube nach wie vor die Stange hält, regelmäßig etwas Wunderbares hervor. Ich suhle mich in dem fast unanständigen Vergnügen, das mir einige kalifornische Exemplare bereiten – so üppig, samtig und auf raffinierteste Weise dick. Wie wenn man sich an einem Wintertag in eine flauschige Decke wickelt. Die Weine aus Washington können hedonistisch sein, aber mit einem frivolen Kräuterduft, den ich ziemlich erotisch finde. Und die legendären Pomerols ergründen die urtümlichere Seite des Merlot und fördern in Bestform Blut, animalische Noten und frischen Töpferton zutage. Echte Abenteuer kannst du bei zwei der unbekanntesten Merlot-Helden Europas erleben: mit dem brillanten, enorm mineralischen Exemplar von Uwe Schiefer aus dem Burgenland oder bei Marjan Simčič im slowenischen Goriška Brda mit seinem unglaublich kompakten, schwerblütigen, schokoladigen „Opoka".

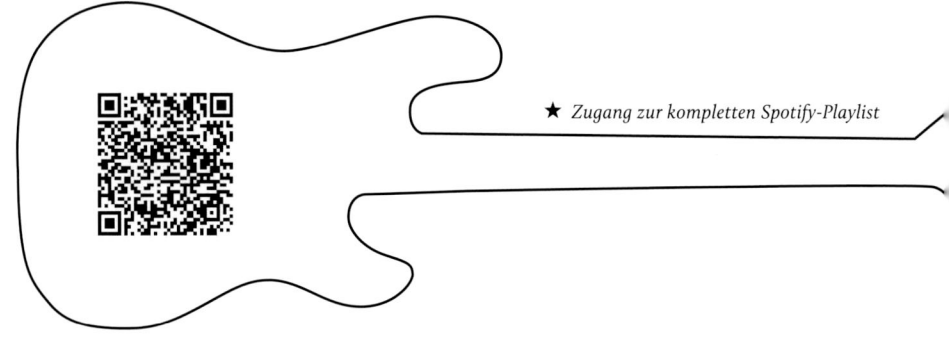

★ *Zugang zur kompletten Spotify-Playlist*

- ► COLDPLAY — Everything's Not Lost

- ► LISA LOEB — Stay
- ► JASON MRAZ — If It Kills Me
- ► LIT — My Own Worst Enemy
- ► NIRVANA — All Apologies
- ► RYAN ADAMS — Bad Blood
- ► BON JOVI — Livin' On A Prayer
- ► STEVE MILLER BAND — The Joker
- ► THE BRAVERY — An Honest Mistake
- ► STEALERS WHEEL — Stuck In The Middle With You
- ► GREEN DAY — Nice Guys Finish Last
- ► BEATLES — Help!
- ► DAWN PENN — You Don't Love Me

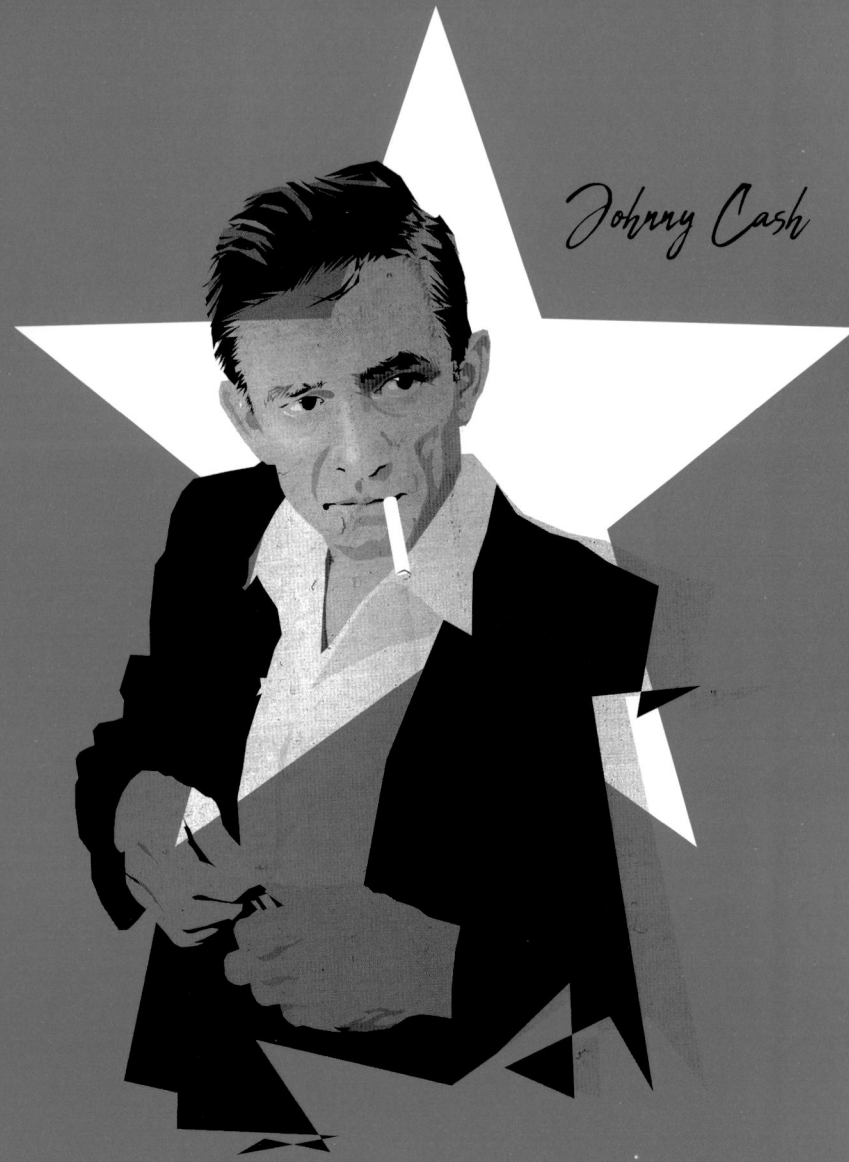

Johnny Cash

MALBEC

Ein „Wein der Könige" war der „schwarze Wein von Cahors", so genannt wegen seiner fast undurchsichtig dunklen Farbe – der Stolz Südwestfrankreichs. Berühmt wurde Malbec weiter unten am Fluss Lot und genoss den Ruf, mit den größten Bordeaux-Weinen konkurrieren zu können. Den Engländern wurde er sogar als solcher verkauft. Oft war er auch Teil der Cuvée, um sie zu kräftigen, und trug dazu bei, das bis heute ungebrochene Renommee des Bordeaux aufrechtzuerhalten. JOHNNY CASH *verließ sein verschlafenes Nest in Arkansas (wo er einst, während der Großen Depression, Baumwolle gepflückt hatte), um einer der einflussreichsten Crossover-Künstler der Geschichte für Country, Folk und Gospel zu werden, der mehr Platten verkaufte als die Beatles und im Weißen Haus Konzerte gab. Diese Geschichte handelt von zwei Männern in Schwarz, die erst weit fort von zu Hause gehen mussten, um Ruhm, Reichtum und Glück inmitten eines Lebens voller Kummer und Leid zu finden.*

Schwarze Kleider für ein hartes Leben: Keiner von beiden hatte es einfach. Nachdem Cash seinen älteren Bruder durch einen Unfall verloren hatte, an dessen Tod er sich mitschuldig fühlte, machte er sich auf nach Nashville, wo er bei Sun Records zum Star wurde. Für seinen ursprünglichen Gospel-Stil hatte Sun damals jedoch keine Verwendung, also musste er sich neu erfinden. Und so wurde der „Man in Black" geboren. Auch Malbec war ein Naturtalent, vielleicht sogar übertalentiert, denn Bordeaux gestattete schließlich den Verkauf von Cahors-Weinen in seinem geschäftigen Stadthafen nur noch, wenn schon alle Bordeaux-Vorräte ausverkauft waren. Später hielt Malbec Einzug in die Weinberge von Bordeaux und gewann dort an Bedeutung, bekam dafür aber in seiner eigenen Heimat Schwierigkeiten. Dann brach das Unheil herein. Nordamerikanische Wurzelstöcke, die für Versuche mit unbekannten Wildreben wie Norton und Concord nach Frankreich gebracht worden waren, schleppten einen gefährlichen blinden Passagier ein: Phylloxera, die Reblaus. Ende der 1860er-Jahre waren die Mikroskope noch nicht gut genug, sodass der Winzling zunächst unentdeckt blieb. Die Reben wurden in Cahors in den Boden gesetzt, und sofort breitete sich die Epidemie wie ein kalifornisches Buschfeuer aus: Die unsichtbaren Insekten fraßen sich in alle europäischen Rebenwurzeln hinein, bis die gesamte Weinwelt im Belagerungszustand war. Die Lösung war, europäische Rebsorten (*Vitis vinifera*) auf amerikanische Wurzelstöcke (sogenannte Unterlagsreben) zu pfropfen. Bis dahin hatten die Dorfpriester geglaubt, Gott habe die Menschheit für frühere Verfehlungen bestraft. Im Ernst, in den Weinbaugebieten wurden massenweise Kapellen gebaut; eine meiner Favoriten steht oberhalb von Fleurie im Beaujolais. Malbec jedenfalls genoss nicht mehr den besten Ruf, als sich herumsprach, wo das Verhängnis seinen Lauf genommen hatte.

Dann, gerade als Cahors sich Anfang bis Mitte des 20. Jahrhunderts wie alle anderen europäischen Regionen wieder aufgerappelt hatte und nach all den furchtbaren Verlusten, Schulden und Kosten des Wiederaufbaus erneut zu prosperieren begann, leistete sich Mutter Natur einen weiteren schlechten Scherz auf Kosten der armen Rebsorte. Für viele bedeutete das den Todesstoß. 1954 und 1956 schlugen zwei verheerende Jahrhundertfröste sowohl in Cahors als auch in Bordeaux zu, denen die meisten Malbec-Reben zum Opfer fielen. In Bordeaux nahm man das als willkommene Ausrede, um Malbec gegen widerstandsfähigere, ertragreichere und populärere Sorten wie Merlot, Cabernet Sauvignon und Cabernet Franc zu ersetzen. Das dynamische Duo aus Carmenère und Malbec blieb nur als ferne Erinnerung an ein früheres Bordeaux – und als Vorgeschmack auf ein Südamerika der Zukunft. Cahors war ruiniert; viele Kellereien waren gezwungen, für immer zu schließen. Inzwischen wachte Johnny Cash, der mit seiner Amphetaminsucht kämpfte, über eine Scheidung hinwegkommen musste und versuchte, seinen Ruf zu wahren, halbtot in einer Höhle auf, wo er betrunken versucht hatte, sich umzubringen. Geleitet von einem schwachen Schimmer Tageslicht und einem leichten Luftzug, fand er wieder hinaus. Er habe, erschöpft und desorientiert wie er war, die Vision eines Engels gehabt, der ihn sicher nach draußen geleitete. Das hat eine verblüffende Ähnlichkeit mit der Legende von den Anfängen des Priorat in Spanien: Ein Hirtenknabe will dort auf einer Himmelsleiter herabsteigende Engel gesehen haben, was zur Gründung des Klosters Scala Dei und dessen Weinbergen führte. Aber ich schweife ab; jetzt geht es in ein anderes Gebiet, wo auch Spanisch gesprochen wird ...

Im argentinischen Mendoza, insbesondere in den Andenausläufern in etwa 1500 Meter Höhe, hat Malbec zurück ins Leben gefunden. Argentinische Malbecs sind zwar nicht annähernd so erdig, schlank, tanninbetont oder trocken wie ihre europäischen Gegenstücke, aber kein bisschen weniger tiefdunkel gefärbt. Sie haben eine saftigere Frucht, eine präzisere, der Höhenlage geschuldete Säure und eine abgerundete, herzhafte Köstlichkeit, die in mir eine bestimmte Kindheitserinnerung wachruft: Kaugummi mit Traubengeschmack in einer Packung, die wie ein Tabaksbeutel aussah.

Cahors ist wieder in der Spur und besser denn je. Viele Kritiker haben die Einzigartigkeit und Alterungswürdigkeit dieser Weine gelobt, und Nordamerika ist ein großer Markt für sie geworden. Im Loire-Tal gab es schon immer Malbec; er heißt dort „Côt", wird meist leichter und frischer bereitet und mit Cabernet Franc und Cabernet Sauvignon verschnitten. Argentinien boomt weiterhin und hat sich qualitativ deutlich von den anfangs schlampig gemachen Tropfen abgesetzt, die in vielen Märkten den billigen australischen Shiraz abgelöst hatten. In Australien gibt es sogar alte, bis zur Wende des 19. zum 20. Jahrhundert zurückgehende Pflanzungen, und auch in den USA und Neuseeland hat Malbec Fuß gefasst.

In Bestform zeigen die Weine elegante, aber saftige Noten von Pflaumen, mit der Knackigkeit von Schwarzer Johannisbeere und dem Tannin eines gut durchgezogenen Pu-Erh-Tees. Mit dem Alter kommen Leder und Kaffee zum Vorschein, und die Frucht erinnert an Brombeerkonfitüre. Tabak und Rosinen können ein schönes deftiges Element hinzufügen, doch das eigentliche Markenzeichen ist die alles dominierende florale Veilchennote.

- ▶ JOHNNY CASH — Man in Black
- ▶ JOHNNY CASH — Ring of Fire
- ▶ JOHNNY CASH — Fulsom County Blues
- ▶ JOHNNY CASH — A Boy Named Sue
- ▶ JOHNNY CASH — God's Gonna Cut You Down

- ▶ WEEZER — The World Has Turned And Left Me Here
- ▶ THE BLACK CROWES — Twice as Hard
- ▶ THE WHO — Baba O'Riley
- ▶ IGGY POP & THE STOOGES — Gimme Danger
- ▶ WILCO — I'm The Man Who Loves You
- ▶ SOGGY BOTTOM BOYS —
  I Am A Man of Constant Sorrow
- ▶ BLUE OYSTER CULT — Don't Fear the Reaper
- ▶ JASON ALDEAN — Johnny Cash
- ▶ BLACK SABBATH — Crazy Train
- ▶ MUDVAYNE — Dig
- ▶ AC/DC — Back in Black
- ▶ ROLLING STONES — Paint It Black

Zugang zur kompletten Spotify-Playlist ★

GRENACHE

Egal ob dunkel oder weiß, Grenache ist einfach ein „Badass". Damit meine ich die Art von „Bad", wie MICHAEL JACKSON *ein Butterflymesser zwischen seinen sensiblen Fingern wirbeln lässt. Gut, Grenache hat nicht die imposante Tiefe von Malbec, die rohe Kraft von Syrah und er hat auch nicht die Haare auf der Brust wie Carignan. Aber für den Punch, den er in der Faust hat, kommt er überraschend leichtfüßig daher. Für eine so dünnschalige Traube verfügt Grenache über eine Wahnsinnsstimme, auch wenn er nicht wirklich moonwalken, Pirouetten drehen, Karatekicks austeilen und die Hüften kreisen lassen kann. Grenache ist eine mitreißende Rebsorte, die schneller Feuer fängt als damals das Haarspray von Michael Jackson beim Dreh für einen Pepsi-Werbeclip.*

Die „klassischen" Weine stammen aus dem südlichen Rhône-Tal in Frankreich, mit Châteauneuf-du-Pape an der Spitze. Sie sind oft köstlich, wenn auch stämmig, saftig, sogar ein bisschen fett. Auf Michaels Anfänge bezogen, wären das die Jahre der Jackson Five: satter Funk, der die Party in Schwung und die Ärsche ins Hopsen bringt. Ein recht rustikaler, würziger, brombeerfruchtiger Landwein, dem es manchmal etwas an Raffinesse fehlt. Aber nicht alle Klassiker sind klobig; Châteauneufs von Château Rayas, der großartigen Kellerei mit den Einhörnern, der „Clos des Papes" von Paul Avril und eine Handvoll anderer Weine können Triumphe von zeitloser Eleganz sein. Die einfacheren Exemplare der Côtes du Rhône basieren üblicherweise auf Grenache, wie auch viele aus dem Languedoc-Roussillon und sogar aus der Provence. Darüber hinaus werden diese Regionen langsam zur neuen französischen Bastion für „Vin nature", wo Grenache mit knackiger, flotter, lebendiger Beerenfrucht ein neues, frisches Gesicht zeigt, ohne den vielen Alkohol, die schwache Säure und die übliche Oxidation. Das ist weit entfernt von der funkadelic „ABC"-Ära der Jackson Five; das ist

Michael Jackson

Grenache, der als „Man in the Mirror" in den Spiegel schaut: „Making that Change". Und obwohl Grenache sich pudelwohl fühlt mit seinem eigenen Gospelchor von 13 verschiedenen Trauben, die im Châteauneuf auftreten dürfen, hat er weltweit auch eine fantastische Solokarriere hingelegt. Von Spanien, wo er den Löwenanteil für die roten und weißen Schwergewichte aus dem Priorat liefert, über Australien, wo einige der ältesten „Buschreben" der Welt stehen, über puristische südafrikanische Weinmacher bis zu den kalifornischen „Rhône Rangers", die schon vor Jahrzehnten diese Sorte in Mendocino anbauten. Die Palette an Weinen reicht von massiv alkoholstark bis leicht und frisch, von extrem mineralisch im Priorat, was lange Reifung erfordert, bis zu überaus köstlichen Australiern. Die Traube ist ein Mädchen mit hellem Teint und Hang zum Sonnenbaden; sie reift schnell, um ihre Sonnenbräune zu zeigen. Sie ist das fleischige Yin zum stinkigen, animalischen Yang des Carignan im Priorat und bringt an der Rhône Weichheit in Syrah und Lockerheit in Mourvèdre ein.

Grenache gibt es aber auch in den Sorten Blanc (das erklärt den ersten Satz) und Gris. Erstere hat im roten Châteauneuf-du-Pape eine ähnliche Funktion wie ihre Geschwister und steuert eine weiche Fleischigkeit bei, zusätzlich zur Intensität von Clairette, zu der Kraft von Roussanne und der frischen, herben Säure von Picpoul. Auch Grenache Blanc oxidiert leicht und kann, wenn die Trauben zu spät gelesen werden, die Weine recht schwer und müde machen. In der Neuen Welt gibt es in Edelstahl vergorene Versionen in einem frischen, leichtfüßigen Stil. Mit der Wiedergeburt des Roussillon und seinem Aufschwung durch die Naturweinproduktion erlebt auch Grenache Gris gerade eine Renaissance; die Kantigkeit und salzige Mineralität dieser Weine ist bei den Avantgardisten zum Hit geworden.

▶ MICHAEL JACKSON — Bad

▶ MICHAEL JACKSON — Don't Matter If You're Black Or White

▶ JACKSON FIVE — I Want You Back

- ▶ NIRVANA — All Apologies
- ▶ JASON ALDEAN — She's Country
- ▶ BEASTIE BOYS — Intergalactic
- ▶ EDWARD SHARPE & THE MAGNETIC ZEROES — Home
- ▶ GOGOL BORDELLO — Wonderlust King
- ▶ JOHN MAYER TRIO — Who Did You Think I Was?
- ▶ JET — Are You Gonna Be My Girl?
- ▶ BLAKE SHELTON & TRACE ADKINS — Hillbilly Bone
- ▶ JOHN MAYER — No Such Thing
- ▶ CREEDENCE CLEARWATER REVIVAL — I Heard It Through The Grapevine
- ▶ SOUNDGARDEN — Burden In My Hand
- ▶ NO DOUBT — Just A Girl
- ▶ RAGE AGAINST THE MACHINE — People Of The Sun
- ▶ MISFITS — Skulls

Zugang zur kompletten Spotify-Playlist ★

ZINFANDEL

Immer wenn ich neue Bekannte aus dem Norden der USA frage, welchen Musikstil sie am liebsten mögen, ist die Antwort vorhersehbar: „Eigentlich fast alle. Na, ausgenommen Country Music." Und ich lächle und antworte: „Klar!", doch insgeheim denke ich, dass das doch verdammt schade ist. Unter denen, die nördlich der Mason-Dixon-Linie leben (die traditionell die Nord- von den Südstaaten trennt), ist das komplette Genre aus dem Repertoire der Musik, die man hört, verschwunden. Ähnlich wie Zinfandel aus den Kellern der Sammler außerhalb von Amerika. Wenn man sich auf die Suche nach dem Ursprung des modernen Country macht, zeigt sich, dass die Wurzeln viel weiter zurückreichen als bis zu den Cowboys mit ihren Viehherden. Viele Stücke sind direkte Weiterentwicklungen alter walisischer oder keltischer Hymnen, weitergegeben von Mund zu Mund am Lagerfeuer. Später haben sie Kontinente und Jahrhunderte überquert und sind an die Pistolen schwingenden, Sarsaparilla-Limo saufenden Jodelkünstler aus den Appalachen gekommen, die aus diesen alten Legenden internationale Hits gemacht haben, die ganz oben in den Charts stehen.

Aber trotz ihres schlechten Rufs bei den Yankees im Norden sollten wir nicht vergessen, dass Country Music immer noch das beliebteste und einträglichste Genre in Amerika ist. Im Kern sind es Lieder für jedermann, die die Mühen und Sorgen des einfachen Lebens auf dem Land thematisieren – lange Stunden und Berufe ohne Zukunft, verlorene Liebe und betrunkene Prügeleien in der Kneipe. Es sind Lieder, die man aus vollem Herzen singt. Nostalgisch beschreibt ZAC BROWN seine Jugend in Georgia: „Ja, das ist Heimat: süßer Tee, Pecan Pie und selbst gemachter Wein. Wo die Pfirsiche wachsen. Und mein Haus – es gibt eigentlich nicht viel drüber zu sagen, aber es ist voll mit Liebe, die wächst hier auf dem Boden im Süden." Es ist vielleicht kein Zufall, dass im 19. Jahrhundert Zinfandel hier die Rebsorte Nummer eins für den

Eigenanbau war, Gewächshäuser im eigenen Garten in Mode kamen und es tatsächlich völlig normal war, selbst Wein zu bereiten. Und das entspricht genau der Rolle des Zinfandel, der ja selbst ein Import der Arbeiterklasse von Italiens „Stiefelabsatz" in Apulien ist, wo man ihn als Primitivo kennt. Es wird immer noch diskutiert, ob sein Ursprung in Wirklichkeit an der dalmatinischen Küste Kroatiens zu suchen ist, wo eine noch ältere Rebe namens Crljenak Kaštelanski mit gleicher DNS gefunden wurde (so einen Wein wirst du höchstwahrscheinlich nie zu trinken kriegen, also ist die Ursprungsfrage eigentlich egal. Aber ich dachte, du solltest das wissen.) Der Punkt ist, dass sich keine Sau um die Sorte scherte, bevor sie in Amerika landete. Also, wer hat's erfunden? Amäährika, Teufel noch mal.

Man ist versucht, das Genre automatisch in die Schublade „Redneck" zu stecken, aber sowohl Country Music als auch „Zin" haben weit mehr zu bieten, als es auf den ersten Blick scheint. Nein, dass Zinfandel die ätherischen Höhen von Burgunder, die strukturierte Disziplin von Bordeaux, die Brillanz von Riesling, das Terroir von Chardonnay oder die Komplexität von Nebbiolo erreicht, will ich nicht behaupten. Es kann aber etwas Hirn in die Muskelshow bringen.

Brown selbst, ein brillanter, klassisch ausgebildeter Gitarrist und begabter Songschreiber, verbindet Bluegrass-Geklimper und eine komplexe Instrumentierung mit Fanfaren in satten vierstimmigen Harmonien, um dir ein schönes großes Glas für deine Ohren einzuschenken. Köstlich saftige Riffs strömen heraus wie die reife Erdbeerfrucht eines großen Dry Creek Valley Zinfandel, akzentuiert von einer pfeffrigen Fiedel, einer elastischen Basslinie aus weichen Tanninen, einer treibenden Kombi von Kick- und Snare-Drums voll alkoholischem Wumms und einer Stimme, die so stolz und amerikanisch ist wie die kalifornische Sonne. Nimm dazu noch den gelegentlichen Hauch Zimt oder Nelke, vielleicht eine rosige florale Note, und wenn der Wein schon auf der reiferen Seite ist, wird die Frucht zu schwarzen Kirschen, Pflaumenkonfitüre, sogar Rosinen. Manchmal sind auch ein bisschen Schokolade oder Minze dabei. Nicht alle Weine können altern, viele aber schon. Fruchtbetont und alles andere als schlank wie er ist, sehe ich keinen Grund, warum Zinfandel nicht seinen Platz neben den besten Amarones, australischen Shiraz-Weinen und argentinischen Malbecs einnehmen sollte. Sobald deine Zunge den ersten Sonnenstrahl spürt und der Klang der Pedal-Steel-Gitarre in deine Ohren dringt, ist völlig klar, wo du bist. Und eine solche Einzigartigkeit sollte das Markenzeichen jeder großen Traube sein.

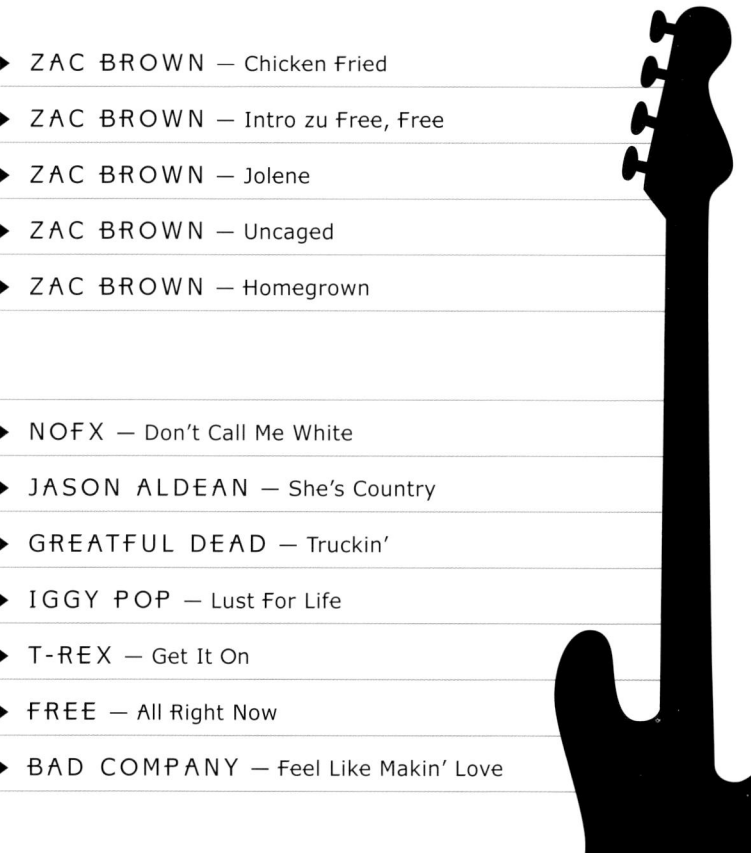

▶ ZAC BROWN — Chicken Fried

▶ ZAC BROWN — Intro zu Free, Free

▶ ZAC BROWN — Jolene

▶ ZAC BROWN — Uncaged

▶ ZAC BROWN — Homegrown

▶ NOFX — Don't Call Me White

▶ JASON ALDEAN — She's Country

▶ GREATFUL DEAD — Truckin'

▶ IGGY POP — Lust For Life

▶ T-REX — Get It On

▶ FREE — All Right Now

▶ BAD COMPANY — Feel Like Makin' Love

Zugang zur kompletten Spotify-Playlist ★

Chris Cornell

SYRAH

15-mal für den Grammy nominiert, 30 Millionen verkaufte Platten weltweit, vom Rolling-Stone-Magazin unter die zehn „best lead singers of all time" eingereiht, aus einer katholischen Schule rausgeflogen, weil er die Autoritäten in Frage stellte, und Sous Chef in einer Shrimps-Bude. Zumindest zwei Dinge habe ich mit CHRIS CORNELL *gemeinsam; drei, wenn man meine Liebe zu Syrah dazuzählt, denn für mich verkörpert niemand diese Traube besser. Vom schmalzigen Bariton, weicher als ein samtiger Barossa, bis zum grungy Gaumensex eines Cornas (Cornell/Cornas: Zufall? Ich glaube nicht), von den transzendentalen Höhen eines Hermitage bis zum bodenständigen, kantigen Biss eines Weins von der kalifornischen Küste: Cornells schwerblütige, schwarze Stimme verkörpert die Stoßkraft, Breite, Rassigkeit und ungeheure Power dieser Traube. Seine Texte sind oft packende, existenzielle Dichtkunst, voller tiefer Gefühle und Selbstreflexion. Ganz wie Syrah mit ihrer ungewöhnlichen Fähigkeit zu barocker Raffinesse, der aber immer ein Hang zur Einsamkeit anhaftet.*

Er tritt in den Saloon, und die Zeit scheint stillzustehen. Der Barkeeper greift mit einer Hand zu seiner Knarre und schenkt mit der anderen dem geheimnisvollen Fremden, den alle nur als „Syrah" kennen, einen Whiskey ein. Und auch wenn König Ludwig XIII. dessen Weine von der nördlichen Rhône geliebt haben mag, so stand dieser Patriarch in Lumpen historisch doch im Schatten prominenterer Sorten wie Cabernet Sauvignon. Trotz der grandiosen Terroirs von Côte Rôtie, Hermitage, Cornas und Saint-Joseph. Erst gegen Ende des 19. Jahrhunderts bekam Syrah Genugtuung, wenn auch durch einen Skandal. Es war damals keine Seltenheit, den Bordeaux ein bisschen zu „tunen", indem man ein Quäntchen Syrah von der Rhône mit ins Fass schüttete: sozusagen ein „Bordeaux Hermitagé". Das muss man wohl als Kompliment sehen. Der Wein mit dem besten Ruf im ganzen Land braucht den Bauerntrampel Syrah als heimlichen Kick? Aber ja doch! Und sofort verständlich, wenn man sieht, was Syrah alles im Kreuz hat: ausladende, duftende Aromen blauer und schwarzer Beeren, Sträuße von Veilchen und Lavendel, knackige Pfefferkörner vor einem üppigen Gewebe aus Rauch-, Wildbret- und Ledernoten, sogar Schokolade und Lakritze. Der kann mehr, als nur einen alles andere als spektakulären Médoc aufzumotzen.

Kaum anders als Cornells Beitrag zu Rage Against the Machine, einer der damals angesehensten Rockbands, aus der später dann Audioslave wurde. Wie konnte eine so einzigartige Gruppe überhaupt noch verbessert werden? Tausche den Mumm eines Zack de la Rocha gegen die atemberaubende Kunstfertigkeit eines Chris Cornell aus, und voilà: „Rage Hermitagé".

Junger Syrah kann ... schwierig sein. Die Traube zählt zu den berüchtigsten „reduktiven" Sorten, das Gegenteil von oxidationsanfälligen. Sauerstoff bringt die ansprechenderen Aromen in einem Wein zum Vorschein; das ist der Grund, warum wir den Wein im Glas schwenken. Mit anderen Worten: Während der Gärung riecht es in einer Syrah-Kellerei eher wie in einem Pferdestall, in dem schon einen guten Monat lang nicht mehr sauber gemacht wurde. Und wenn sich dieser Gestank dann endlich verzogen hat, steht da ein verschlossener, leicht bitterer und ziemlich aggressiver junger Wein, der, wenn man ihn gegen seinen Willen öffnet, ungefähr so anschmiegsam ist wie ein misshandelter Pitbull im Tierheim. Aber gib diesen Weinen Zeit und ein bisschen Liebe und sie folgen dir überall hin. Einen Syrah von der nördlichen Rhône riecht man schon auf einen Kilometer Entfernung: die dunkle Beerenfrucht hinter den Pfefferkörnern, die Tapenade aus schwarzen Oliven, die Kräuternoten. Räucherfleisch dominiert in der Regel in den Weinen der Côte Rôtie, im Hermitage mehr die blutigen, fleischigen Noten. Die Australier verfügen über eine breite Palette, die vom klassischen Barossa mit massiver, marmeladiger Frucht und Lakritze über die etwas kühleren, zurückhaltenderen Weine aus dem McLaren Vale bis zu den kühlen, beherrschten, schlanken Beechworth-Schönheiten aus Victoria reicht. Auch in Amerika ist die

Bandbreite groß: klotzig in Napa, dekadent in Sonoma, knackig an der Central Coast. Washington erzeugt einige ziemlich dunkle Stile, und von der neuseeländischen Hawke's Bay kommen ein paar leicht grüne, aromatische, straffe Exemplare.

▸ **TEMPLE OF THE DOG** — Hunger Strike

▸ **CHRIS CORNELL** — Can't Change Me

▸ **SOUNDGARDEN** — Burden In My Hand

▸ **AUDIOSLAVE** — Cochise

▸ **CHRIS CORNELL** — You Know My Name

▸ **GUNS N' ROSES** — Welcome to the Jungle

▸ **BLACK SABBATH** — War Pigs

▸ **THE WOMBATS** — Cheetah Tongue

▸ **AC/DC** — Shoot To Thrill

▸ **AT THE DRIVE-IN** — One Armed Scissor

▸ **BAD RELIGION** — You

★ *Zugang zur kompletten Spotify-Playlist*

TEMPRANILLO

Die einflussreiche Band aller Zeiten nach den Beatles? Keine Frage: LED ZEPPELIN. *Und ganz gewiss bleibt „Stairway to Heaven" eine der wegweisendsten Aufnahmen aller Zeiten. Die Komposition schlängelt sich von einer Hymne mit Flötenuntermalung über eine akustische Folk-Ballade und Elektro-Progressive-Rock bis zu einem Heavy-Metal-Solo. Mühelos verwoben werden darin diverse Übergänge, Wechsel der Tonart und des Metrums. Die prägnanteste Beschreibung für das Stück stammt wahrscheinlich von Jimmy Page selbst: „A sonic orgasm" (ein akustischer Orgasmus). Ich könnte Claude Monets „Heuschober"-Bilder tagelang ansehen und würde immer noch etwas Neues darin finden, so wie ich auch Led Zeppelin ununterbrochen hören kann und immer noch Gänsehaut bekomme. Es gibt wenige Weine, auf die ich regelmäßig ähnlich scharf bin, allerdings ist das Ziel meiner Begierde (sozusagen das grüne Licht, das zu Gatsby nach West Egg hinüberblinkt) nichts Geringeres als der 1968er „Único" von Vega Sicilia. Zwar könnte man Spaniens edelsten, begehrtesten und entsprechend teuren Rotwein für einen Hochstapler halten, schließlich ist er kein reinsortiger Tempranillo, sondern eher eine Art Bordeaux-Verschnitt im spanischen Stil. Doch auch in ihm singt Tempranillo die lauteste Stimme, und eine beeindruckendere Balance zwischen roher Kraft und königlicher Eloquenz wird man selten finden. Ein unglaublich ausgefeiltes Meisterwerk, das den Fuß fest auf dem Gaspedal hat. Der Wein ist so potent, dass er zwei bis drei Stunden dekantiert werden muss und immer noch zehn Balladen singen kann wie ein weiser alter Barde. Wer noch einen Beweis braucht, dass Tempranillo zur Elite gehört, muss sich nur den Vega Sicilia ansehen.*

Mit seinem vielleicht noch breiteren Spektrum als The Fab Four beherrschte das Quartett aus Jimmy Page, Robert Plant, John Paul Jones und John Bonham ein enormes Kaleidoskop an Stilen und veränderte das Gesicht der Rockmusik für immer. Akustischer Folk, der aus schrulligen keltischen Land-Pubs stammte, puristischer zwölftaktiger Blues, vom Jazz beeinflusster Rock 'n' Roll, Funk, Soul, Reggae und sogar Country: Die Vielfalt der Einflüsse verband sich zu einem sich stets weiterentwickelnden und völlig unverwechselbaren Sound. Led Zeppelin legte die Grundlage für Stadium Rock, Hardrock und Metal, wie wir sie heute kennen. Ihr musikalisches Können ist ganz unbestreitbar virtuos, wenn auch zeitweise drastisch reduziert. Der Kontrast zwischen Plants klagender Stimme, Pages Kettensägengitarre und den fröhlich-lebhaften Basslinien von Jones, die im unerbittlich präzisen, Stadien ausfüllenden Donner von Bonhams Schlagzeug herumtollen, ist auf jeden Fall entwaffnend, wenngleich niemals übermäßig aggressiv. Tempranillo klingt am Gaumen ähnlich: rund, aber genau gesetzt, reichhaltig, aber scharf umrissen. Die Säure in den Weinen aus den besten, schieferhaltigen Weinbergen ist schneidend wie die Stimme in „Black Dog", seine Oxidationsfestigkeit kugelsicher wie Bonhams Bass-Drum und sein Kellerpotenzial zeitlos wie „Houses of the Holy". Tempranillo ist eine Rebsorte mit einem Aromenspektrum so breit wie das Repertoire von Led Zeppelin.

Wenn du mal in Haro bist, der Hauptstadt der spanischen Region Rioja, lass dir die erfrischenden, ohne Eiche ausgebauten Weine schmecken, sie passen wunderbar zu den Tapas, die man in den Bars bekommt: Fisch, Fleisch, Käse, Gemüse – alles bestens. Mit seinem von Natur aus niedrigem Tanningehalt und seiner Säure, ganz zu schweigen von seiner leichtfüßigen Eleganz, ist Tempranillo ein perfekter Kandidat für charmante, unkomplizierte Tischweine. Da er auch widerstandsfähig gegen Oxidation ist, hält er es locker ein Jahrzehnt im Fass aus und nimmt dabei subtile Eichenaromen auf wie die Made im Speck. Die besten Rioja-Weine können an gute reifere Burgunder erinnern, und tatsächlich gibt es Hinweise auf eine uralte genetische Verbindung von Tempranillo zu Pinot Noir. Und wie in Burgund werden die besten Lagen in Rioja von Ton und Kreide dominiert; Ton sorgt für einen volleren Körper, Kreide für die unverzichtbare Säure.

In Ribera del Duero heißt die Traube „Tinta del País" und präsentiert sich als ganz anderer Vogel. Die Neigung von Tempranillo zu spätem

Austrieb und früher Traubenreife passt sich sehr gut in die raue Umgebung ein. Auf über 1000 Meter Höhe gelegen, ist Ribera del Duero den Großteil des Jahres über praktisch eine kalte Wüste, nur im Hochsommer wird es kurzzeitig brutal heiß. Frost gibt es noch spät im Jahr, und anders als in den gemütlichen Tallagen von Rioja ist das Zeitfenster für die Traubenreife eng. Die dickschaligere Tinta bringt Weine hervor, die reichhaltiger, dunkler, tiefgründiger und schwerer sind als die meisten Riojas; in einigen Fällen können sie ausgesprochen massiv sein. Die Traube ist übrigens auch ein wesentlicher Bestandteil aller großen Portweine. Der Duero fließt über die Grenze nach Portugal und heißt dann Douro, der Schiefergehalt der Böden nimmt zu, und die Weine werden immer dunkler, voller, gewichtiger. Klar, Port ist sowieso schwer, aber die Trauben, aus denen er gemacht ist, entwickeln auf diesen Böden auch als nicht gespritete Tischweine eine unheimliche Tiefe und Konzentration. Tinta Roriz macht da keine Ausnahme. Tinta Roriz? Ja, so nennt man Tempranillo am Douro. Oder auch Aragonês. Was dasselbe ist wie Tinta de Toro in Toro, Ull de Llebre in Penedès oder Cencibel in La Mancha. Mit über 550 verschiedenen Klonen und Dutzenden regionaler Namen lässt sich Tempranillo nicht so leicht festnageln. Aber Entdeckungen sind sowieso das halbe Vergnügen.

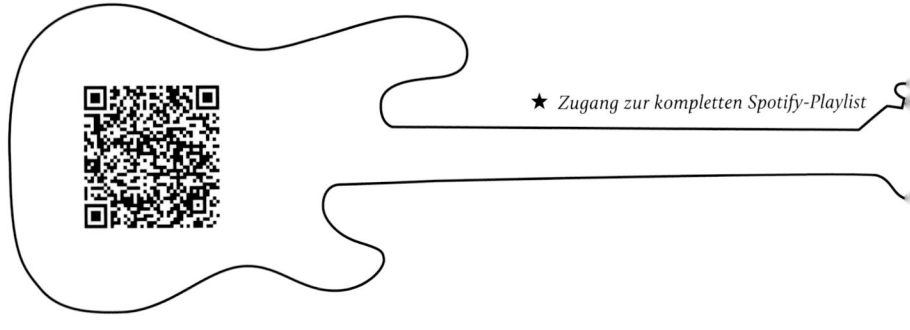

★ *Zugang zur kompletten Spotify-Playlist*

- ▶ LED ZEPPELIN — Good Times Bad Times
- ▶ LED ZEPPELIN — Whole Lotta Love
- ▶ LED ZEPPELIN — Stairway to Heaven
- ▶ LED ZEPPELIN — Bron-Y-Aur Stomp
- ▶ LED ZEPPELIN — D'yer Mak'er
- ▶ LED ZEPPELIN — When the Levee Breaks
- ▶ LED ZEPPELIN — Kashmir

- ▶ JANE'S ADDICTION — Been Caught Stealing
- ▶ ARCADE FIRE — The Suburbs
- ▶ A TRIBE CALLED QUEST — Can I Kick It?
- ▶ WALLFLOWERS — One Headlight
- ▶ ELTON JOHN — Rocket Man
- ▶ MOTÖRHEAD — Ace of Spades
- ▶ BLACK KEYS — Lonely Boy
- ▶ ANDREW W.K. — Party Hard

SANGIOVESE

Ich erinnere mich noch an das berühmte Musik-Ranking, in dem die größten Sängerinnen und Sänger auf wissenschaftlicher Grundlage nur nach dem Umfang und der Kraft ihrer Stimmen eingestuft wurden. Ganz oben las ich den Namen A X L R O S E und war völlig perplex. Versteh mich bitte nicht falsch, ich mag ein paar Songs der Guns N' Roses sehr gern, aber Axl Rose soll der Beste sein? Ich geriet in Panik. Fieberhaft blätterte ich in meiner internen Musikkartei auf der Suche nach Bestätigung. War ich so naiv? War ich als musikalischer Nerd derart neben der Spur? Je mehr ich nachdachte, umso klarer wurde es. Der Bursche beherrscht fünf Oktaven und kann mit seiner Stimme in jeder davon die Farbe von der Wand kratzen. Ihn in „La Traviata" von der Leine zu lassen, wäre wahrscheinlich peinlich, aber vor Slashs sechssaitiger Kettensäge ist er eine verdammte Legende.

So ähnlich hatte ich mich gefühlt, als mein Mentor Nicolas Potel einmal die Vorzüge von Sangiovese über den grünen Klee lobte. Er bestand darauf, dass sie nichts weniger als die großartigste Rebsorte der Welt sei. Und das aus dem Mund einer der größten Persönlichkeiten Burgunds, dem eines der begehrtesten Anwesen gehörte, das man sich nur vorstellen kann. Absurd, dachte ich. Man kann natürlich Brunello di Montalcino oder Chianti Classico lieben, meinetwegen auch den einen oder anderen Supertoskaner, wenn er tatsächlich nach Toskana schmeckt. Aber Sangiovese soll besser als Pinot Noir sein? Ich bin nicht völlig einverstanden mit dieser Meinung, und doch steht fest, dass Sangiovese zur Riege der edelsten Trauben gehört.

Und das hat erneut mit dem Umfang zu tun. Wie Axls göttlich schrilles Reibeisen wird Sangiovese durch eine Mischung aus Tannin und Säure himmelwärts getrieben, und beide gemeinsam sind leicht entzündlich wie Raketentreibstoff. Mit dem Stimmumfang des Sangiovese, der von leicht und filigran bis zu stämmig und vierschrötig reicht, ist unbedingt zu rechnen. Leichte, knackige, saftige, in Edelstahl ausgebaute Exemplare, im offenen Ausschank gekühlt genossen, sind erfrischend hochtönend (wie das irrsinnig hohe B6, das Axl in „Ain't It Fun" raushaut), und daneben steht die schwerblütige, dunkle, grollende Kraft eines 20 Jahre alten „Case Basse" von Soldera (die zweittiefste für Menschen hörbare Note F1, die Axl in „There Was A Time" singt.) Ich mag es, dass diese Traube sich als Blaublütige ausgeben kann, ohne ihre durch und durch italienische Rustikalität zu verlieren, ihre etwas chaotische, aber charmant spielerische Natur.

Es ist zweifellos ländlich dieses Bukett wilder violetter Blüten, verstreut in sonnenverwöhnten Kräutern und Gestrüpp, wie es an den staubigen Straßen der Toskana wächst. In der Jugend ist die Frucht herb, straff und gespannt. Sauerkirschen im helleren, ein paar Pflaumen im dunkleren Teil. Nimm noch etwas schwarzen Tee dazu und Tomatenblätter, und prego: Hier hast du deinen Sangiovese. Die Probleme kommen, wenn man diese respektable Traube streckt wie billigen Stoff, das heißt, irgendwas dazurührt: Cabernet Sauvingon, Syrah, Nero d'Avola, Baby-Abführmittel, Merlot, Backpulver, Petit Verdot ... was auch immer. Jeder weiß, dass in Italien Regeln dafür da sind, gebrochen zu werden, aber hier ziehe ich eine rote Linie. Natürlich gibt es auch großartige Verschnitte, aber ich weigere mich, Weine zu kaufen, zu trinken oder für sie zu werben, die dem allmächtigen Dollar jeglichen Sinn für Charakter oder Herkunft opfern.

Und nirgends ist der Graben zwischen den beiden Denkschulen so unüberwindlich tief wie in der Toskana. Es begann in den 1960er-Jahren mit dem „Sassicaia" und wurde kurz darauf vom „Tignanello" fortgeführt: Die Bewegung der sogenannten Supertoskaner rebellierte gegen die alten Regeln, die toskanischen Weinmachern vorschrieben, weiße und rote Trauben zusammenzumischen, und die Erzeugung von reinsortigem Sangiovese auf ignorante Weise verboten. Doch hat sich das derart ausgeweitet, dass viele Weine mittlerweile überhaupt nicht mehr als Toskaner zu erkennen sind. Und das ist der falsche Weg. Sangiovese hat von Natur aus eine blasse Farbe, wenn du dir also ein Glas mit stockdunklem Wein einschenkst, weißt du, dass irgendwas nicht stimmt. Vergessen wir mal nicht, dass es sich um eine elegante Traube handelt, deren Weine zum Essen genossen werden wollen und Ärger machen können, wenn es nichts zum Essen gibt. Du musst einfach immer ein kleines Steak, ein Perlhuhn oder ein Täubchen in Reserve haben, einzig und allein für den Fall, dass dir eine tolle Flasche Sangiovese über den Weg läuft.

★ *Zugang zur kompletten Spotify-Playlist*

▶ GUNS N' ROSES — Welcome To The Jungle

▶ GUNS N' ROSES — Live And Let Die

▶ GUNS N' ROSES — November Rain

▶ NO DOUBT — Magic's In The Makeup

▶ OASIS — Go Let It Out

▶ REEL BIG FISH — Sell Out

▶ THE LAST SHADOW PUPPETS —
My Mistakes Were Made For You

▶ ARCTIC MONKEYS — Do I Wanna Know?

▶ OLD DIRTY BASTARD —
Baby I Got Your Money

III.

TASTING:

WENN MAN DEN WALD VOR LAUTER BÄUMEN NICHT SIEHT: BLINDVERKOSTUNG

„Wer genießen kann,
trinkt keinen Wein mehr,
sondern kostet Geheimnisse."

SALVADOR DALÍ

Und nun, da wir einen stattlichen Wortschatz für die vielen Rebsorten, Stile, Klimata, Strukturen und Persönlichkeiten angehäuft haben, wird es Zeit für die Blindverkostung. Das bedeutet: All-in, Farbe bekennen und eine unvoreingenommene Einschätzung wagen, wie gut und komplex ein Wein ist und wie ehrlich er von seiner Herkunft erzählt. Ihn also zu beurteilen, ohne das Etikett als Krücke zu haben, und dabei natürlich Gefahr zu laufen, sich selbst zu widersprechen oder anderweitig in Verlegenheit zu geraten. Nimm es als Methode, die dich Bescheidenheit lehren, deine Sinne schärfen, dein Gedächtnis auffrischen und deine Datenbank updaten soll. Keine Angst, du wirst so eine Blindverkostung viel öfter vermasseln als sie glänzend überstehen, aber du musst niemandem etwas beweisen. Lass dich von „Fehlschlägen" nicht entmutigen. Und vor allem: HÖR AUF DEINEN BAUCH! Dein Kopf wird versuchen, alles zu verkomplizieren, aber glaub mir, dein Bauch weiß es besser. Er ist unser erstes und wichtigstes Werkzeug: Unsere Instinkte bringen Erinnerungen, Gefühle und Emotionen mit Aromen, Geschmäcken oder Konsistenzen zusammen, die alle mit Wein zu tun haben. Der Schlüssel ist, sich vor allzu viel kopflastiger Analyse zu hüten, die einen kurz vor der Ziellinie ja doch nur vom Kurs abbringt.

Als ich damals im Münchner Restaurant „Tantris" anfing, hatte ich jede Menge zu beweisen. Acht Kollegen starrten mich an, als man mir ein Glas Wein in die Hand gedrückt hatte. Ich steckte meine Nase ins Glas, und mein Instinkt sagte mir sofort, dass ich diesen Wein kannte. Ich hatte ihn schon viele Male getrunken. „Ich hab's, Alter", sagte mein Bauch, doch dann legte sich mein ungläubiger Verstand quer: „Echt? Du glaubst wirklich, dass dir diese deutschen Jungs DAS einschenken? Etwas so Offensichtliches?" Mein Bauch hatte seine Entscheidung schon getroffen, aber mein Logiksektor – wie eine Einflüsterung von Tyler Durden – weichte meine Überzeugung wieder auf. Vielleicht hatte er ja recht, und was ich damals zu Hause getrunken hatte, war wirklich nur ein lauer Abklatsch des tatsächlichen Deutschlands. Kann nicht sein, dass sie hier dasselbe trinken … Ich muss taktisch denken. Es muss was … Intellektuelles, Exotisches sein. „Hmmm …", brummte ich nervös, „er ist aus Deutschland, ein Riesling … aber … muss irgendwie … vielleicht aus dem Rheingau. Vielleicht sogar von August Kesseler … 2003." Ich fühlte mich wie Messi, der den Elfer dem Torwart halbhoch in die Arme schießt, weil er plötzlich seinem eigenen Können nicht mehr traut. Dieses Missachten des eigenen Instinkts hätte mich im Handumdrehen den Respekt meiner zukünftigen Kollegen kosten können. Aber manches muss man eben auf die harte Tour lernen.

Elementar, mein lieber Watson!

Für Blindverkostungen muss man weder billige Zaubertricks parat haben noch verzwickte Detektivarbeit leisten. Sogar unterbewusst analysieren wir ständig die verschiedenen Aspekte eines Weins, um unsere eigenen Vorlieben und Abneigungen besser zu verstehen. Du bist vielleicht nicht der nächste David Copperfield oder Sherlock Holmes, aber mit den folgenden acht einfachen Schritten zur Perfektionierung des Weinverkostens wirst du mitreden können wie ein Profi.

1. Ausgewogenheit

Sonst spielt Ausgewogenheit in meinem Leben keine große Rolle, im Glas aber ist sie ein Muss. Stell dir nur diese einfachen Fragen: Riecht der Wein auf Anhieb alkoholisch oder brennt er dir in der Nase? Riecht er sauer, oder ist das Erste, was du wahrnimmst, das Fass – noch vor dem Wein selbst? In einem guten Wein sollte eine ganze Menge los sein, aber kein einzelnes Element darf dominieren. Gerade genug Säure, um den Fruchtcharakter zu stützen, ein wenig Tannin für die Struktur, ein Kuss von der Eiche für etwas Fleischigkeit, wenn die Rebsorte das verträgt, und ein „erdiger", aber kein „schmutziger" Geschmack. Wenn dein Wein das alles aufweist, hast du einen guten erwischt.

2. Komplexität

Wenn du an dem Wein riechst, wie viel kannst du über ihn sagen? Wie deine Antworten im Einzelnen ausfallen, ist nicht weiter wichtig. Das ist ja keine Prüfung. Tatsächlich interessieren mich ausgefallene Antworten mehr als standardmäßige. Verschwitze Socken? Das Würstchenwasser von einem Hotdog-Verkäufer in Manhattan? Das Fell deines Hundes, nachdem er durch Herbstlaub getobt ist? Unabhängig von deinem technischen Weinwissen, der Wein hat umso mehr Seele, je mehr er dich animiert, etwas zu sagen, zu erkennen, zu fühlen. Je genauer du diese vielfältigen Aromen, Geschmacksnoten, Texturen und Eindrücke erkennen kannst, umso besser kannst du einen facettenreichen, interessanten Wein von einem eindimensionalen unterscheiden. Wie ich schon sagte, einer der wichtigsten Unterschiede zwischen „normalen" Menschen und uns Freaks namens Sommeliers ist, dass wir niemals aufhören, nach allen Aromen um uns herum zu suchen, sie aufzunehmen und im Gedächtnis zu behalten, wo immer wir uns befinden. Frisch asphaltierte Straße? Wilder grüner Knoblauch im städtischen Botanischen Garten? Ein Orchideenstrauß, der deiner kranken Oma geschickt wurde? Je besser du darin wirst, dich an Gerüche zu erinnern, desto einfacher wird es, Assoziationen mit bestimmten Weinen herzustellen. Versuch nur, alles so genau wie möglich zu beschreiben. Belass es nicht bei „Apfel", sondern bring dich so weit, dass du zwischen einem säuerlichen Granny Smith, einem süßen Pink Lady, einem milden Fuji oder einem fleischigen Macintosh unterscheidest.

3. Alter vor Schönheit

Die feinen Vertracktheiten reifer Weine gehören nicht zu den unmittelbarsten Genüssen. Sie stehen womöglich gleich hinter Kaffee, weißen Trüffeln, Seeigelrogen und Durian-Frucht. Die Freude aber über

Geschichte, die man trinken kann, wird dich mit Sicherheit hinreißen. Weist der Rotwein zwischen der Mitte des Glases und dem Rand einen deutlichen Farbunterschied auf? Dann solltest du weiter nachforschen. An dieser Farbveränderung am Rand kann man nämlich auf das Alter schließen, ein bisschen wie bei den Jahresringen eines Baums. Je stärker die Farbveränderung ausfällt (sagen wir, von dunklem Violett in der Mitte zu hellem Rubinrot am Rand, oder, als extremeres Beispiel, von Granatrot zu Rostbraun/Orange), umso älter dürfte der Wein sein. Das liegt daran, dass sich Tanninmoleküle an Farbmoleküle anhängen und lange Ketten bilden, etwa wie bei der DNS. Werden die Ketten zu lang, fallen sie aus und sinken als Sediment zum Flaschenboden ab. Deswegen haben ältere Rotweine mildere Tannine und einen helleren Farbton. Bei Weißweinen verändert sich die chemische Struktur durch Oxidation, wodurch der Wein dunkler wird. So wie wenn man einen grünen Apfel in zwei Hälften schneidet und eine Stunde lang liegen lässt. Die Schnittflächen werden braun, noch bevor du zurückkommst. Das muss bei Weinen nicht unbedingt ein Fehler sein, außer er wird zu dunkel und schmeckt wie Sherry. Ein leicht salziger, nussiger Charakter gilt in vielen alten Weißweinen als positiv, und mit der Zeit wird er sogar noch stärker. Der Zucker wird sich nach und nach mit den Säuren verbinden und ebenfalls ausfallen, ähnlich wie die Tannine beim Rotwein, wodurch der Wein weniger süß erscheint, obwohl der Zuckergehalt tatsächlich gleich bleibt. Deshalb eignet sich ein 60 Jahre alter Sauternes vielleicht eher als Aperitif zu den Kanapees und weniger als Dessertwein.

4. Alte Charmeure, neue Strahlemänner

Der Gegensatz von „Alter Welt" und „Neuer Welt" mag klingen wie „Qualität" gegen „Emporkömmling", aber das ist nicht so. Verkompliziert wird die Sache dadurch, dass die modernen Weinbereitungstechniken diesen ansonsten großen Unterschied recht zuverlässig einebnen können. Ich spreche hier von der Fähigkeit, die Herkunft eines Weins zu schmecken. Bevor wir dazu übergehen, die genaue Herkunft festzunageln, wollen wir uns vorher noch auf den „Geist" unseres Lieblingsgetränks einlassen. Spricht es eine romanische Sprache oder ein breites Hillbilly-Englisch? Es heißt, dass Weine aus der „Alten Welt"

Erdigkeit, Mineralität, „animalische" Noten, Waldboden, Tabak und so weiter im Munde führen. Weine der „Neuen Welt" (Nord- und Südamerika, Neuseeland, Australien und eventuell auch Südafrika) gelten als geradliniger, mit deutlich präsenterem Fruchtcharakter und jeder Menge Sonnenschein im Glas. Das bedeutet auch weniger „grüne" Noten, eine nicht so straffe Säure und das Fehlen von mineralischen Qualitäten (Kalkstein, Kreide, Granit usw.), die ansonsten eine europäische Herkunft verraten würden. Ein großer neuseeländischer Hawke's Bay Sauvignon Blanc sollte nach Stachelbeeren und Katzenpisse riechen, aber die strahlende Feuersteinnote und frische Grasigkeit eines großen französischen Pouilly-Fumé von der Loire kann er nicht nachahmen. Noch wird ein köstlich dekadenter australischer Beechworth Nebbiolo je wie ein großer italienischer Barolo den Charakter von Bauernhof, feuchter vulkanischer Erde, schwarzem Tee und Rosen aufweisen können. Aber das macht nichts, denn keiner dieser Weine will das ja überhaupt. Vive la difference!

5. Es ist nicht alles Gold, was glänzt

Einer der faszinierendsten Aspekte, im 21. Jahrhundert Wein zu sammeln, ist die ungeheure Auswahl: Weine von überallher, in jeder Form und Gestalt und auf einem früher unvorstellbaren Qualitätsniveau. Angesichts dieser riesigen Auswahl wird es umso wichtiger zu verstehen, was AUTHENTIZITÄT bedeutet. Ein Wein sollte dir schon bei den ersten paar Schlucken genau sagen, woher er kommt. Es ist diese Ehrlichkeit, Transparenz und Wahrhaftigkeit bis ins Letzte, die

Hawke's Bay Sauvignon Blanc: Stachelbeere und Katzenpisse. Zum Wohl!

große Weine so einzigartig machen. Überdecken oder verändern die Eingriffe des Kellermeisters diese Aussage, verliert der Wein seine Aufrichtigkeit und sinkt auf das Niveau der industriellen Plörre herab, mit der man die Pizza vom Lieferdienst runterspült. Man sollte nicht die Umkehrosmose riechen können, mit deren Hilfe ein Wein aus einem dünnen, verregneten Jahrgang künstlich konzentriert wurde. Auch nicht das Tanninpulver, das einen 100-Punkte-„Napa Cab" so aufgemöbelt hat, dass er bei der Verkostung aus 200 anderen Etiketten hervorsticht. Und schon gar nicht sollte man sich vom Rattenfängerlied über die 200-prozentige neue „Designereiche" verführen lassen, nur weil der „berühmte X-Burgunder auch diese Fässer verwendet". Ehrlich bleiben, darauf kommt es an.

6. Leben und leben lassen

Vielleicht aber auch lieber nicht. Es gibt nichts Schlimmeres, als ein herrliches Stück Fleisch „gut durchzubraten" und damit zum Tode zu verurteilen. Da schießen selbst dem abgebrühtesten Koch die Tränen in die Augen. Dasselbe gilt für monumentale Weine, die man langsam und qualvoll in der Flasche verkümmern lässt, ungetrunken und unbesungen. Vielleicht dachte Opa, dass sein Hochzeitsgeschenk, ein billiger Cru Bourgeois (wahrscheinlich ein No-name-Bordeaux) von 1950, den Kindern, die er mal haben würde, eine schöne Erinnerung sein könnte. Wenn man die Flasche dann ein halbes Jahrhundert später auf dem Dachboden entdeckt, sind die guten Absichten längst Geschichte und wurden durch eine altersschwache Essigsammlung ersetzt; die einst jugendliche Kraft ist noch so fit wie Opas Turnschuhe. Bevor du deine Weine zu einem so freudlosen Schicksal verdammst, mach dich schlau.

Als junger Sommelier war ich ein leidenschaftlicher Gegner davon, große Weine zu öffnen, bevor sie ihren Höhepunkt erreicht hatten (ich nannte das „Robbenbabys erschlagen") – verschlossene, adstringierende Tropfen, ihrer besten Tage beraubt. Aber nachdem ich meine Lehrjahre überstanden und alle Arten von Gräueltaten erlebt hatte, die in Restaurants in der Hitze des Gefechts verübt werden, änderte sich meine Einstellung. Wir wollen nicht vergessen, dass Wein dazu da ist, geöffnet und genossen zu werden, am besten in guter Gesellschaft. Ob am Couchtisch bei dir zu Hause oder in einem Restaurant mit Michelin-Sternen: Genuss ist alles, was zählt. Wenn ein junger Wein dich glücklich macht, trink ihn. Klar kann ein großer Bordeaux nach 30 Jahren noch erheblich mehr Vielschichtigkeit bieten, aber eben nicht JEDER Bordeaux. Opa hätte seine Hausaufgaben machen und seinen Wein beim Grillfest vor 20 Jahren aufmachen sollen. Nicht alle Weine sind gleich beschaffen, mit demselben Alterungspotenzial, derselben Lebenszeit, derselben Fähigkeit zur Komplexität. Tatsächlich ist weniger als ein Prozent aller erzeugten Weinen dafür gedacht, länger als zehn Jahre zu altern. Die überwältigende Mehrzahl ist „Vin de plaisir", das gilt auch für einfachen Bordeaux, jahrgangslosen Champagner und Burgunder auf Village-Niveau. Wenn wir also den „Genuss-Aspekt" nicht kapieren, dann haben wir wirklich die Arschkarte gezogen. Unterm Strich heißt das: Du musst genau wissen, was du im Keller hast, und es entsprechend behandeln. Posthumer Ruhm ist für gepeinigte Maler reserviert, nicht für Weinflaschen. Und um sicherzugehen: Hier kommt der Test, mit dem ich meine Weine durchprüfe. Öffne eine Flasche und schenk dir ein Glas ein. Schenk dann je ein Glas für die restlichen sechs Tage der Woche ein und schau, wie sich der Wein verhält. Jeder vernünftige Wein sollte offen zwei Tage überstehen, ausgenommen einige sehr instabile Naturweine mit null Schwefel. Ist der Wein am dritten Tag tatsächlich besser, drängt er sich als Kandidat für solide fünf bis acht Jahre Einkellern auf. Immer noch großartig nach vier Tagen: vielleicht zehn bis 15 Jahre. Nach fünf Tagen immer noch toll? Dann vergiss einfach, dass er da ist; er wird noch über 20 Jahre brauchen, um zu zeigen, was er alles draufhat.

7. Immer diese Typen

Ach, die Typizität ... „typisch" zu sein ist ja etwas, was ich für mich persönlich meide wie die Pest. Ironisch genug, schließlich ist es mein Beruf, in allem, was ich probiere, genau das Typische zu erkennen, vom Sake aus Hokkaido bis hin zu kenianischem Yirgacheffe-Kaffee. Für die Würdigung von Wein ist Typizität die wichtigste Grundlage. Wenn ich weiß, dass ein Wein von Pinot Noir oder Cabernet Sauvignon oder Chenin Blanc bereitet ist, habe ich schon eine klare Vorstellung von ihm, noch bevor er meine Lippen berührt. Die weiteren Variablen wie Jahrgang, Terroir und Weinbereitungsmethode werden dann dazugezählt und ergeben gemeinsam eine ungefähre „Gesamtsumme" des allgemeinen Eindrucks eines Weins. Überraschungen lassen sich natürlich nie ausschließen. Außerordentlich warme Jahrgänge können auch der sprödesten Rebsorte eine exotische Qualität verleihen, ein Jahr mit besonders vielen Schädlingen wie die Marienkäferplage 2004 in Burgund oder die Kirschessigfliege 2014 in Deutschland können einen Wein all seiner Opulenz berauben und nur einen mageren, bitteren, adstringierenden Schatten seiner üblichen eleganten Erscheinung zurücklassen. Aber was ist mit dem Pinot Noir von der Sonoma Coast, den du mit einem Côte Rôtie verwechselt hast, weil er so lange am Stock festgebacken wurde, dass er praktisch verbrannt ist? Mit null Säure, um seine marmeladige Frucht zu stützen, und einem Alkoholgehalt, der Amarone Konkurrenz macht? Solche Abartigkeiten zeugen von einer miserablen Weinbereitung und sind eine Beleidigung des guten Namens Pinot Noir. Vergiss nicht die Analogie zur Musik, die ich am Anfang des Buchs beschrieben habe: der Dirigent und seine Symphonie. Kreative Interpretationen sind manchmal interessant, aber die ehrlichste, klarste, leidenschaftlichste und intelligenteste Umsetzung der ursprünglichen Inspiration des Komponisten bietet für meinen Geschmack immer noch die stärkste Performance, und nur darum geht es bei großen Weinen.

8. Jetzt noch mal, mit Gefühl ...

Am Ende des Tages können wir den Wein rauf und runter analysiert haben, bis wir schwarz sind, aber warum trinken wir ihn eigentlich? Weil wir genießen wollen. Einfache, süffige Weine können kurzzeitig ganz angenehm sein; aber dieses begrenzte Vergnügen sollte nicht mit den wundervoll dichten Texten eines James Joyce oder Ernest Hemingway verwechselt werden, mit den visuellen Wunderwerken eines Stanley Kubrik oder Akira Kurosawa oder mit den akustischen Ekstasen eines Philip Glass oder Dmitri Schostakowitsch. Was diese Künstler verbindet, ist Leidenschaft und eine bedingungslose Hingabe an ihre Vision. Die Synthese von ungebändigtem Gefühl und kultivierter Schönheit; Leid mit Farbe auf die Leinwand gebannt, bis das fertige

Werk dich in Tränen ausbrechen lässt. Das ist die Verbindung, durch die wir Menschen versuchen können, mit der uns fremd gewordenen Mutter Erde Kontakt aufzunehmen. Eine knorrige alte Rebe, erschöpft von 120 Jahren Kampf, die Wurzeln eingegraben in unzählige Jahrtausende der Schöpfung und der Katastrophe, jede Schicht ein eigenes Kapitel, die jedes Quäntchen davon aufsaugt, um es uns als flüssiges Zeugnis weiterzugeben.

Seien es die feurigen Rieslinge der Nahe, die kreidigen Chardonnays aus Chablis oder die salzigen Assyrtikos von Santorini: Die Weinmacher bestechen durch ihre trinkbare Kunst – prachtvoll, wichtig, achtsam, abenteuerlich. Bei so vielen großartigen Weinen, die auf allen möglichen Preisniveaus produziert werden, ist jeder Augenblick den man auf einen in Masse produzierten, faden, seelenlosen Wein verschwendet, doch wirklich eine furchtbare Schande. Suche nach Weinen mit einer Geschichte, nach Weinen, die mit Blut, Courage und hemmungsloser Leidenschaft erzeugt wurden anstatt mit ungerührtem Profitstreben am Aktienmarkt. Das sind dann sind die Schlucke, die dich inspirieren und verführen und daran erinnern, warum das Leben wert ist, gelebt zu werden.

ICH MAG ES,
WENN EIN PLAN AUFGEHT:
METHODE HINTER DEM WAHNSINN

" The general mode of thinking always leans on the cliché and on the abstract. People do not return to their palates. People are afraid that they do not know how to taste. They prefer to lean on rules. With rules you don't have to think; you don't have to taste. You just have to follow the rules – and they'll destroy you every time. "

RICHARD OLNEY, WINE SPECTATOR

Das Verkosten ist ein Vorgang, der Feinfühligkeit erfordert und nie zu simplen oder improvisierten Schlussfolgerungen führt. Und noch weniger zu Verallgemeinerungen. Um die Komplexität und Harmonie eines Weins, seine Entwicklung und sein Reifepotenzial zu beurteilen, ist viel Erfahrung nötig, die du nur durch Zeit, Geduld und Leidenschaft bekommst – und durch den Spaß, sich der Herausforderung zu stellen. Und du musst hammermäßig viel trinken.

Obwohl ich kein bisschen weniger Akademiker als purer Hedonist bin, halte ich von Dogmen bei Tisch überhaupt nichts. „Zu diesem Gang hätte ich gern einen Gamay mit Ganztrauben-Kohlensäuremaischung, am liebsten von Granitböden und mit etwas mehr als mittlerem Säuregehalt, der im Beton-Ei vergoren wurde und am besten aus einem milden Kontinentalklima stammt", sagt kein Gast. Nie. So wie sich auch nie jemand in Wein verliebt, weil er einen trockenen Wälzer gelesen hat. Es ist dieser atemberaubende, dich über alle Maßen begeisternde erste Schluck Wein, der süchtig macht. Vergleichbar mit dem Feuerwerk eines ersten Kusses, bei dem dir das Herz bis zum Hals schlägt. Wein ist Emotion, Leidenschaft, Sex, Gefühl, Liebe, Schönheit, Schwierigkeit, Frustration, Hochstimmung, Wunder, Stolz, Unsicherheit, Nostalgie und Abenteuer, und zwar alles auf einmal. Wenn selbst die ausgebufftesten Profis nicht hin und wieder von Wein verstört, kirre gemacht oder sogar eingeschüchtert werden, trinken sie nicht genug. Oder sie haben's einfach nicht drauf.

Betrunkener Meister: Ein Blindverkostungs-Ninja werden

Ein professioneller Sommelier zu werden ist keine leichte Aufgabe, und neben all den dafür notwendigen Stunden, Kosten und Studien, der Aufmerksamkeit fürs Detail, der Einbildungskraft und der Fähigkeit, vollendeter Alleswisser, Diplomat und Gastgeber gleichzeitig zu sein, kommt schließlich der verrückteste Akt: die Blindverkostung. Klingt unmöglich, doch je mehr du trinkst, umso umfangreicher wird dein Repertoire und umso mehr wirst du wiedererkennen. Als Anfänger, nach der zwanzigsten oder meinetwegen auch hundertsten Verkostung eines Chardonnay (es gibt schnelle Lerner, und es gibt Leute wie uns. Immer mit der Ruhe. Langsam und beharrlich kann man auch Rennen gewinnen.), fängt man an, in jedem der Weine bekannte Eigenschaften zu entdecken, unabhängig von der Herkunft. Die Klimata mögen unterschiedlich, die Philosophien der Weinmacher diametral entgegengesetzt und die Jahrgänge bunt durchmischt sein, aber es gibt bestimmte „feste Größen", die deinem Gaumen signalisieren, dass da etwas Bekanntes vorhanden ist.

Je mehr du diese ganze Sache mit dem Wein in den Griff bekommst, umso mehr wirst du merken, wie du dir selbst tiefergehende Fragen stellst: Kann ich die Landschaft erkennen, wo diese Reben wurzeln? Oder kann ich das Klima zur Zeit der Lese spüren – wärmende Sonne auf der Haut oder Regen bis auf die Knochen? Kann ich genau genug zuhören, um die Geschichte seiner Entstehung zu vernehmen? Unterm Strich ist es ein Detektivspiel, und unser Job ist es, die Fakten zu sammeln. Herauszufinden, was Oberst von Gatow im Keller mit einem Fass und einem Kerzenständer angestellt hat. Nicht einfach, aber man muss sich eben immer wieder klarmachen, dass Wein eine Lebensaufgabe ist. Egal, wie viel Erfahrung man schon hat: Mit jedem Korken, den man zieht, gibt es etwas Neues zu lernen.

Aussehen

Jedes Glas Wein enthält mehr, als man ihm ansieht, doch die ersten Eindrücke sind trotzdem wesentlich. Der Spruch, dass man erst mit den Augen isst, dann mit dem Mund, gilt analog auch für Wein. Ich sehe gern Gästen zu, wie sie andächtig die Farbe eines tiefdunklen,

Blindverkostung – los geht's

amethystfarbenen fruchtigen Shiraz oder das Messinggold eines alten weißen Rioja bewundern. Wir Sommeliers sind von unserer täglichen Routine oft so vereinnahmt, dass wir diese einfachen Freuden häufig gar nicht mehr wahrnehmen. Dabei sollten gerade wir Profis die Farbe eines Weins mehr wertschätzen – das Kleid, den Ton oder wie man es nennen will. Die Farbe kann richtig sexy sein. Aber es geht mir hier nicht um Liebe auf den ersten Blick; beim Blindverkosten ist die Farbe auch die Grundlage für die gesamte Analyse. Glaub es oder nicht, schon vom Aussehen her kannst du mehr als die Hälfte der Puzzleteile zusammenbringen. Und so geht's:

Nimm das Glas in die Hand und schwenke es. Dann stell es wieder hin, lass den Wein sich beruhigen und schau zu, wie sich „Tränen", „Beine", „Kirchenfenster" oder welche Namen es dafür noch geben mag, an der Glaswand bilden. Über die Qualität sagt das N I C H T S aus. Ich muss immer ein Schmunzeln unterdrücken, wenn ein Gast seine Begleitung beeindrucken will, indem er triumphierend sein Glas hebt und die grandiosen Tränen zeigt, die im Glas seiner meisterhafte Auswahl fließen. Unsinn. Was die Tränen zeigen, ist Viskosität und Alkohol, mehr nicht. Wenn man den Wein sofort schwenkt, spart man Zeit, denn man kann dann auch gleich alle anderen Komponenten analysieren, so wie es bei der Prüfung zum Master Sommelier abläuft. Wir trainieren es, gleich alle Kästchen abzuhaken und die Rebsorte, das Land, den Ort, den Erzeuger, das Alter und die Qualität innerhalb von zwei Minuten anzugeben. Blödsinn vielleicht, aber auch machbar.

Klarheit (klar – mäßig klar – leicht trüb – trüb)

Klarheit weist im Allgemeinen auf Filtration hin – wie stark der Wein geklärt oder wie naturtrüb er abgefüllt wurde. Bei Rotweinen kann das auch ein Hinweis auf das Alter sein, denn Bodensatz wirkt wie Sand auf dem Grund eines Swimmingpools: Wird er aufgewirbelt, trübt sich der Wein ein. Bestimmte Stile oder Erzeuger sind für komplett ungefilterte Weine bekannt, deshalb kann das für dich ein Anhaltspunkt sein. Bei dem derzeitigen Boom der Naturweine ohne jede Spur Schwefel, von Filtration ganz zu schweigen, engt dies das Feld nicht mehr ganz so ein, wie das noch vor zehn Jahren der Fall gewesen sein mag.

Glanz

(brillant – sternenhell – taghell – hell – matt – stumpf)

Auch der Glanz kann bei Rot- wie Weißweinen ein Hinweis auf das Alter sein. Junge Weine haben ein Glänzen in den Augen wie leuchtende Kinderaugen, das aber mit der Zeit verblasst. Ein Wein mit einem Funkeln, einer Brillanz, ist sehr wahrscheinlich recht jung. Es ist wie bei uns Menschen: Wo der Glanz der Unschuld schwindet, wächst die Erfahrung und bringt sowohl Patina als auch eine einzigartige Geschichte mit sich.

Farbe

(Rot: purpurrot – rubinrot – granatrot – ziegelrot – orange – braun)
(Weiß: farblos – grün – strohgelb – gelb – orange – goldgelb – braun)

Die Farbe hat es in sich. Sie kann auf die Herkunft ebenso hinweisen wie auf das Klima oder das Alter, auf vom Menschen beeinflusste Dinge wie den Grad der Extraktion und die Produktionsmethode und sogar auf Weinfehler. Dickschalige Trauben geben bei der Maischung viele Farbstoffe und Tannine an den ansonsten farblosen Saft ab. Deshalb haben dunklere Rotweine oft auch mehr Tannin. Nicht immer allerdings. Die dunklere Farbe begrenzt automatisch die Auswahl der möglichen Rebsorte; helle Rotweintrauben wie Pinot Noir, Nebbiolo, Gamay und Grenache werden niemals stockdunkle Weine ergeben, vorausgesetzt, sie wurden ordentlich gemacht. Umgekehrt wird die Farbe von Malbec, Shiraz, Mourvèdre und Touriga Nacional in ihren traditionellen Stilen niemals durchscheinend sein. Natürlich kann uns die Weinbereitung hier einen Streich spielen. Forciert der Kellermeister nämlich die Extraktion und erzeugt einen Frankenstein-Pinot-Noir, der sich aufführt wie ein Syrah, kann man sich leicht irren. Doch hat es die Natur so eingerichtet, dass stämmige, dunkel gefärbte Trauben meist in warmen bis heißen Klimata vorkommen, wo ihre dicken Schalen ihnen Schutz gegen die Elemente bieten, während sensible dünnschalige Sorten in gemäßigten bis kühlen Klimata zu Hause sind, wo die Säure eine wichtige Rolle spielt. Und wie schon beschrieben, bringt der Alterungsprozess eines Rotweins eine allmähliche Aufhellung der Farbe mit sich, die sich von tiefdunkel in der Jugend zu hell und durchscheinend im Alter wandelt.

Weißwein macht es einem etwas schwerer, denn ohne Schalenkontakt gibt es kaum Anhaltspunkte für anfängliche Vermutungen. Wie unsere Farbskala aber zeigt, geht es um die Farbtiefe, und über die bekommen wir immerhin einen Hinweis auf das Klima. Im Allgemeinen gilt, dass unreife Trauben grün und sehr reife goldgelb sind. Kurz zurück zum Beispiel mit den Bananen: Komplett GRÜN sind sie ungenießbar – bitter, sauer, adstringierend. Der Zucker ist völlig unterentwickelt, die Textur ist körnig. So ist Chardonnay in seinem angestammten Lebensraum in der Champagne. Die Trauben werden kaum reif, aber ihre unnormal hohe Säure und geringe Fruchtigkeit, normalerweise Negativmerkmale, wendet sich ins Positive, wenn es um den besonderen Stil des Champagners geht. Ohne den ausgedehnten Hefekontakt, der abgerundete Brioche-Noten ergibt, plus eine kleine „Dosage" (Zuckerzugabe für die Zweitgärung in der Flasche) sowie „Liqueur de tirage" (die kleine Dosis Zucker und Hefe vor der Flaschenabfüllung), ganz zu schweigen von der schäumenden Textur, wären diese Weine so attraktiv wie ein Glas Batteriesäure. Auch Deutschland hat ein ähnlich kühles Klima wie die Champagne, deshalb ist es kein Wunder, dass man im Glas ein grünes Glitzern in der blassgelben Farbe bemerkt.

Nach ein bisschen mehr Reifezeit hat die Banane zumindest den Status HALB GRÜN, HALB GELB erreicht. Lange noch nicht reif, aber auch nicht mehr bitter. Man kann sie schon gut essen, aber eher nicht als Nachtisch. Die Zuckerverbindungen sind entwickelt, aber nicht süß, und eine knackige Bitterkeit liegt hinter der feinen cremigen Note. Jetzt sind wir irgendwo, wo es wärmer ist als in der Champagne, aber immer noch relativ kühl. Wenn du von der Champagne nach Süden fährst, kommst du direkt ins Herz von Burgund. Hier sind die Chardonnays frisch und straff, können aber, wenn die Traubenreife forciert wird, auch üppig sein. Von der kalifornischen Central Coast und aus extremen Küstenlagen in Sonoma kennt man ähnlich ranke und schlanke Exemplare, doch suggeriert hier der zuvor erwähnte Faktor X der „Weinbereitung" manchmal etwas anderes.

Dann erreicht die Banane ihr typisches GELB, das anzeigt, dass sie jetzt definitiv reif zum Schälen ist. Rund, cremig, aber immer noch fest, mit voll entwickeltem Zucker und reichhaltigem Mundgefühl. So kennt man die meisten Chardonnays aus gemäßigtem bis relativ warmem Klima – Beispiel kommen aus dem kalifornischen Russian River Valley, dem südafrikanischen Stellenbosch, aus Baden, der Südsteiermark und Südtirol.

Wenn sie dann ein bisschen länger liegt als geplant, macht sich die Banane zur Giraffe. Ins Gelb mischt sich Braun, was im Glas einem GOLDGELBEN Ton entspricht. Jetzt kommen wir in warme bis heiße Zonen, Regionen wie das australische Barossa Valley, die Toskana, das kalifornische Napa Valley oder das österreichische Burgenland. Die Säure sinkt, der Alkohol steigt; die Weine ersetzen Finesse durch Kraft. Keine zungenkitzelnde Frische mehr, sondern runde, kurvenreiche Fülle. In diesem Stadium kann die goldene Schale sowohl auf die Region als auch auf das Alter hinweisen. Das entscheidet dann deine Nase im nächsten Abschnitt.

Du hat die Banane vergessen und sie lag eine Woche lang rum? Jetzt ist kaum noch Gelb im BRAUN. Was meist bedeutet, dass der Wein verdammt alt ist. Wenn du einen jungen Wein ausschenkst, der braun aus der Flasche kommt, ist etwas ganz fürchterlich falsch. Oxidation ist da am wahrscheinlichsten, auch „Madeirisierung" genannt. Ein Fehler, benannt nach dem gleichnamigen portugiesischen Wein, der anzeigt, dass der Wein viel zu warm gelagert wurde. Er wurde praktisch „gekocht", was die Oxidation beschleunigt und neben den nussigen Aromen eine unangenehm geschmorte, „abgestorbene" Note hineinbringt.

Farbtiefe (gering – mittel – hoch) und Farbveränderung am Rand
Einfach. Vermittelt der Wein den Eindruck von Intensität? Ist seine Farbe tief, unabhängig davon, wie dunkel sie ist? Hat er einen festen Körper, bewegt sich selbstbewusst im Glas und weist nichts auf einen schwächlichen, blässlichen Charakter hin?

Die Farbveränderung am Rand ist ein wichtiges Puzzleteil. Wenn du das Glas vor einem einfachen weißen Hintergrund etwas nach vorne neigst, bildet die Flüssigkeit ein Oval. Hat der Wein von der Mitte bis zum Rand einheitlich dieselbe Farbe, ist er vermutlich jung. Oder es ist ein mächtiger Wein, der sich trotz der 20 Jahre, die er schon auf dem Buckel hat, immer noch weigert, nachzugeben. Und falls du in diesem Zusammenhang neugierig bist: Ja, eine der schwierigsten Fragen, der sich selbst die Besten von uns bei einer Blindverkostung stellen müssen, lautet: Ist es ein großer Wein, ein großer Jahrgang und ist er nicht so jung? Oder ist es ein kleiner Wein, ein kleiner Jahrgang und ist er überhaupt nicht alt? Und glaub mir, das ist nicht einfach. Mit zunehmender Erfahrung wird es allerdings leichter, wenn du die verschiedensten Jahrgänge und Erzeuger kennengelernt hast und weißt, wie ihre Weine typischerweise aussehen. Aber wenn es einen Farbunterschied gibt, sagen wir mal ein dunkles Granatrot in der Mitte, das in Richtung Glasrand immer mehr zu einem Ziegelrot oder rostigem Orange verblasst, dann ist dieser Wein mit Sicherheit schon eine Zeitlang gereift.

Anzeichen von Sprudeln?

Richtig schäumend wie Champagner? Halb schäumend wie ein Prosecco oder Cerdon aus Savoyen? Perlend wie ein „Pét Nat", ein Pétillant Naturel? Oder nix?

Bodensatz / Partikel

Wie schon im Abschnitt über die Farbe gesagt, ist ein Bodensatz (oder Depot) ein ganz natürliches Element im Wein. Ein auf natürliche Weise bereiteter und nur leicht gefilterter Rotwein kann sogar von Anfang an etwas Bodensatz in der Flasche aufweisen, der im Lauf der Zeit natürlich noch anwachsen kann. Ältere Rote bilden ein Depot, weil Farbstoffe und Tannine aus der Lösung ausfallen – außer der Wein lag zuvor längere Zeit im Fass. In diesem Fall wurde das Depot wahrscheinlich vor der Abfüllung herausgefiltert. Da die Spanier eine lange Tradition der Lagerung von Weinen im Fass oder Tank über zehn oder mehr Jahre hinweg haben, weisen alte Riojas und Ribera del Dueros trotz ihres Alters erstaunlich wenig Bodensatz auf. Gibt es aber ein nennenswertes Depot in einer Flasche, dann schau, dass du die Flasche vom Keller bis nach oben waagrecht hältst und lege sie zum Dekantieren vorsichtig in einen Korb. Ehrlich, mir ist es eigentlich völlig schnurz, ob ein bisschen Bodensatz in mein Glas kommt oder nicht, denn er ist doch einer der Gründe, warum Wein so schön ist, und außerdem schmeckt er oft köstlich. Aber ich hatte schon Gäste, die Gläser mit sehr teurem Wein zurückgehen ließen, weil sie ein oder zwei Körnchen darin gefunden hatten. Ich verbuche so etwas unter reine Unerfahrenheit, aber es ist trotzdem ein ziemliches Elend. Einmal habe ich mit Jacques-Frédéric Mugnier eine Flasche 1935er Monthélie getrunken, und als die Flasche fast leer war, bestand er darauf, das letzte Glas zu trinken. Er sei, wie er zugab, ein großer Fan davon, die „Essenz" alter Weine zu schmecken.

Auch bei Weißweinen kann ein Depot auftreten. Da Tannin bei Weißwein keine besondere Rolle spielt, handelt es sich hier um eine andere Art von Sediment. Es entsteht normalerweise, wenn Weinsäure mit Kalium reagiert. Bei sehr niedrigen Temperaturen verbinden sich die beiden und bilden Kristalle aus, die auf den Boden der Flasche sinken oder sich am Korken absetzen. Man sagt auch Weinstein dazu. Kellereien mit Massenproduktion kühlen ihre Tanks auf fast null Grad herunter, um diesen Vorgang zu beschleunigen und damit zu gewährleisten, dass sich später kein Weinstein mehr bildet, wenn die Flaschen bei dir im Kühlschrank stehen. Dabei verlieren die Weine aber merklich an Aroma, Struktur und Ausdruckskraft. Gewissenhaft arbeitende Kellereien kühlen ihre Weine vielleicht ein bisschen, um einen Teil der Kristalle herauszuholen, aber ohne dass der Wein dabei Schaden nimmt.

Viskosität (gering – mittel – hoch)

Hier kommen wir noch mal zur ersten Aktion zurück, sobald wir das Glas in die Hand genommen haben: schwenken, um einen Blick auf diese sexy „Tränen" zu werfen. Aber wozu die ganze Schwenkerei? Es geht um Verdunstung. Zehn Milliliter Wein in einem Glas haben im Verhältnis zum Volumen eine recht kleine Oberfläche; nur etwa zehn Prozent der Menge ist direkt der Luft ausgesetzt. Dies erlaubt eine geringe, allmähliche Verdunstung von Alkohol, bei der unseren Nasen auch Aromamoleküle zugeführt werden. Durch das Schwenken breitet sich der Wein über die gesamte Oberfläche des Glases aus und kommt so mit neunzig Prozent Sauerstoff in Kontakt anstatt nur mit zehn. Der Alkohol verdunstet, und mit ihm steigt ein Aromenkarneval auf, den unser Riechorgan begeistert aufnimmt. Die Moleküle dringen in die Nasenhöhlen vor und treffen dort auf die Riechschleimhaut mit ihren zig Millionen Rezeptorzellen, die die Neuigkeiten dann an die zentrale Steuerung weiterleiten, das Gehirn.

Die Tränen sind einfach eine optische Randerscheinung dieses Verdunstungsprozesses. Wenn sich der Wein in dünner Schicht an der Glaswand verteilt, fließt das Wasser zurück, während der Alkohol verdunstet, und dabei entstehen sichtbare Tröpfchen. Mehr Alkohol bedeutet mehr Verdunstung und damit mehr fließende Tröpfchen. Je mehr Alkohol also da ist, desto häufiger und schneller fließen sie herunter. Alkoholarme Weine wie eine siebenprozentige Riesling Auslese zeigt vielleicht lediglich einen dünnen Überzug, ganz ohne sichtbare Tränen. Reichhaltigere Dessertweine haben dagegen recht ausgeprägte Tränen, allerdings nicht wegen des Alkohols, sondern aufgrund ihres Zuckergehalts. Diese Tränen fließen recht flott mit viel höherer Viskosität als ein alkoholstarker Tischwein. Und vergiss nicht, viel Alkohol deutet auf eine wärmere Region oder einen wärmeren Jahrgang hin.

Geruch
Fehler

Das Thema Oxidation und Madeirisierung haben wir schon im vorigen Abschnitt über das Aussehen gestreift, und das grässliche Thema „Korkeln" kommt ein bisschen später dran (du kannst ja vorblättern, wenn

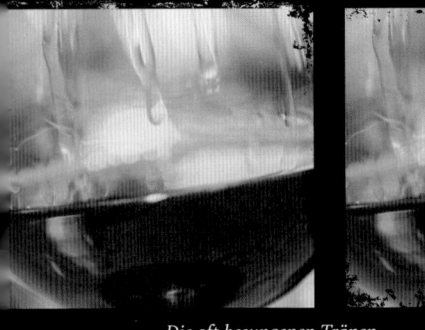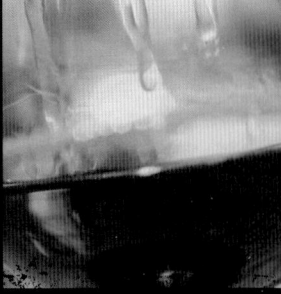

Die oft besungenen Tränen

du es jetzt schon wissen willst, und dann später hier weiterlesen). Darüber hinaus gibt es aber noch ein paar mehr Schurken aus ihren Löchern zu locken, bevor wir uns wieder angenehmeren Themen zuwenden können.

Vorzeitige Oxidation oder „Premox"

Dieses Problem steht bei vielen Weinmachern ganz oben auf der Liste, insbesondere in Burgund. Es ist ein furchtbares Phänomen, bei dem die Weine praktisch tot geboren werden; sie tragen von Beginn an Spuren von Oxidation in sich, die normalerweise erst nach Jahren in der Flasche auftreten. Und es handelt sich auch nicht um die Form einer leichten, natürlichen Oxidation, die bei einem reifen Wein zu seiner wunderbaren Komplexität beiträgt. Es ist eine schädliche Art, die dem Wein seinen wahren Charakter nimmt und die ansonsten lebhafte, junge Frucht mit der schweißigen, nussigen, insgesamt unansehnlichen Decke des frühen Ablebens zudeckt. Die Farbe ist oft ein todsicheres (sorry für den Kalauer) Anzeichen. Wenn also ein drei Jahre alter Puligny-Montrachet messing- oder goldfarben in dein Glas fließt, musst du ihm unverzüglich den Puls fühlen. Der ärgerlichste Aspekt des „Premox"-Problems ist, dass man völlig im Dunkeln tappt, woher es kommt und wie es sich verhält. Wenn man die Ursache nicht kennt, lassen sich seine tödlichen Nebenwirkungen natürlich auch nicht bekämpfen. Manche schieben es auf die Schwäche von alten, überproduktiven und suboptimal selektierten Klonen, die am Ende ihrer Kräfte sind und immer mehr nicht gesunde Trauben hervorbringen. Andere vermuten mangelnde Hygiene bei der Weinbereitung, Bakterien und eine miserable Korkenqualität. Wieder andere weisen darauf hin, dass bestimmte Erzeuger als Gegenreaktion auf die zuvor oxidierten Stile ihre Weine übermäßig sterilisiert und damit praktisch umgebracht hätten. Aber sogar diese Theorie hat Lücken. Wie auch immer, achte auf jeden Fall auf die Jahre zwischen etwa 1996 und 2008, die für viele, vor allem aber Weißweinerzeuger, besonders fürchterlich waren.

Brettanomyces

Nasse Pferdedecke, dreckiger Hühnerstall, Kuhstall und frisch gerittener verschwitzter Sattel – nicht gerade appetitlich, aber die üblichen

Düfte, die man mit unserem nächsten Verdächtigen verbindet. Abgekürzt kennt man ihn als „Brett". Es ist ein Hefestamm aus der pilzigen Ecke, weniger aus der bakteriellen, und gar nicht so weit weg von Saccharomyces cerevisiae, der „Standardhefe" für die alkoholische Gärung. Mit ein paar wichtigen und potenziell desaströsen Unterschieden natürlich.

Mit dem Beginn der Gärung wird CO_2, also Kohlendioxid produziert, das die schwächeren Wildhefen im Tank abtötet. Die im Tank verbliebene „gute" Hefe, Saccharomyces, fährt damit fort, Alkohol zu produzieren, bis sie sich schließlich selbst umbringt. Stoppt die Gärung aber zu früh und lässt zu viel unvergorenen Zucker und andere Nährstoffe übrig, wird der Wein wie zu einem Einbeinigen in einem Wettbewerb, wo man den anderen in den Hintern treten muss. Alle Arten von Bakterien, Hefen und Pilzen machen sich über den schutzlosen Most her wie durstige Hooligans übers Freibier. Wenn Brett zuschlägt, erzeugen flüchtige Phenole und Fettsäuren einen Furzsturm, der dir einen hässlichen, stinkenden Wein beschert.

Irgendwann in den 1990ern hatten ein paar Erzeuger im südlichen Rhône-Tal die geniale Idee, Brettanomyces als positives und vollkommen natürliches Element ihrer Weine zu verkaufen. Château de Beaucastel wurde der Posterboy für die bezaubernde „Erdigkeit und Komplexität", die Brett angeblich auf den Tisch bringt. Dass genau dieser Bauernhofgeruch ein technischer Fehler sein könnte, kam da nicht vor. Vor allem in den Neunzigern, als der Stil „internationaler" und die Traubenreife zu nie dagewesener „Marmeladigkeit" hochgepusht wurde, mit haufenweise Zucker und einem pH-Wert, der durch die Decke ging, erlebte unser Freund Brett seinen Woodstock-Sommer der Liebe. Und bei dem heutigen Trend zu Naturweinen, deren Erzeuger oft überhaupt nicht schwefeln, weder vor, noch während, noch nach der Gärung, könnte es ein wahnsinnig langer Sommer werden.

Wenn du dich direkt mit Brett bekannt machen möchtest, musst du nur ins Bierregal greifen. Brettanomyces ist das gefeierte Element der spontan vergorenen belgischen Lambic-Biere. Und sogar Weinmacher haben angefangen, diesen Antihelden zu umarmen, insbesondere einer im portugiesischen Alentejo, wo in einem hermetisch verschlossenen Raum Fässer stehen, die mit bestimmten Stämmen infiziert sind.

Flüchtige Säure

Ich war der Meinung, das sei eine ganz klare Sache, bis ich an einem recht alkoholschwangeren Abend in Paris in eine ziemlich erhitzte Diskussion geriet. Flüchtige Säure, also nicht die erfrischend straffe, belebende Säure gesunder Weine, sondern der richtige Essigstich, ist ein Fehler, Punkt. Naturweinfans scheinen das anders zu sehen, und zwar offenbar mit Inbrunst.

Saccharomyces ist die „gute" Hefe, die man an Trauben aus biologischem Anbau in einer gesunden und natürlichen Umgebung findet. Wir nennen sie kurz „Wildhefen". Zwar hat jede Region und sogar jeder Weinberg eine eigene Version dieses Hefestamms, was auch eines der stärksten Argumente für das Terroir-Konzept ist und gegen die Verwendung von gezüchteten kommerziellen Hefen spricht, doch ihre Hauptaufgabe bleibt die Durchführung einer Gärung, bei der nur geringe Mengen flüchtiger Essigsäure entstehen.

Brettanomyces, eben kennengelernt, ist bekannt für die Produktion ungeheurer Mengen Essigsäure und einem weiteren Nebenprodukt namens Ethylacetat, auch Essigester genannt. Erstere ist mehr ein Gefühl als ein direkter Geschmack und verleiht dem normalen Haushaltsessig sein scharfes, durchdringendes Aroma. Anstatt appetitanregend die Speicheldrüsen anzuregen wie Champagner, dringt diese Säure durch die Nasennebenhöhlen in dein Gehirn ein und spießt es förmlich auf. Essigester dagegen lässt den Wein unangenehm nach Klebstoff oder, noch schlimmer, nach Nagellackentferner riechen.

Trauben schlechter Qualität, die von verschiedenen Krankheiten befallen sind, insbesondere von „Sauerfäule", stecken potenziell voll anderer schädlicher Hefestämme als der guten alten Saccharomyces und können im Nu den gesamten Tank anstecken. Der ganze ansonsten saubere Saft wird infiziert. Man kann das teilweise verhindern, wenn man beim Zerquetschen der Trauben Schwefel hinzugibt, aber für die Hippies der Naturweinbewegung ist das ja ein Tabu, also immer voran mit dem üblen Gestank!

Ein weiterer Vorbote für Salatsaucen-Unheil ist auch der bei Weitem hinterlistigste: die gemeine Fruchtfliege. Die Viecher sind wie kleine Frachtflugzeuge, die eine volle Ladung tückischer Bakterien mitschleppen. Ganz zu schweigen von Magenfuhren voller Säure, die dem arglosen Wein auch schwer zusetzen.

Beide, Brettanomyces wie flüchtige Säuren, sind für mich schlicht und ergreifend Weinfehler. Zumindest, wenn sie wahrnehmbar sind, und da ist auch schon der Haken an der Sache. Wo liegt die Wahrnehmungsschwelle? Ich bin extrem empfindlich gegen Korkschmecker und flüchtige Säure, mit einer Toleranz irgendwo im Bereich ein bis zwei Nanogramm pro Liter; das ist mehr oder weniger der niedrigste Wert für einen Verkoster. Ich will mich damit nicht hervortun, es ist einfach eine physische Eigenschaft – zum Besseren oder Schlechteren. Am anderen Ende der Skala gibt es nämlich erstklassige Verkoster, deren Wahrnehmungsschwelle zehn-, zwanzig- oder fünfzigmal höher liegt als meine. Sie interpretieren die für mich so unangenehmen, störenden Aspekte womöglich als zusätzliche Vielschichtigkeit, als Nuance oder Charaktereigenschaft. Und vielleicht habe sie ja völlig recht. Möglicherweise ist das auch einer der Gründe, warum die Kluft zwischen Naturweinfans und Anhängern traditioneller Weine so groß ist, schließlich schleppen Naturweine erheblich mehr Brett und flüchtige Säuren mit sich herum als konventionelle. Ein roter Faden meiner Argumentation ist „Komplexität" im Gegensatz zur „übel riechenden" Komponente. Egal, ich biete den Ölzweig zur Versöhnung an: Wer möchte behaupten, Blauschimmelkäse sei grundsätzlich „fehlerhaft", wenn doch andere ihn genau wegen dieses „Fehlers" köstlich finden? Wer weiß. Lass dich von deinem persönlichen Geschmack leiten.

Bakterien / Unsaubere Weinbereitung
Manchmal erscheint ein Wein einfach nur … dreckig. Nicht auf sinnlich wilde, ungezähmte, erdige Weise. Ich meine unsauber. Unrasiert,

nicht geduscht, schmutzig. Man kann es nicht richtig festmachen, weil er nicht korkt, keine Brettanomyces und nicht einmal flüchtige Säuren erkennen lässt (wobei sie bei einem unsauberen Wein sehr wahrscheinlich vorhanden sind) – er ist einfach von vorne bis hinten reizlos. Die Frucht hat sich in die Mittagspause verkrümelt, die Aromen aus dem Boden sind alles andere als sauber, und auch sonst gibt's kaum was Positives zu sagen. Den wissenschaftlichen Teil, alle bekannten Bakterien und ihre molekularen Interaktionen mit den Trauben aufzulisten, erspare ich dir. Ich versichere dir aber, dass die alle stattfinden. Dreckige Kellereien mit miesen Bakterien- und Hefekulturen in jeder Ritze, mit Weinstein, Sedimenten und Ungeziefer verkrustete Tanks, die schon Gott weiß wie lange nicht mehr sauber gekratzt wurden, verrottete Schläuche, nie aufgefüllte Fässer und völlig unkontrollierte Gärtemperaturen. Von schlechtem Lesegut ganz zu schweigen. All diese Dinge kommen zusammen, um einen mörderisch abstoßenden Wein erzeugen zu „können". Wenn du also echt Mühe hast, irgendetwas auch nur annähernd Reizvolles in einem bestimmten Wein zu finden, dann sei nicht verlegen oder zu schüchtern, es anzusprechen. Es ist ja nun mal nicht deine Schuld! Selbst bei garstigeren Rebsorten sollte doch immer auch etwas Schönes zu finden sein. Verlass dich auf deinen Bauch!

Intensität (verhalten – mäßig – kraftvoll)

Wie haut der Wein in deine Nase rein? Als Schwergewichtshaken, so als ob dir deine Freundin voll eine knallt, weil du ihren Geburtstag vergessen hast, oder wie eine sanfte Berührung der Stoßstange von diesem Mercedes, vor dem du gerade eingeparkt hast?

Alterseinschätzung (jung oder weinig)

Um es mal (zu) vereinfacht auszudrücken: Junge Weine sind direkt, reife Weine dagegen facettenreich. Jugendliche Weine sind fruchtbetont, frisch und ungestüm, während ältere Weine subtiler und erdiger schmecken und nicht mehr diese unmittelbare Power haben. Der knackige, frische Fruchtcharakter geht über in eingelegte, mazerierte, gedünstete, gekochte oder getrocknete Frucht. Frische florale Noten werden zu Tabak, Leder und Waldboden.

Frucht
(primäre und sekundäre)

Nicht fruchtige Aromen
(Blumen – Gewürze – Kräuter – Botrytis – andere)

Nun ist es Zeit, das Vokabular anzuwenden. Ruf all die tollen Aromen auf, die du bei jedem Gang durch den Park, zwischen den Regalen im Supermarkt oder beim Kochen abgespeichert hast.

Geschmack

Süße (knochentrocken – trocken – halbtrocken – süß – sehr süß)

Eines der ersten Dinge, die ich klarzustellen versuche, wenn ich es mit unerfahrenen Weintrinkern zu tun habe, ist der fundamentale Unterschied zwischen SÜSSE und FRUCHT. Anscheinend leicht zu verwechseln, dabei könnten sie nicht unterschiedlicher sein. Das beste Beispiel dafür sind vielleicht Sancerre und Sauternes. Auch wenn bei beiden Sauvignon Blanc die führende Rolle spielt, ist Sauternes ein Süßwein aus Bordeaux, den man entweder als Dessertwein serviert oder als Aperitif, wenn er gereift ist und seinen „Babyspeck" beziehungsweise seine merkliche Süße zugunsten eines erdigeren Profils verloren hat. Nein, der Zucker ist nicht auf wundersame Weine verschwunden, aber die Entwicklung des Weins verändert die Wahrnehmung der Komponenten. Er ist immer noch „süß", da er beachtliche Mengen Restzucker enthält, der aus den edelfaulen, verschrumpelten Trauben stammt. Sancerre dagegen ist eine absolut knochentrockene Interpretation des Sauvignon, der in warmen Jahren mit üppiger Frucht prunken kann, von Grapefruit zu Stachelbeere, von Meyer-Zitrone zu Zitronengras, und in wärmeren Gegenden wie Neuseeland auch durch Pink Grapefruit oder Passionsfrucht spazierengeht. Doch wie exotisch die Frucht auch ausfallen mag, der Wein ist und bleibt TROCKEN.

Körper (schlank – mittel – voll)

Wie fühlt sich der Wein auf der Zunge an? Denk an Milch: Rinnt sie dünn herunter wie fettfreie Milch, ist sie merklich schwerer so wie fettarme Milch, überzieht sie die Zunge mit einem Fettfilm wie Vollmilch oder füllt sie den Mund ganz aus wie Sahne? Das ist ein ausgezeichneter Hinweis auf das Klima und natürlich auch auf den Stil der Weinbereitung. Ein kaltes Klima bringt nichts besonders Cremiges hervor, und heiße Klimata entlocken den Trauben kaum jemals schlanke Eleganz.

Die Elemente des „Verkostungsbaums" (bestätigen, was die Nase weiß)
Bestätigen oder komplett widerrufen: die zweite Meinung.

Tannin und Säure (niedrig – mittel – hoch)
Läuft dir von der stimulierenden Säure das Wasser im Mund zusammen, wenn du den Wein in den Mund nimmst, oder fühlt er sich an wie Olivenöl? Ist das Gefühl auf der Zunge und am Zahnfleisch wie wenn du auf Pflaumenschalen herumkaust oder „pelzig", wie beim Trinken von schwarzem Tee, der zu lang gezogen hat?

Alkohol (niedrig – mittel – hoch)
Fühlst du dich nach jedem Schluck wie ein Feuerschlucker? Dann könnte der Wein alkoholstark sein, wobei das nur selten so einfach ist. Ich gestatte dem fiesen kleinen Jungen in mir bei Weinseminaren gern mal den Spaß, zwei Chardonnays direkt nebeneinander verkosten zu lassen; einen aus der Alten Welt mit 12,5 Prozent Alkohol und einen aus der Neuen Welt, der 16,4 Prozent auf die Waage bringt. Letzterer ist ein Kalifornier, den ich 2002 zum ersten Mal gekauft habe. Ich war damals als sturer Anti-Neue-Welt-Rebell geschockt von seiner auffällig goldenen Wachsigkeit, dem reizlosen Etikett und dem grotesk hohen Alkoholgehalt, der so großspurig (und genau) vermerkt war. Aber ich war auch immer scharf auf Neues (und auf volle Dröhnung) und kaufte also eine Flasche, in der Absicht, mit dem Feind ins Bett zu gehen. Schließlich gibt es nichts Bescheuerteres als etwas zu kritisieren, ohne eine Ahnung davon zu haben. Ich öffnete also die Flasche …

Die Welt stürzte über mir zusammen. Wie konnte dieser Wein so … so gut sein? Und so elegant? Unmöglich! Ich musste verrückt geworden sein. Und doch, diesem Wein konnte ich nichts mehr entgegenhalten. Ein Jahr später gelang es mir sogar, einige prominente Experten aus Burgund mit dem gleichen Wein hinters Licht zu führen. Seitdem habe ich gelernt, mich mit Urteilen zurückzuhalten, bis der Wein tatsächlich in meinem Glas ist. Wie auch immer, ich lasse diese beiden Weine jedenfalls in meinen Seminaren blind verkosten und frage nach den Unterschieden. Die Leute bemerken den schlanken, knackigen, kühlen Charakter des Chablis im Gegensatz zur runden, ausladenden, vollen Qualität eines Chardonnay von Brewer. Sie schätzen den Chablis auf einen Alkoholgehalt von etwa 12 Prozent und vermuten beim Kalifornier etwas mehr. Üblicherweise tippen sie, selbst bei einer Parallelverkostung mit dem kühlstmöglichen Chardonnay-Stil, nie auf mehr als 14,5 Prozent. Wenn ich dann die wahren Werte zeige, verschlucken die Seminarteilnehmer förmlich ihre Zähne vor Überraschung – und das ist ein Beleg für wirklich großartige Weinbereitung. Es gibt nun mal besonders warme Jahrgänge und manche Weinberge bringen sehr reife Trauben hervor. Da aber Restsüße in trockenen Tischweinen nichts ist, was sich an die Masse der Weinkenner verkaufen ließe, muss der ganze Zucker vergoren werden – und das bedeutet Alkohol.

Als Weinmacher musst du mit dem arbeiten, was du hast – das ist die Crux, wenn du ausschließlich von der Natur abhängst. Es kommt darauf an, wie du dich entscheidest, und wenn es dir gelingt, einem Monster-Chardonnay die Leichtfüßigkeit einer Ballerina mitzugeben, dann bist du wirklich ein absoluter Meister im Keller. Es ist nicht so wichtig, was der Wein alles hat, sondern wie er mit dem, was er hat, umgeht; es geht um Integration, Harmonie, Balance. Je besser du wirst, umso genauer werden deine Sinne solche Details aufgreifen können. Weniger muss nicht unbedingt mehr sein, und mehr ist nicht unbedingt besser. Vergiss nicht, dass alkoholstarke Weine selten in kühlen Klimata entstehen und dass „kühl" weniger Zucker bedeutet, also am Ende auch weniger Alkohol.

Abgang (kurz – mittel -/+ – lang)
und Komplexität (gering – mittel -/+ – hoch)
Eintagsfliege oder zeitloses Meisterwerk? Reden wir mal grundsätzlich über Qualität. Zu oft höre ich, wenn ich einen großen Wein öffne: „Oh, nicht für mich, danke. Ich könnte den wahrscheinlich gar nicht richtig würdigen!" WIE BITTE? Sich einen fantastischen Wein entgehen

zu lassen, nur weil dir vielleicht einmal etwas geschmeckt hat, was nicht in die arroganten Standards eines aufgeblasenen Wein-Hipsters gepasst und dieser Depp dich dann dumm angemacht hat? Nichts da! Du verdienst diesen Wein darum kein bisschen weniger.

Vergleiche das Gefühl, wenn der Wein in deinem Mund ist, mit einem eleganten Kleidungsstück, das du gerade anprobierst. Schon mal einen Maßanzug besessen? Sie passen wie ein Handschuh; die Art, wie der Schnitt deinem Körper schmeichelt, und das Gefühl von Luxus und Selbstvertrauen, das er dir bei jedem Schritt vermittelt, entspricht deinen kühnsten Träumen. Klar, er ist teuer, aber Qualität kostet nicht nur, sondern gibt dir auch etwas zurück. Man muss kein Modeexperte sein, um einen gepflegten Stil zu würdigen, ebenso wenig, wie man Wein studiert haben muss, um große Weine zu genießen. Man muss für sie vielleicht mehr Geld und Geduld investieren, aber ihre beispiellose Kraft, Finesse, Tiefe und Feinheit heben sie aus der Masse heraus. Punkt. Weine, die in deinem Mund aufschlagen und gleich wieder zur Hintertür rausrennen, sind einfach und halten wahrscheinlich ebenso lange wie ein billiges T-Shirt. Eine der besten Definitionen eines „großen Weins" ist, wie lange er auf der Zunge, in der Mundhöhle und in den Wangen nachwirkt. Je länger er dort bleibt, umso mehr Substanz, Tiefe, Konzentration und Potenzial hat er. Solche Weine sind aus einem besonderen Stoff gemacht. Und wie ein großartiger Anzug hat er vielleicht genug im Kreuz, um Jahrzehnte wechselnder Moden zu überdauern und zeitlosen Ruhm zu erlangen. Manche Stile mögen für ihre Zeit etwas zu aggressiv sein und erfordern Geduld, bis der allgemeine Geschmack weit genug entwickelt ist, um ihre Brillanz zu erkennen. Das trifft sicher bei einem gigantischen Wein zu, der dir in einer „verschlossenen" Phase seiner Entwicklung begegnet. Im Abgang aber liegen alle Details, die ein erfahrener Verkoster braucht, um über Reifung, Dekantierpraxis und Potenzial eines Weins zu urteilen.

Vorspiel

Bis jetzt hast du alle Aspekte einzeln analysiert und stehst nun vor einem Tisch, auf dem lauter Puzzleteile herumliegen. Nun kannst du sie zusammensetzen. Dein Bauchgefühl hat dich schon weit gebracht, also lass dich von ihm ganz nach Hause bringen. Verlier nicht die Nerven und bieg nicht kurz vor dem Ziel noch links ab, weil in deinem Kopf in letzter Minute noch irgendeine andere abseitige Möglichkeit aufgepoppt ist, die alles infrage stellt. Halte jetzt ruhig den Kurs und laufe in den Hafen ein.

Entweder Alte Welt oder Neue Welt
Das Klima ist: kühl – gemäßigt -/+ – warm – heiß
Rebsorten: reinsortig oder ein Verschnitt (welche Sorten?)
Altersspanne: jung (1–3 Jahre) – etwas gereift (3–5 Jahre) –
gereift (5–10 Jahre) – ziemlich gereift (10–15 Jahre) –
lange gereift (15–25 Jahre) – sehr reif (25 Jahre und mehr)

Der Höhepunkt

Wenn bis hierher noch alles Sinn ergibt, was du an Fakten zu einem lebendigen Bild von einem Ort, einem Haus, einem Weinberg und einem Wein zu einem bestimmten Zeitpunkt zusammengesetzt hast, musst du nur noch das Etikett lesen, das in deinem Kopf entstanden ist:

Traube, entweder eine einzelne Rebsorte oder ein Verschnitt
Qualitätsgrad (einfach, Village, Premier Cru, Grand Cru,
Tête de Cuvée usw.)
Alte Welt oder Neue Welt ▸ Land ▸ Region ▸ Appellation ▸
Erzeuger ▸ Jahrgang

Und dann ... liegst du wahrscheinlich falsch. Aber das ist in Ordnung, denn es gibt kaum eine Fähigkeit, die schwieriger zu erwerben ist als diese hier. Aber möglich ist es. Fachleute sagen, dass es für einen Amateur-Baseballspieler wahrscheinlicher ist, von einem Blitz getroffen zu werden, als den super geworfenen Fastball in einer Profiliga mit dem Schläger zu treffen. Und doch schlagen die Profis andauernd Home Runs. Hier und da kommt es vor, dass wir Sommeliers das Glück haben, einen unbekannten Wein zu erraten, mit dem uns eine Knalltüte von Freund hereinlegen wollte. Und wenn das geschieht, fühlt es sich an wie der satte Knall auf dem Holzschläger, wenn du den Ball voll erwischst und er in Richtung Tribüne segelt. Dann haben wir unsere Home Runs geschlagen.

UND DAS IST DIE PLAYLIST
FÜR DEINE BLINDVERKOSTUNG

AUSSEHEN

▸ **KLARHEIT** klar – mäßig klar – leicht trüb – trüb

▸ **GLANZ** brillant – sternenhell – taghell – hell – matt – stumpf

▸ **FARBE**
Rot: purpurrot – rubinrot – granatrot – ziegelrot – orange – braun
Weiß: farblos – grün – strohgelb – gelb – orange – goldgelb – braun

▸ **FARBTIEFE** gering – mittel – hoch
und **FARBVERÄNDERUNG** am Rand

▸ **ANZEICHEN VON SPRUDELN?**

▸ **BODENSATZ / PARTIKEL**

▸ **VISKOSITÄT** gering – mittel – hoch

GERUCH

▸ **FEHLER** Vorzeitige Oxidation oder „Premox"
Brettanomyces
Flüchtige Säure
Bakterien / Unsaubere Weinbereitung

▸ **INTENSITÄT** verhalten – mäßig – kraftvoll

▸ **ALTERSEINSCHÄTZUNG** jung oder weinig

▸ **FRUCHT** primäre und sekundäre

▸ NICHT FRUCHTIGE AROMEN
Blumen – Gewürze – Kräuter – Botrytis – andere

GESCHMACK

▸ SÜSSE knochentrocken – trocken – halbtrocken – süß – sehr süß

▸ KÖRPER schlank – mittel – voll

▸ TANNIN UND SÄURE niedrig – mittel – hoch

▸ ALKOHOL niedrig – mittel – hoch

▸ ABGANG kurz – mittel -/+ – lang
und KOMPLEXITÄT gering – mittel -/+ – hoch

VORSPIEL

▸ ENTWEDER ALTE WELT ODER NEUE WELT
Das Klima ist: kühl – gemäßigt -/+ – warm – heiß
Rebsorten: reinsortig oder ein Verschnitt (welche Sorten?)
Altersspanne: jung (1–3 Jahre) – etwas gereift (3–5 Jahre) –
gereift (5–10 Jahre) – ziemlich gereift (10–15 Jahre) –
lange gereift (15–25 Jahre) – sehr reif (25 Jahre und mehr)

DER HÖHEPUNKT

▸ TRAUBE entweder eine einzelne Rebsorte oder ein Verschnitt

▸ QUALITÄTSGRAD einfach, Village, Premier Cru, Grand Cru,
Tête de Cuvée usw.

▸ ALTE WELT ODER NEUE WELT
▸ Land ▸ Region ▸ Appellation ▸ Erzeuger ▸ Jahrgang

IM CADILLAC ÜBER DIE STRASSEN SCHWEBEN ODER IM BMW GUMMI GEBEN: DIE WAHL DER WAFFEN!

> *I like my coffee black, my beer from Germany,*
> *wine from Burgundy, the darker the better.*
> *I like my heroes complicated and brooding,*
> *James Dean in oiled leather,*
> *leaning on a motorcycle. You know the color.*

BARBARA CROOKER

Frage 1: Was genau willst du heute tun?
Frage 2: Mit wem bist zu zusammen?
Frage 3: Wie ist die Umgebung, die Situation, das Gefühl?

Antwort: Das sind die Fragen, die du dir zuallererst stellen musst. Was ist heute angesagt? Eine Spritztour die Küste entlang an einem sonnigen Sonntag? Ein fauler Tag am Strand? Ein Regentag auf der Couch mit einer warmen Decke und einem Film in der Glotze? Ein Galadiner im neuen Drei-Sterne-Restaurant in der Stadt? Ein Familientreffen? Ober müssen die Kids zu ihrem Fußballspiel gebracht werden? Für all diese Situationen gibt es die entsprechende Stimmung und das geeignete Transportmittel. Überlege also erst, was du brauchst und was DER SITUATION am besten entspricht, bevor du überhaupt an eine Region, eine Rebsorte oder einen Jahrgang denkst. Kontext ist alles, sage ich immer. Die konkrete Umsetzung ergibt sich dann daraus. Ein allzu komplexer Wein, der den lange getrennten Liebenden kostbare Momente raubt, tut weder dem Wein noch dem Gespräch gut.

Schau, dass beides zusammenpasst. Der Wein muss der Stimmung, dem Zweck und dem Anlass entsprechen, am wichtigsten aber ist: Er muss allen schmecken. Die beste Akkordeonnummer mitten in einem Death-Metal-Konzert würde auf eine Resonanz stoßen wie ein Schweineschnitzel bei einer Bar-Mizwa. Ein Furz in der Kirche. Ein Arsch zwischen zwei Ohren. Daraus lernen wir: Sei kein Arsch!

Eine lässige Ausfahrt am Sonntag im kleinen Cabrio

Für eine malerische Spritztour bei bestem Wetter brauchst du den Wind in den Haaren, Ray Bans auf der Nase und einen supersexy 1960er Roadster mit offenem Verdeck, der sich in die Kurven legt wie ein Bob im Eiskanal. Schnell, stylish, klassisch. Und neben der Landschaft ist das Auto selbst der halbe Spaß. Hier brauchst du einen Wein, der sich ungeniert in den Vordergrund drängen darf. Sexy Kurven, genug Pferdestärken und kraftvolle, schnittige Aromen. Du wirst ohnehin nicht unterwegs am Imbissstand anhalten, also braucht der Wein auch keine besonders speisenfreundliche Säure oder viel Tannin. Hier geht's um hemmungslose Köstlichkeit, nicht zu schwer, nicht zu leicht, nicht zu tanninhaltig, nicht zu säurebetont. Etwas direkt aus der Liga des reinen Trinkgenusses. PROBIERE: knackigen chilenischen Carmenère, pfeffrigen kalifornischen Zinfandel, cremigen Neue-Welt-Chardonnay, blumigen Weißwein von der nördlichen Rhône, sinnlichen Ribera del Duero, stämmigen Brunello di Montalcino, sonnigen roten Châteauneuf-du-Pape, sonnige Alentejo-Verschnitte.

Highway to Hell im neuen Porsche. Sch**ß auf die Tempo-Knöllchen

Hast du beim Unterschreiben des Mietvertrags für den heißen V-12-Schlitten wirklich weniger erwartet? Die Flasche in deiner Hand ist genau dasselbe; beide sind für etwas anderes in die Welt gesetzt worden als Lebensmittel einzukaufen, Familienausflüge zu unternehmen, Freunden beim Umzug zu helfen oder Besorgungen zu machen. Sie sind dazu da, dein Ego zu streicheln und dem Ricky Bobby in dir freien Lauf zu lassen. Der Kitzel, mit dem Gasfuß 500 PS auf die Piste zu bringen. Das ist Freiheit, und wenn du dein Raumschiff auf Warpgeschwindigkeit bringst, ist die Bordküche das Letzte, an das du denkst. PROBIERE: mächtigen australischen Shiraz, kalifornischen Blockbuster-Cabernet, Vollgas-Supertoskaner oder eine Amarone-Bombe, einen würzigen Weißen von der südlichen Rhône, imposante Rot- und Weißweine aus dem spanischen Priorat, Bordeaux mit einem großen Namen, massiven argentinischen Malbec.

Die Kids zum Fußballtraining fahren. Zeit, den VW-Bus auf Touren zu bringen, Mr. Das-kriegen-wir-schon-hin

Wenn du es endlich geschafft hast, den Nachwuchs der ganzen Nachbarschaft in deinen Van zu packen, fühlst du dich alles andere als sexy, dynamisch oder abenteuerlustig. Jetzt heißt es, praktisch zu denken, und da du sowieso schon am Rand des Nervenzusammenbruchs stehst, brauchst du etwas zur Entspannung. Mach eine Pause mit einem dieser Allrounder. Sie schmecken zuverlässig gut, stressen nicht mit Komplexität und funktionieren immer, ohne zu viel zu verlangen: Nerven, Geld oder was auch immer. PROBIERE: runden, seidigen Merlot, durchschnittlichen Pinot Gris und Pinot Blanc, einfachen weißen Burgunder (Mâconnais, Côte Chalonnaise, Bourgogne), Chianti Classico, roten Languedoc, Soave, Fiano di Avellino, Crémant de la Loire, Rioja Crianza, österreichischen Zweigelt, deutschen QbA-Riesling, Gamay.

Dein altes Triumph-Motorrad, an dem du mehr schraubst, als du es fährst, und das du mindestens so hasst, wie du es liebst. Aber du kannst nicht von ihm lassen, auch wenn es kapriziöser ist als deine Freundin und doppelt so viel Aufmerksamkeit braucht

Auf einem solchen Bock aus den 1960ern rumzudüsen, mit Wind im Haar und schnurrenden Zylindern zwischen den Beinen, ist wohl das labilste Gleichgewicht, das zwischen Zen und unmittelbarer Gefahr besteht. Aber Freiheit gibt es nicht umsonst, und damit meine ich nicht nur das Motorrad. Preisschilder beiseite, ein solches Motorrad ist mehr als eine flüchtige Laune, es ist eine Investition. Dass du dauernd ölverschmiert bist, an ihm rumfummelst, ihn reparierst und Teile austauschst ist ein Liebesdienst. Und du musst auch sehr genau wissen, was du da tust. Wenn du der Typ leidenschaftlicher Masochist bist, dann wende dich diesen eigenwilligen, leicht misszuverstehenden Weinen zu. PROBIERE: Rioja im traditionellen oxidierten Stil, altmodischen Ribera del Duero, roten Burgunder, Savennières, Winzerchampagner, klassische Piemontesen, Vin Jaune aus dem Jura, Madeira, Palo Cortado Sherry, Jahrgangschampagner, rustikalen Rotwein von der nördlichen Rhône, erdige Stile von Saint-Émilion, Spitzenrotweine aus Samur-Champigny und Chinon.

Der önologische Tesla: Schnittig, modern, leise, tödlich. Von Null auf Sechzig, bevor du blinzeln kannst

Diese Weine sind Ninjas. Leise Killer. Der letzte Mensch im Raum, den du wahrnimmst, weil er dich mit einer Drahtschlinge erwürgt, als du die Party verlässt. Kühl, überlegt, chirurgisch präzise und unterschätzt in seiner Kraft, Tiefe und Alterungsfähigkeit. Für Autofans, die das Technikfieber gepackt hat, sind das nicht einfach „hergestellte" Weine, sondern komplizierte Machenschaften: kompakt, komplex und kühl funktionierend. Nie laut, nie provozierend; sie haben genau im Blick, mit wem sie da sind, ohne selbst aufzufallen. Passen immer gut zum Essen, brauchen es aber nicht unbedingt. PROBIERE: deutschen Riesling, modernen Grünen Veltliner, erstklassigen Pouilly-Fumé/Sancerre, Chenin Blanc, Albariño, Pinot Noir aus dem Jura, deutschen Spätburgunder, italienischen Falanghina, Muscadet Sèvre et Maine, griechischen Assyrtiko, ungarischen Furmint.

Stilvoll bleiben: der saubere, konservative, praktische viertürige Audi

Mann, du bist kein junger Hüpfer mehr. Du bist älter geworden und hast dich mit deiner schönen Frau sesshaft gemacht. Du hast dir das Einfamilienhaus auf dem Bilderbuchgrundstück verdient, komplett mit Golden Retriever und so. Heißt ja nicht, dass dein Auto ganz lahm sein muss. Lexus oder edlerer Bentley: Vier Türen können gleichzeitig die praktische Seite, Eleganz, Klasse und Power verkörpern. Dies sind Weine, die Geschäftsabschlüsse besiegeln, Kollegen beeindrucken und sich unvergleichlich einfach und sanft fahren lassen. Nichts Auffälliges, aber zweifellos zeitlos und ikonisch. PROBIERE: weiße und rote Cru-Classé-Weine vom linken Bordeaux-Ufer, erstklassigen Pomerol, roten und weißen Grand Cru, roten Spitzen-Australier, Spitzen-Cabernet und -Syrah aus dem Napa Valley, Topweine aus Washington im Bordeaux-Stil, Tête-de-Cuvée-Champagner einer großen Marke, Condrieu, Vintage Port, erstklassigen Elsässer Riesling, Tokaji Aszù.

IMMER NUR SCHUFTEN IST AUCH KEINE LÖSUNG. LASS UNS ENDLICH DIE GLÄSER HEBEN!

66

The difference between the Parthenon and
the World Trade Center,
between a French wine glass and a German beer mug,
between Bach and John Philip Sousa,
between Sophocles and Shakespeare,
between a bicycle and a horse, though explicable by
historical moment, necessity and destiny,
is before all else a difference of imagination.

99

GUY DAVENPORT

Oh Mann, jetzt haben wir aber schon ganz schön viel Theorie gepaukt; es fühlt sich an, als ob wir bis nach Mordor und wieder zurück gelatscht wären. Aber uns erwartet noch keine Siegesparade, denn einem wichtigen Thema müssen wir uns noch stellen: dem TRINKEN! Denn wie zur Hölle sollen wir jemals betrunken werden ohne Gläser! Bei so vielen Marken, Formen, Größen und sogar Farben kriegt man schon beim Gedanken daran das Flattern. Leider ist das Thema tatsächlich wahnsinnig komplex, aber, Leute, es ist auch cool. Alles eben Rock 'n' Roll, klar?

Ein Haufen fauler Weintrinker meint, dass es doch egal ist: Pappbecher oder Kristallschale – Jacke wie Hose. Versteh' mich nicht falsch, während der Weinlese in einem Weinberg zu hocken und feinsten

Burgunder aus einem Plastikbecher zu trinken ist überhaupt kein Problem. In so einer Umgebung kann ich Wein aus allem Möglichen trinken und fühle mich immer noch wie Gott in Frankreich. Aber bestell mal den gleichen Burgunder in einer Pariser Weinbar und schau dir an, in was für zuverlässig scheußlichen Gläsern er serviert wird. Direkt aus der Wühlkiste in einem Ein-Euro-Laden erstanden. Ich habe schon Saftgläser in schäbigen Imbissbuden in der Hand gehabt, die geeigneter wären. Keiner braucht mir zu erzählen, dass mein Musigny solche Gläser verdient hat. Und dann gibt es noch die andere Fraktion, nämlich die zwangsneurotischen Fanatiker, die nicht aus dem Haus gehen, ohne ihren eigenen Satz Gläser dabeizuhaben. Im Ernst? Ja. Aber das ist völlig übertrieben. Kommt mal wieder runter, Leute.

Ich habe eine „Gläserphilosophie" mit dem entwickelt, was ich mit am besten verstehe: Musik. Jedes Mal, wenn ich in den Keller gehe, frage ich mich NICHT, was ich trinken möchte, sondern welche Performance ich öffnen will. Das Glas zum Wein ist dann wie das Soundsystem zu einer Aufnahme. Wie möchtest du diese Musik spüren? Welches Glas holt das Innerste aus diesem Wein heraus und legt es mir auf dem Tisch, mit all der sinnlichen, animalischen, blutigen, urtümlichen, erdigen Schmutzigkeit, die in ihm steckt? Wie willst du dich in seinen Sound versenken und buchstäblich waten durch Wellen von Glück, Furcht, Freudenschreie und bittere Tränen?

Nimm als Beispiel das Album „Live at Woodstock" von Jimi Hendrix und „Ágætis byrjun" von Sigur Rós. (Solltest du diese Band nicht kennen, blättere entweder vor zu meiner Riesling-Playlist oder gehe direkt auf iTunes, Spotify oder sonstwas und hör zu. Jetzt gleich. Na los.) Auf welche Weise sollte man die Musik dieser beiden Alben erleben? Jedenfalls nicht auf demselben Soundsystem, wenn wir puristisch sind. Und selbst wenn du nicht schon als Audiophiler geboren wurdest, ist es doch ganz einfach: Jimi Hendrix verkörpert alles, was dreckig, unscharf, aggressiv, sexy, umwerfend virtuos, wild, ungebremst, leicht berauscht, unzweifelhaft halluzinogen und in jedem Fall old-school ist. Der isländische Wahnsinn von Sigur Rós dagegen ist was ganz anders. Die Band verkörpert eine gänzlich gegensätzliche Virtuosität, nämlich digitale Programmierung, dreidimensionale Klanglandschaften, klassische Choräle in moderner Aufmachung, Loops, Digital-analog-Kontraste und Orchestermusik, die auf Synthesizer trifft. Diese Band verschiebt die Grenzen der Realität im modernen Rock und badet den Hörer in einem geradezu greifbaren Klangkosmos, umgibt ihn zu 360 Grad mit Schönheit, über die man nur staunen kann.

Jimi Hendrix mit seiner psychedelischen Handschrift war der Erste, der seine Gitarre nicht nur als Musik-, sondern auch als Geräuschinstrument verwendete, mit Verzerrung, Übersteuerung, Wah-Wah und Delays aus seiner Fender Stratocaster mit umgekehrt aufgezogenen Saiten – wie ein klatschnasser Wischmopp aus Schall. Noch wichtiger aber ist: Sein Sound war dreckig und verzerrt wie die Hölle. Nicht viel anders als bei Led Zeppelin, The Who, AC/DC, Lenny Kravitz, Sonic Youth, Nirvana, Jack White, John Coltrane, Charlie Parker, Miles Davis und den ganzen Jazzgrößen, Herbert von Karajan und dem Rest der alten Schallplatten der Deutschen Grammophon. Warum zum Teufel willst du dir so etwas auf einem hypermodernen, Tausende Euro teuren High-Fi-3-D-Soundsystem anhören? Damit raubst du einem unbehauenen, emotionsgeladenen Produkt seine ganze Seele. Hier ist Low-Fidelity vom Feinsten angesagt: frisch gepresstes Vinyl, durch einen klassischen Röhrenverstärker und massive Tannoy-Lautsprecher gejagt. Das ist die Welt von GEORG RIEDEL, der zusammen mit Sohn Maximilian seit Jahren alle bisher bekannten Grenzen neu definiert. Die Familie gehört zu den besten und einflussreichsten Glasmachern der Menschheitsgeschichte; ihre mundgeblasene Kunst findet sich im Smithsonian Museum und im Louvre ebenso wie in den feinsten Gastro-Tempeln. Diese Gläser vereinen Kunstästhetik, intelligentes Design und funktionelle Logik. Für mich sind sie schlicht unvergleichlich. Ihre Kurven, ihr Gewicht in der Hand, die subtilen Kniffe und entscheidenden Details stellen eine Verbindung mit den Grundlagen des Weins selbst her. Boden, Ton, Waldboden, Granit, Samt, Seide, Leder, Pilze, Tabak: Nichts davon vermittelt eine Empfindung von Kantigkeit, Spitze, Schärfe. Sie deuten Wärme, etwas Schmeichelndes und Rundes, Dichtes, Reichhaltiges an. Irgendwie mutieren diese emotionalen, aggressiven, erdigen, schwitzenden, würzigen, deftigen, brutalen Typen im sanften Griff der Gläser aus der Sommelier-Serie zu subtilen, verfeinerten, üppigen, geschmeidigen, angenehmen Gesprächspartnern. Es sind eigentlich mehr als nur Gläser, sondern Schlüssel, um die im Wein verborgene wilde Schönheit freizusetzen.

Um auf die zuvor erwähnten Glasfanatiker zurückzukommen: Diese neue, selbst ernannte Weinelite legt sich häufig auf ein bestimmtes Glas fest: ZALTO. Himmel, ich bin selbst ein Zalto-Fan! Und trotzdem ist dieses Glas nur eine der Waffen in meinem Arsenal. Ich finde ein so zwanghaftes Verhalten angesichts der Natur dieser Gläser besonders merkwürdig. Sie sind nämlich beinahe selbst gefährliche Waffen, federleichte Dolche mit unfassbar dünnen Wänden und übertriebenen Winkeln. Sie sind das, was Bowers & Wilkins für den digitalen Sound bedeuten. Jedes Instrument (jedes Aroma) gelangt in dein Ohr (deinem Mund) von einem bestimmten „Punkt" der virtuellen Bühne aus. Jeder Raumeffekt, jedes Flüstern, jede Nuance trifft mit laserstrahlartiger Klarheit auf dein Trommelfell. Die Gläser sind natürlich wunderbar, aber wofür? Für Weine, die genauso knackig, eckig, kristallin und geometrisch sind. Wie Radiohead, Sigur Rós, Arcade Fire, Dream Theatre, Björk, Kraftwerk, Bon Iver, Daft Punk, Depeche Mode, alles modern Klassische, Elektronische und so weiter. Hier sind saubere Wein angesagt, keine erdigen Teufel, mit frischer Säure anstatt körnigen Tanninen, helleren Tönen statt schwarzer Tiefe, Klarheit anstelle von Undurchsichtigkeit. Und wenn ich „gefährlich" sage, meine ich die er-

oben Zalto, unten Riedel:
perfekte Instrumente für Burgunder

barmungslose Transparenz, die die Gläser auf den Wein übertragen. Ist er bereits fantastisch, wird er in diesem Glas himmlisch sein. Ist er von Anfang an Schrott, jagst du gerade ein beschissenes Gitarrensolo durch einen 2000-Watt-Verstärker, ohne ein Fünkchen Verzerrung, die wenigstens die Dissonanzen ein wenig frisieren würde. Mehr noch als Dolche sind diese Gläser sogar eher zweischneidige Schwerter: ob Zero oder Hero, musst du selbst beurteilen. Aber wenn du ein Wein-Äquivalent der vorhin genannten Bands in ein Zalto-Glas gießt, kann das Ergebnis göttlich sein. Nicht einmal der ausgefuchsteste Röhrenverstärker aus den 1970ern schafft das. Die Raumwirkung, die Nuance, die diamantgeschliffene Klarheit würden fehlen. Du würdest die Postmoderne im Urtümlichen suchen, und das tut keinem von beiden gut, weder dem System noch der Aufnahme, weder dem Glas, noch dem Wein.

Daneben gibt es noch haufenweise andere Gläser mit allen möglichen Formen, und alle hier besprechen zu wollen, würde ein ganzes Buch füllen. Darum habe ich mich auf die beiden einflussreichsten Glasmarken beschränkt, die gegensätzlicher nicht sein könnten. Um herauszufinden, welche zu dir passt, gibt es nur einen Weg, nämlich sie auszuprobieren. Aber unabhängig von deinem persönlichen Ergebnis kann der Einfluss eines einzelnen Glases erstaunlich sein. Was du auch wählst, folge deinen Instinkten, was dem Wein und der Situation angemessen ist. Derselbe Wein kann in fünf verschiedenen Gläsern fünf verschiedenen Absichten dienen: Jedes Design hebt andere Facetten des Weins hervor und zeigt seinen vielfältigen Eigenschaften. Eines präsentiert die schlanke Säure, ein anderes bringt seine volleren, runderen Aspekte nach vorn. Manche schieben die Frucht in den Vordergrund, andere begünstigen die erdigeren Elemente. Allein mit den Gläsern kann man beeinflussen, wie derselbe Wein sich auf eine Verkostung oder ein Menü auswirkt, das man dazu isst. Der Sommelier hat den Wein nicht selbst erzeugt oder das Gericht zubereitet, aber wenn er sein Fach versteht, beherrscht er eine Fülle winziger Details, die sich zu einer Orchestrierung des Geschmacks, der Interpretation und der Präsentation summieren und das Essen, den Gast, den Raum und den Augenblick erheben. Vergiss nicht, jeder große Sommelier weiß, dass eins plus eins drei ergibt, damit die Rechnung aufgeht.

DER KAMPF MIT DEN KORKEN

" *What contemptible scoundrel has stolen the cork to my lunch?* "

W. CLEMENT STONE

Ist es dir schon mal passiert, dass du wahnsinnig durstig warst und es kaum erwarten konntest, nach deiner stressigen Mittagsschicht einen Riesenschluck Apfelsaftschorle zu trinken? Und du die wunderbare sprudelnde Erfrischung, kaum dass sie in deinem Mund war, so schnell wie möglich wieder ausspucken musstest und dich daran fast verschluckt hättest? Oder anderntags, spät in der Arbeit und verdammt hungrig, wie sich die Banane, die du dir unter den Nagel reißen konntest, wie die Rettung anfühlte – bis zum ersten Biss, nach dem du fast gekotzt hättest? Nun, mir ist das alles schon passiert. Es kommen einem zwar nicht jeden Tag eine Korksaftschorle oder Korkobst unter, aber möglich ist es anscheinend. Und ich habe den Jackpot gewonnen. Es ist schon schlimm genug, mit der ständigen Enttäuschung zu leben, dass in Flaschen gefüllte unbezahlbare Kunst unerkannt totgeboren in meinem Keller liegt, gemordet von einem beschissenen Korken, muss ich mir jetzt auch um mein Frühstück Sorgen machen? Mir jedenfalls reicht's, und es ist Zeit, diesem ganzen „Korken"-Ding endlich mal auf den Grund zu gehen. Und glaub mir, ein „Ding" ist es in der Tat.

Warum überhaupt Korken?

Als für Gefühle und Stimmungen empfängliche Menschen möchten wir gern glauben, dass Wein ein lebender, atmender, sich entwickelnder Organismus ist und als solcher einen gleichermaßen organischen Verschluss verdient, der ihm Austausch mit seiner Umwelt gestattet. Schließlich, was auf Erden kann überleben oder sich sogar entwickeln ohne Sauerstoff – außer Bakterien? Ich hoffe doch, dass wir unseren geliebten Wein in höherem Ansehen halten. Mit seiner natürlichen Elastizität und der Fähigkeit, eine Flüssigkeit in der Flasche zu halten, ohne einen minimalen Austausch mit Sauerstoff ganz zu verhindern, ist Kork das ideale Material für einen alterungswürdigen Wein – mit starker Betonung auf „alterungswürdig". Die Wahrheit ist nämlich, dass nur etwa zehn Prozent aller erzeugten Weine dazu gedacht sind, länger als ein Jahr zu reifen, und ein Prozent für länger als fünf Jahre nach der Abfüllung. Wozu also ein Korken, wenn er noch nicht mal seinen fünften Geburtstag in der Flasche erlebt oder auch nur den zweiten? Die meisten Verbraucher würden antworten: „Weil es sooooo romantisch ist, beim Abendessen im Kerzenlicht einen Korken zu ziehen." Echt? Wenn ich einen Korken brauche, um in Stimmung zu kommen, habe ich wahrscheinlich ein größeres Problem im Leben. Und sollte es tatsächlich auf die Größe ankommen, ist der Korken mit Sicherheit das geringste Problem für mein Date. Wir sollten uns auf das konzentrieren, was wirklich zählt, und dabei auch gleich ein paar Bäume retten, ja? Das ist es nämlich, was ich romantisch nenne.

Woher kommt Kork?

Ein ganz bestimmtes Familienmitglied der Eichen, *Quercus suber* genannt, entwickelt im Lauf von neun bis 19 Jahren eine sehr dicke Rinde, die man abschälen kann, um zum Beispiel Flaschenkorken herzustellen. Manche Korkproduzenten warten nur die Mindestzeit von 25 Jahren bis zur ersten Ernte ab und bedienen sich dann alle neun Jahre wieder. Gewissenhaftere Produzenten lassen für die beste Qualität 20 Jahre zwischen zwei Ernten verstreichen und ernten einen Baum während seiner Lebenszeit nur etwa achtmal ab. Portugal ist derzeit für über 50 Prozent der Korkproduktion weltweit verantwortlich, obwohl Spanien als Geburtsstätte gilt und zuvor die bedeutendste Korkindustrie hatte.

Die Rinde muss von Hand mithilfe kleiner Äxte geschält werden; normalerweise sind fünf Mann nötig, um einen Baum abzuernten. Wenn du dir also das nächste Mal im Supermarkt deine Packung Nudeln, die Flasche Tomatensauce, den geriebenen Parmensan und den Aglia-

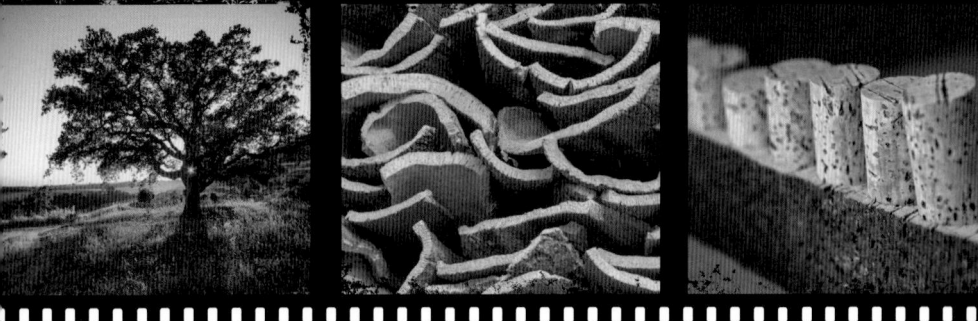

nico für 2,90 Euro holst, denk daran, dem Baum dafür zu danken, zwei Weltkriege überlebt zu haben, und den fünf Männern, die seine kostbare Rinde in kleine Stücke hacken mussten, damit deine bescheuerte Flasche voll italienischem Chemiedreck verkorkt werden konnte. Ich meine, je kürzer du mit dem verdammten Korkenzieher herumfummeln musst, umso mehr Zeit hast du für die interessanteren Tätigkeiten mit deinem Date nach dem Essen. Menschen gehen vor.

Was ist überhaupt ein „korkiger" Wein?

Korkton, Korkeln oder Korkschmecker ist ein Weinfehler, der von einer Verbindung namens 2,4,6-Trichloranisol (TCA) und seinen Varianten verursacht wird. Harmlos in der Luft herumfliegende Pilzsporen sind für die Entstehung dieses Gifts verantwortlich, da sie Chlorphenol-Verbindungen in Chloranisol-Verbindungen umwandeln. Das kann ausgelöst werden durch das Spritzen verschiedener bekannter Pestizide oder Pflanzenschutzmittel, oder, noch schlimmer, durch die Behandlung der Korken mit chlorhaltigen Stoffen zur Sterilisierung vor der Abfüllung. Diese neu entstandenen Verbindungen können dann das Grundwasser und die Böden verunreinigen und dadurch auch von Bäumen, die etwa Korkrinde oder Früchte liefern, und anderen Pflanzen aufgenommen werden. Heraus kommt ein sonst leckerer Apfelsaft oder eine Banane, ein Tee oder ein Wein, der wie ein muffiger Keller schmeckt, wie eine nasse alte Zeitung oder wie „Rotti", dein Rottweiler aus der Kindheit, nach einem Tag am (und im) Bach. In seiner offensichtlichsten Form macht der Korkton deinen Wein komplett ungenießbar. In seiner gefährlichsten und heimtückischsten Form erkennt man ihn nicht sofort, aber er nimmt dem Wein allen Geschmack und Charakter und macht ihn stumpf und fade, ohne die sexy Kurven, die du eigentlich an ihm kennst. Das kann schon bei einer Menge von unter einem Nanogramm (Milliardstelgramm!) pro Liter passieren; für den durchschnittlichen Weintrinker dürfte die Wahrnehmungsschwelle für das muffige Korkaroma allerdings bei vielleicht 20 Nanogramm pro Liter oder höher liegen. Manche Menschen sind hier sogar mit einem „blinden Fleck" geboren und nehmen überhaupt keinen Korkton wahr. Andere, so wie ich, können an einem schlechten Tag einen Wein mit Korkton schon bei zwei bis drei Nanogramm pro Liter erkennen. Was mehr ein Fluch als ein Segen ist, wenn man bedenkt, dass sechs bis zehn Prozent aller Weinflaschen mit TCA belastet sein sollen. Und wenn ein Wein „korkelt" – was am Korken liegen kann, aber auch am Weinbergboden oder sogar an der Kellerei selbst durch einen besonders bösartigen Typ von TCA, der auf Oberflächen, Gummischläuchen, Tanks oder Mitteln zur Klärung von Wein sitzt –, dann gibt es kein Zurück mehr. Es gibt Leute, die stopfen Klarsichtfolie in einen Wein mit Korkton und meinen, dass das hilft, aber meiner Erfahrung nach schmeckt der Wein dann bloß nach Korken und Plastik. Igitt.

Der Korkton breitet sich übrigens schnell aus – sobald ein infizierter Korken in die Flasche kommt, kann der Wein innerhalb von 20 Minuten hinüber sein. Die einzige gute Nachricht ist, dass der Korkton offenbar nicht von einer Flasche Wein zur anderen übertragen wird, wenn man für beide denselben Korkenzieher verwendet. Es ist also nicht nötig, dein tolles Laguiole-Kellnermesser nach jeder Benutzung in den Sterilisationsschrank zu sperren. Cool bleiben, Alter, cool bleiben!

Alternativen?

Davon gibt es tatsächlich einige, und es sind nicht die schlechtesten. Die Österreicher sind recht stolz auf die Erfindung des Glaskorkens. TCA hat da keine Chance, aber es kann Schwierigkeiten mit Oxidation geben. Wenn der Verschluss nämlich einen Schlag abbekommt und sich löst, ist der Wein nach einer Woche im Eimer. Schraubverschlüsse sind eher berüchtigt und wurden früher nur mit billigen Tropfen in Verbindung gebracht. Natürlich wird dieses schlechte Image schon lange von zahllosen Top-Dollar-Weinen erschüttert, vom Napa Valley bis zum Barossa Valley, und auch die Technik selbst macht große Fortschritte. Die Entwicklung der Flaschenverschlüsse erlaubt es den Kellermeistern mittlerweile, zwischen verschiedenen Graden der Durchlässigkeit für ihre Weine mit Schraubverschluss zu wählen, um die allmähliche Oxidation zu simulieren, für die der Naturkorken ein so hohes Ansehen genießt, ohne die Gefahr von Kontamination und Verderb. Und aus der Sicht eines, der Wein serviert, ist der sogenannte Stelvin-Cap wirklich ein Traum.

Wenn wir mit Stammgästen dreifach ausgelastet sind und in den ersten fünf Minuten zehn Flaschen Wein bestellt werden, erleichtert es das Leben enorm, wenn wir die Hälfte dieser Flaschen dem nächsten Oberkellner in die Hand drücken und sagen können: „Tisch 23, aufschrauben und los." Und auch das Picknick, zu dem du eingeladen bist und für das du einen tollen Wein mitzubringen versprichst, läuft garantiert entspannter, wenn dein köstlicher, gekühlter Moulin-à-Vent neben den appetitlich angerichteten Salaten, der leckeren Wurst, dem duftenden Brot und der wunderbaren Käseauswahl nicht zum Steinerweichen korkelt.

Wir sollten den Mut haben, zu dem zu stehen, was wir trinken. Wenn wir nur 2,99 Euro ausgeben wollen, sollte es auch ein Schraubverschluss sein. Heb die kostbaren Rohstoffe für die Weine auf, die sie verdienen. Es ist eine Win-win-win-Situation: Du hast quasi garantiert einen fehlerfreien Wein, du musst noch nicht mal in einen guten Korkenzieher investieren, und die Korkenqualität für die großen Erzeuger bleibt auf einem höheren Stand.

Und auch wenn wir uns gelegentlich mit ein paar Korkbananen am Wegesrand herumschlagen müssen, sollte es doch möglich sein, dass uns nicht mehr so oft ein Grand Cru das Herz bricht. Stimmt's?

CORAVIN: WIE ICH LERNTE,
DIE MASCHINE ZU LIEBEN

> " *Aufgrund der Ergebnisse dieses Berichtes*
> *kam ich zu dem Schluss,*
> *dass dieser Idee als Abschreckungsmittel*
> *kein Erfolg beschieden sei, und zwar aus Gründen,*
> *die in diesem Augenblick nur zu klar sein dürften.* "
>
> **STANLEY KUBRICK, „DR. SELTSAM**
> **ODER: WIE ICH LERNTE, DIE BOMBE ZU LIEBEN"**

Wenn du bisher noch nichts von Coravin gehört hast, wird es höchste
Zeit. Ein einfaches, aber geniales Accessoire, das es dem Benutzer mithilfe einer dünnen Hohlnadel und Argongas erlaubt, aus einer Flasche
Wein zu entnehmen, ohne den Korken zu entfernen. Man durchsticht
den Korken mit der Nadel, durch die das Argon in die Flasche und parallel dazu der Wein aus der Flasche gedrückt wird. Da Argon schwerer
ist als Luft, liegt es anschließend auf dem Wein, schützt ihn vor Oxidation und macht ihn damit fast unbegrenzt haltbar. Zieht man die Nadel aus dem Korken heraus, schließt sich das Loch durch die natürliche
Elastizität des Korkens sofort wieder. Man kann den Wein dann zurück
in den Keller legen und sich ihm später wieder zuwenden. Kurz, es ist
eine Erfindung, die die ganze Welt des Weins verändert hat. Egal, wie
romantisch man den „Plopp" des Korkens finden mag, die Vorteile von
Coravin sind gigantisch. Nicht ganz ohne Nachteil allerdings; und du,
der du als moderner Weintrinker an Wissen, Spannung, Vielfalt und
der Freiheit der Wahl interessiert bist, wirst diesen Quantensprung
mit Sicherheit ebenso schätzen lernen wie ich. Letztendlich ist er der
einzige bekannte Schutz gegen Murphys skrupelloses Gesetz.

Coravin – die unglaubliche „Maschine"

In der Gastronomie kennen wir das: Samstagabend vor dem Betriebsurlaub. Drei Tische bestellen individuelle Menüs und dazu Weinbegleitung. Gerade als du alles bis auf das letzte Glas ausgerechnet und eingebucht hast, sodass keine Reste übrig bleiben, wird der letzte Vierertisch besetzt und ordert ebenfalls Weinbegleitung. Normalerweise würdest du jetzt entweder von ihr abraten, in Kauf nehmend, dass du die Erwartungen der Gäste enttäuschst und schlechten Service bietest, oder einfach 15 verschiedene Flaschen mit Verlust aufmachen (deren Reste dann das Personal austrinken darf oder die in Saucen wandern). Vor einer solchen Situation hat es uns früher gegraust, aber heute? Kein Thema mehr. Und Weinbegleitung mal beiseite, wir haben im Restaurant zwar schon immer Spitzenweine verkauft – DRC, Leroy, Roulot, Grand Cru Classé Bordeaux und wie sie alle heißen –, aber mit der Möglichkeit, solche Raritäten jetzt auch glasweise anbieten zu können, ging unser Umsatz durch die Decke. In der heutige Zeit, in der allmählich Qualität wieder mehr bedeutet als Quantität, zahlen die Kunden gern für etwas, was sie wirklich fesselt und was nur einen Bruchteil der ganzen Flasche kostet – vom Bruchteil des Katers am nächsten Morgen ganz zu schweigen. So ist es heute, aber damals war es anders. Es begann nämlich so:

Meine Finger flogen wie besessen über die Tastatur, giftige Wörter ergossen sich wie ätzende Säure über den Bildschirm. Ein von Wut befeuertes Manifest entstand, um die schrecklichen Übel dieses zweifelhaften Produkts namens Coravin zu brandmarken und deutlich zu machen, dass ich seine Existenz von Grund auf ablehnte. Das System, erfunden von einem Wunderknaben namens Greg Lambrecht, der aus der Medizintechnik kam, durchbohrt den Korken einer Weinflasche mit einer Nadel, um den Wein aus der Flasche zu bekommen, ohne den Verschluss zu öffnen. Die Flasche bleibt also geschlossen und der Wein vor Oxidation geschützt, weil das Edelgas Argon hineingepumpt wird. Klingt harmlos, oder? Ja, wenn ein Weinkeller am Ende mehr einem Folterkeller ähneln soll als einem heiligen Ort der Geschichte und Tradition. Halbvolle, todgeweihte Flaschen, durchlöchert und weggesperrt zum Amüsement eines bösartigen Geiselnehmers. Vorbei sind die Tage des Korkenziehens, und damit die Romantik und die Erregung für etwas, was nun gefühllos hinter kaltem technischem Fortschritt verschwindet, entblößt und aufgespießt. Aber zumindest nicht im „Tantris"! Ich wollte der sprichwörtliche „Scharfschütze der Weinethik" sein, schrieb ich stolz. Danke, mein Herr, ohne mich!

Hier sind Auszüge aus diesem Brief:

Um ganz offen zu sein, empfinde ich dieses System als eine der schlimmsten Übelkeit erregenden Scheußlichkeiten der Weinkultur, die ich in meiner ganzen Laufbahn als Sommelier das Missvergnügen hatte zu begegnen. Ein so heiliges Ritual wie das Brechen von Brot oder das Ziehen eines Korkens in den eisigen Griff eines Laborprozesses zu nehmen (...) finde ich absolut widerwärtig. Ganz zu schweigen davon, dass hier für alle die Büchse der Pandora geöffnet wird und nun jeder gemeine Kriminelle, jeder Gelegen-

heitshochstapler und Schwindler die Gelegenheit hat, den Weinmarkt gemütlich vom Wohnzimmer aus betrügen zu können, und damit nichts Geringeres tut, als ein heimtückisches Krebsgeschwür einzuschleusen. (...) Der Weinmarkt wird in einem solchen Ausmaß vergiftet werden, dass man keinem Wein mehr trauen kann, trotz originaler Etiketten, mundgeblasener historischer Flaschen, unbeschädigter Kapseln und Korken mit dem Aufdruck des Erzeugers. Dieser Apparillo holt nicht nur den Wein aus der Flasche, er saugt auch die Seele unserer Branche aus und, was noch wichtiger ist, mit ihr die Leidenschaft.

Das Einzige, was ich tun kann, (...) ist die Stellung zu halten als der sprichwörtliche Scharfschütze der Weinethik, und hoffen, dass der Flut des Bösen irgendwie plötzlich Einhalt geboten wird. Bei so vielen Coravin-Systemen, die sich bereits über die ganze Welt ausgebreitet haben, scheint der Schaden aber schon angerichtet zu sein. Ich hoffe nur, dass Mr. Lambrecht irgendwann in seinem Leben über den Tellerrand seines Technik-Fetischismus schauen und erkennen kann, welche Rolle er bei dieser Dummheit ungeheuerlichen Ausmaßes gespielt hat, die er unwissentlich in die Welt setzte. (...)

Alles in allem veranschaulicht dieser Brief eine der wichtigsten Eigenschaften eines Weintrinkers: nämlich Offenheit. Die wahre Schönheit des Weins liegt in den Regeln, für die es jeweils Hunderte von Ausnahmen gibt. Und in genau dem Moment, in dem man meint, genug gesehen, gekauft, getrunken oder gelesen zu haben, erkennt man, wie wenig das doch in Wirklichkeit ist. Coravin entpuppte sich nämlich als ein neuer Horizont, als ein Christoph-Kolumbus-Moment des Segelns geradewegs über den irdischen Kubus der Möglichkeiten hinaus. Kolumbus fand zwar nicht, wofür die Königin eigentlich bezahlt hatte, doch sobald die Geschichten von unermesslichen Schätzen Spanien erreichten, spielte das ursprüngliche Ziel keine Rolle mehr.

Ich bekam Besuch. Mr. Lambrecht hatte sich so über die Leidenschaft amüsiert, die aus meinem Brief sprach, dass er den verrückten Verfasser unbedingt kennenlernen wollte. Er hatte unter einem Pseudonym reserviert und aß allein. Erst, als ich ihm den Großteil seines Acht-Gänge-Menüs bereits serviert hatte, merkte ich, wen ich da vor mir hatte.

Neugierig auf seine Beweggründe und beeindruckt von seiner Reaktion auf meinen Brief, setzte ich mich mit ihm an die Bar und machte eine Flasche fantastischen deutschen Riesling auf. Wir philosophierten, lachten, unterhielten uns über großartige Jahrgänge und herrliche Erinnerungen. Der Riesling floss, und mit ihm wuchs mein Verständnis für Gregs unglaubliche Maschine. Wir sprachen über das Betrugsrisiko und die mögliche Diskreditierung des gesamten nicht direkten Weinverkaufs, was Mr. Lambrecht sehr ernst nahm und zugab, nicht alle möglichen Horrorszenarien durchdacht zu haben. Er händigte mir den „schlagenden Beweis" aus, den ich zuvor gegen ihn verwendet hatte, und ich begann zu Hause zu experimentieren. Und das war's dann. Ich war auf Anhieb süchtig. In einem Rausch von Grand-Cru-Burgunder und Inspiration taten sich mir grenzenlose Möglichkeiten auf. Man würde sich nicht länger entscheiden müssen, geöffnete Weine entweder langsam und qualvoll sterben zu lassen oder sie in den Nächten niederzutrinken. Junge Sommeliers könnten in monumentale Weine zur Blindverkostung investieren und sie dann wie Bücher an andere Sommeliers weiterverkaufen. Weinkeller würden zu vinifizierten Bibliotheken werden und Lernhilfen bieten in einer wachsenden Welt immer neuer Regionen, Erzeuger, Rebsorten und Stile. Vorbei wären die Tage der Enttäuschung und des Verlusts, wenn eine Flasche mit jungem Chambertin versehentlich zu früh geöffnet wurde und der Wein dann eben widerwillig in seinem verschlossenen, tanninlastigen, rauen Zustand getrunken werden musste – als lausige Entschädigung für die bereits verlorene Investition. Jetzt kannst du einfach einen Schluck nehmen, und wenn der Wein sich noch nicht öffnen und mitspielen will, dann legst du die Flasche halt zurück und wartest noch. Wissen ist nicht länger ein Nebenprodukt von nachträglicher Einsicht, und die Sommeliers von morgen werden zehnmal schlauer sein als die meiner Generation. Es ist nicht immer leicht, den Fortschritt anzunehmen, und Dinge, die man nicht kennt, können regelrecht furchteinflößend sein, doch Visionäre wie Greg Lambrecht sind Menschen, die alles verändern können. Wenn es einen Nobelpreis für Wein gäbe, meine Stimme hätte er sicher.

(LIPPEN-)BEKENNTNIS:
ZEIT, DEN WEIN
ZUM MUND ZU FÜHREN

> " *Schnell, bringt mir einen Becher Wein,*
> *damit ich meinen Geist befeuchten*
> *und etwas Kluges sagen kann.* "
>
> **ARISTOPHANES**

Rebirth Of The Cool: über Temperatur

Mein Ausgangsargument ist ganz einfach: Rotwein wird oft zu warm
und Weißwein zu kalt serviert.

Mir bricht das Herz, wenn ich einen großartigen weißen Burgunder,
weißen Rioja, Condrieu oder Winzerchampagner bekomme, der eisiger
serviert wird als der Humor meiner Mutter. Das ist, als würdest du ihn
fesseln und knebeln. Wohlgemerkt, wir sprechen hier über ausdrucks-
starke, kluge Weine, die sich durch ein breites Aromenspektrum, eine
reichhaltige Textur und eine komplexe Tiefe auszeichnen, nicht von
einer Dose Bud Light. Den Dreck kriegst du tatsächlich nur eiskalt runter, denn dann musst du ihn nicht schmecken. Manchmal möchte ich
mich zu einem dieser Typen rüberlehnen, die einen Grand-Cru-Burgunder den ganzen Abend über bis zum Hals im Eiswasser stehen lassen, und sagen: „Kleiner Tipp, Kumpel: Spar dir die 1200 Euro, die du
für diesen Montrachet-Eisblock ausgibst, und lass lieber einen Fünf-
ziger für einen Bourgogne Blanc springen. Die Differenz investierst
du in meine Firma, da hast du mit Sicherheit mehr davon." So einen
Wein musst du doch schmecken WOLLEN, aber niedrige Temperaturen verschließen ihn. Wie verhältst du dich bei minus 20 Grad Käl-

te? Du schlingst die Arme um deinen Körper, kauerst dich zusammen und klapperst mit den Zähnen. Du machst dicht. Im Gegensatz dazu streckst du am Strand alle viere von dir und bist völlig locker. So verhält sich ein Wein, der mit der richtigen Temperatur serviert wird. Also „kühl", aber nicht „kalt". Die Weine, die ich anfangs genannt habe, ausgenommen der Champagner, haben eher wenig Säure und ziehen ihren Reiz aus cremigen Eigenschaften, die bei zu niedriger Temperatur nicht rüberkommen. Einfacher Champagner kann auch kalt gut schmecken, aber eine Tête de Cuvée etwa oder ein Jahrgangschampagner mit heftigerem Charakter brauchen ein paar Grad mehr, ebenso wie ein Montrachet. Reife Weißweine mit feinen Nuancen und erdigeren Noten verlieren unter frostigen Bedingungen ganz furchtbar an Geschmack. Jüngere, frischere Weine von knackigen Sorten wie Riesling, Sauvignon Blanc, Chenin Blanc, Scheurebe, Muscat, Trebbiano oder Alvarinho dagegen vertragen aufgrund ihrer Struktur niedrigere Temperaturen. Sie sind schlank, rasiermesserscharf und mineralisch. All das sind „kühle" Attribute, anders als Butter, Toast, Sahne, Gewürze und Blumen. Wenn du dir nicht sicher bist, lass dich von der Säure leiten. Mehr Säure, frischere Frucht, weniger Erdigkeit = kälter. Reichhaltiger, runder, säurearm, cremig, Eichennote, würzig, buttrig, erdig, komplex, älter = kühl bis beinahe Zimmertemperatur, wenn der Wein schon ziemlich gereift ist. Und wenn dich das nicht überzeugt, dann versuche Folgendes: Das nächste Mal, wenn du allein zum Essen gehst, bestellst du eine Flasche Wein, die dich die ganze Mahlzeit über – am besten ein Menü aus mehreren Gängen – begleiten soll. Nimm zum Beispiel einen schlankeren Chardonnay aus Santa Barbara oder einen anderen Wein, der Säure, aber auch ein bisschen Körper hat. Lass ihn dir nach dem Probeschluck runterkühlen und trink das erste Glas eiskalt zum Amuse-Bouche. Dann nimm ihn aus dem Eiskübel und stell ihn auf den Tisch, damit seine Temperatur nach und nach ansteigen kann. Die Metamorphose, die der Wein durchläuft, wenn er Luft und Wärme aufnimmt, ist unglaublich. Er wird Facetten zeigen, die du in seinem anfangs „gefrorenen" Zustand nie für möglich gehalten hättest.

So wie ein Degustationsmenü Fahrt aufnimmt, von der kalten Vorspeise über den kühlen Fischgang und das warme Wildgeflügel bis zum robusten Fleischgericht, so tut es auch der Wein: Er wechselt sein Aussehen wie ein Chamäleon vor wechselnden Hintergründen. Die Temperatur ist für den Sommelier das, was das Feuer für den Koch ist. Mit ihr können wir himmlische Aromen hervorzaubern oder dem Gast den Abend ruinieren. Und wenn wir die Temperatur und die Gläser richtig einsetzen (eine höhere Temperatur bei Weißwein verlangt vielleicht nach einem größeren Glas, da der Eindruck des Weins im Mund mit jedem Grad mehr buchstäblich „wächst"), können wir den gleichen Wein auf vielfältige Weise präsentieren und ihn mit komplett unterschiedlichen Gerichten kombinieren.

Für Rotweine gilt dasselbe. Auch hier solltest du dich vom Säuregehalt leiten lassen, doch nun gibt es eine zusätzliche Komplexitätsebene: Tannin. In einem kalten Wein wirkt Tannin erbarmungslos hart, wie Kieselsteine auf der Zunge. Kalter Barolo ist so erfreulich wie zu lange gezogener, eiskalter English Breakfast Tea. Während am anderen Ende zimmerwarmer Beaujolais in etwa so gut schmeckt wie pisswarmer Champagner. Beim Beaujolais spielen Tannine keine große Rolle (ausgenommen viele erstklassige Beaujolais Crus, die im traditionellen burgundischen Stil bereitet sind), aber seine Säure geht bei höheren Temperaturen an die Decke und verliert den Zusammenhalt mit dem Wein. Das ist unangenehm. Was straff und erfrischend sein sollte, tritt scharf und sauer auf, die eigentlich knackige Frucht wird reizlos, flach und kompottartig.

Rotweine mit wenig Tannin, aber nennenswerter Säure haben es gern kühl, vor allem einfachere oder Einstiegsweine ohne Eichennote. Edelstahl klingt kühl und fühlt sich auch so an, richtig? Richtig. Einfacher Rioja Joven, Beaujolais Villages, der eine oder andere Rosso di Montalcino, Dolcetto, Trousseau, einfacher Chinon und sogar mancher Merlot sind die Kandidaten dafür. Komplexere Rote mit mäßigem Tanningehalt und mäßiger bis kräftiger Säure wie Pinot Noir, Barbera, Sangiovese, Lemberger, Pinot Meunier, Nerello Mascalese, Blaufränkisch, Refosco oder Cinsault sollte man eher selten bei Zimmertemperatur servieren. Doch was heißt „Zimmertemperatur" eigentlich? Garantiert nicht die 22,5 Grad, die in der modernen westlichen Welt

Standard sind. Als dieser Begriff geprägt wurde, irgendwo in irgendeiner Burg, waren die Leute froh, wenn im Sommer 18 Grad in den Zimmern erreicht wurde, vom bitterkalten Winter ganz zu schweigen. Aber auch 18 Grad kann für diese Weine zu viel sein; sie können dann ihre frische Lebendigkeit verlieren. Ich ziehe es vor, sie direkt aus dem Keller (oder dem Weinkühlschrank) zu servieren, und wenn der letzte Tropfen eingegossen ist, haben sie sich auf natürliche Weise auf Zimmertemperatur erwärmt, nicht früher. Sehr tanninbetonte Sorten wie Nebbiolo, Cabernet Sauvignon, Syrah von der Rhône, Sagrantino, Tannat, Carignan und Touriga Nacional sollten dagegen vorher bereitgestellt werden, nicht nur um zu atmen, sondern auch für die richtige Temperatur. Ich finde 16 bis 18 Grad recht passend für diese Gruppe, wobei die niedrigere Temperatur für die jüngeren Weine gilt.

Und so wie länger gereifte Weißweine nicht zu kalt serviert werden sollten, so sollten auch reife Rote mit Respekt behandelt werden. Alte Weine schmecken nach Leder, Tabak, eingelegten Früchten, Trockenfrüchten, Nüssen, Backgewürzen. Nichts davon mag die Kälte, also achte darauf, was der Wein dir sagen möchte. Dein Hund spricht auch nicht deine Sprache, und trotzdem hast du gelernt, ihn zu verstehen. Warum soll das beim Wein nicht gehen?

EINFACH ATMEN:
DEKANTIEREN 1 × 1

> " *In wine there is wisdom,*
> *in beer there is freedom,*
> *in water there is bacteria.* "
>
> BENJAMIN FRANKLIN

Wenn ich Sommeliers befragen würde, warum sie diesen Beruf gewählt haben, was würde ich hören? „Um alles über Wein zu erfahren", oder vielleicht „um eine tolle Weinkarte zusammenzustellen", oder möglicherweise sogar „um alberne Wettbewerbe zu gewinnen, in denen niemand auch nur eine richtige Aussage über den blind verkosteten Wein aus Übersee machen kann". Und während einige der Antworten tatsächlich zu dem gehören, was einen großen Sommelier ausmacht, werden sie dem wahren Sinn des Lebens doch nicht gerecht. Also dem wahren Sinn des Sommelier-Lebens. Dabei haben wir die entscheidende Antwort direkt vor unserer Nase. Buchstäblich.

Es gab beispielsweise mal einen ziemlichen Fauxpas mit einem monumentalen 1985er Burgunder, den ein Kollege zwar beflissen dem Gast verkaufte, ihn dann aber nachlässig servierte. Es ließ sich nicht mehr verhindern, dass der Gast den Wein zurückgehen ließ, aber immerhin wurde ein ausgezeichneter Ersatz gefunden. Und doch wusste ich, dass in diesem immer noch verschlossenen 85er mehr steckte; er war nur ohne ausreichende Belüftung probiert worden. Und so warteten wir, schnupperten, schwenkten und redeten – bis der Wein zu einem wahren Kunstwerk erblühte. Das war die wichtigste Lektion, die ich meinen Leuten jemals erteilen konnte: Unser Job ist es, diese Weine aufzuziehen wie gute Eltern, in der bestmöglichen Umgebung.

Umsorge sie und tu alles, was in deiner Macht steht, damit sie Erfolg haben. Hat der Wein GENAU die richtige Temperatur, wenn er die Lippen des Gastes erreicht, sodass Säure, Tannin und jedes Phenolmolekül absolut unwiderstehlich sind? Oder hast du ihn einfach die letzten 45 Minuten in einen Eiskübel gestellt, oder umgekehrt auf dem Tisch stehen lassen, wo er warm geworden ist? Hast du dich genug gekümmert? Hat der ältere Wein die Chance gehabt, aus dem Tiefschlaf zu erwachen und sein Seemannsgarn von Weisheit und Abenteuer zu spinnen? Oder hast du ihn kurz vor dem Servieren nur hastig dekantiert und wunderst dich jetzt, warum er im Glas so leblos wirkt? Hat die Flasche ein paar Tage vor dem Servieren aufrecht gestanden, damit das Depot auf den Boden absinkt, oder ist die Karaffe voller Schlamm und damit der Wein völlig unattraktiv für die Zunge? Hast du den Wein zum Scheitern verurteilt, indem du ihn in der falschen Reihenfolge mit anderen Weinen serviert hast? Wenn du Wein liebst, solltest du die Antworten auf alle diese Fragen kennen. Und du solltest genau wissen, wie du dieses flüssige Geschichtswerk zu behandeln hast, um die vielen Stunden Knochenarbeit bei der Lese, das Blut und den Schweiß, die in seine Erzeugung geflossen sind, und die Sorgfalt, mit der der Wein gepflegt wurde, bevor er in deinen Besitz kam, richtig zu würdigen. Und das geht nur, wenn du unablässig investierst, trinkst und beobachtest. Und fühlst, das ist das Allerwichtigste. Denn unterm Strich bedeutet Sommelier zu sein, all das zu lieben. Und lieben heißt loslassen können. Es ist nur zu hoffen, dass der Wein in diesem Fall NICHT zu dir zurückkommt.

„Dekantieren oder nicht dekantieren, das ist hier die Frage!" Ich bin überzeugt davon, dass dies das umstrittenste Thema beim Wein überhaupt ist. Sammler diskutieren hitzig darüber, sture Sommeliers belabern ihre Gäste damit, und ganze Philosophien wurden darauf aufgebaut. Ich kenne Weintrinker, die das Dekantieren verachten und darauf bestehen, dass man dem Wein die Zeit gibt, sich auf organische Weise zu „öffnen", während andere selbst einfachsten Lambrusco leidenschaftlich in jede verfügbare Blumenvase oder Drückekaffeekanne umfüllen. Ich muss gestehen, dass ich der letzteren Gruppe angehöre, obwohl es hier natürlich nicht nur Schwarz und Weiß geben kann.

Manche Leute stellen in Bezug auf das Dekantieren bizarre Grundregeln auf, die ausnahmslos auf Verallgemeinerungen beruhen. Etwa Pinot Noir niemals, Bordeaux aber immer. Riesling? Absurd! Champagner dekantieren? Bist du noch ganz dicht, Mann?! Ich habe das alles schon gehört, und es erstaunt mich jedes Mal wieder. Die einzige absolute Wahrheit ist doch die, die in deinem Glas liegt, und wie bei der Temperatur muss dir der Wein sagen, was er braucht.

Zwei Ereignisse haben sich auf ewig in mein Hirn eingebrannt. Es waren Wendepunkte in meiner jungen Karriere als Verkoster, die meine Haltung zum Dekantieren bis heute geprägt haben.

Eines Abends wurde an einem großen Tisch mit einer Mischung aus berühmten Autoren, Kellermeistern und Sommeliers zwölf Flights mit je drei Weinen serviert: immer zwei Burgunder und ein Emporkömmling aus der Neuen Welt. Das Highlight bestand aus einem 1947er Vandermeulen-Chambertin, einem 1929er Gevrey-Chambertin „Clos de la Justice" von Pierre Damoy und einer Magnumflasche 1957er Pinot Noir „Sonoma Mountain" von Louis M. Martini. Roman Niewodniczanski vom Weingut Van Volxem nahm mich beiseite und blickte mich mit einem Ausdruck in den Augen an, den ich inzwischen sehr gut verstehe. Mit äußerster Dringlichkeit riet er mir, die beiden Burgunder nicht weniger als drei Stunden vor dem Servieren zu dekantieren. „Klar, Mann", dachte ich, „ich wusste ja nicht, dass du nekrophil bist", denn bei diesen Oldies würde ja schon nach 30 Minuten die Totenstarre einsetzen. Aber es war weder meine Show noch mein Wein, wer war ich also, hier zu widersprechen? Ich kannte Romans Geschmack und musste darauf vertrauen, dass er genau wusste, wovon er sprach. Er ist nicht der Typ, der Blödsinn macht. Doch als ich das Duo öffnete, fing ich schon an zu zweifeln. Muffig, geschmort, oxidiert zu einer leicht sherryartigen Nussigkeit. Nicht madeirisiert, das nicht, aber ich hatte wenig Vertrauen in ihre Performance. Aber siehe da, als sie drei Stunden später auf der Bühne standen, hatten die Weine eine Metamorphose durchlaufen. Keine oxidierten Noten mehr, pralle Frucht und eine fast an Portwein erinnernde Präsenz. Ich kam aus dem Staunen nicht heraus. Als ich fünf war, brachte mich meine Mutter dazu, schwimmen zu lernen, indem sie mir eine Figur aus „ThunderCats" versprach, nämlich die, die sich mit nur einem Zauberspruch von einer klapprigen Mumie in den grimmigen mächtigen Gegenspieler der Katzen verwandeln kann. Damals hatte ich keine Ahnung, dass meine Liebe zu dieser Zeichentrickserie später in meiner Liebe zu altem Burgunder wieder auftauchen sollte.

Wenn man logisch denkt, ergibt es absolut Sinn. Mann, ich brauche ja schon eine volle Stunde und genug Kaffee, um morgens überhaupt reden zu können, und das nach nur vier bis sechs Stunden Schlaf. Stell dir vor, 100 Jahre in einer Flasche eingesperrt gewesen zu sein! Da braucht man mehr als nur eine Stunde und einen Espresso. Aber nicht alle Weine sind aus diesem Holz geschnitzt. Erstaunlicherweise ist der angeblich „feminine" und „sensible" Pinot Noir aus Burgund am berüchtigtsten für seine Wortkargheit nach langer Zeit in der Flasche. Währen der harte Bursche Cabernet Sauvignon sich mit der Zeit zu einem großen Softie entwickeln kann. Wenn Pinot altert, nimmt er zu: von einem mageren Schoßhündchen zu einem muskelbepackten Husky. Wohingegen Bordeaux beispielsweise aggressiv wie ein Löwe beginnt und mit der Zeit nach und nach zum Schmusekater wird. Einer meiner denkwürdigsten Weine in der letzten Zeit war ein 1900er Lafite Rothschild: fantastische Abfüllung, großartiger Zustand, grauenhafter Korken. Nach dem Öffnen verhielt sich der Wein etwa fünf Minuten still, mit geschlossenen Augen. Dann, zack, schwang sich der alte Vogel für 15 Minuten in die Lüfte auf. Großartig, komplex, sogar frisch für einen Hundertjährigen. Der unvermeidliche Landevorgang begann dann bei Minute 20 und brauchte nur fünf Minuten bis zu seinem Ende. So schätze ich viele ältere Bordeaux-Weine ein, im Gegensatz zum landläufigen Glauben, dass es umgekehrt sein müsse. Dieser Wein war nicht dekantiert, sondern direkt aus der Flasche serviert worden, weil wir schon vom ersten fragilen Schluck an befürchtet hatten, dass ihm trotz seiner Erhabenheit keine lange Reise beschieden sein würde.

Auch auf die Gefahr hin, mich ständig zu wiederholen: Beim Wein gibt es keine absoluten Wahrheiten und deshalb auch nicht beim Dekantieren. Aber es gibt einen ungeheuer wichtigen Punkt, den ich dich anflehe zu beachten: Wenn du einen Wein aufmachst, insbesondere einen älteren Wein, erkläre ihn nie, wirklich niemals sofort für müde, umgekippt oder tot. Alter und Sauerstoff sind derart undurchschaubare Phänomene, dass man jede Flasche als einmalige Erfahrung ansehen muss. Denn Leben, Gesundheitszustand und Erfahrung eines Weins sind ja tatsächlich einzigartig. Wie in den beiden genannten Beispielen gesehen, kann Wein zunächst täuschend zurückhaltend sein – ich kann dir gar nicht sagen, wie viele alte Flaschen ich schon abgeschrieben hatte, die Stunden später absolut umwerfend waren. Das Schlimmste, was passieren kann, wenn du dir über die Qualität eines Weins unsicher bist und ihm noch eine Chance und Zeit gibst: Er macht trotzdem keinen Mucks. Okay, schmeiß die Flasche weg. Das Leben geht weiter. Zumindest hast du in der Zwischenzeit einen anderen köstlichen Wein aufgemacht, während der erste noch zu sich finden sollte. Das Beste, was passieren kann: Du kommst zu einem Wein zurück, der sich als grandios entpuppt und den du sonst zum Tod im Abflussrohr verurteilt hättest. Ich persönlich fürchte das Dekantieren nie, denn jeder wirklich gute Wein sollte es aushalten und sogar davon profitieren. Wenn er von Haus aus nichts taugt, dann ist es besser, es gleich zu wissen und ihn durch einen besseren zu ersetzen. Und wenn du befürchtest, dass ein Wein einen leisen Korkton hat, dann spült die Oxidation beim Dekantieren diesen Scheißkerl in Nullkommanix weg. Die einzige Gelegenheit, bei der ich mir das Dekantieren zweimal überlege – sofern der Wein nicht dringend nach besonders zartfühlender Behandlung schreit –, ist an einem Zweiertisch, an dem beide sehr langsam trinken. In so einem Fall würde man den Film vorspulen anstatt zuzusehen, wie sich die Geschichte entfaltet.

VON DER WIEGE BIS INS GRAB: DAS UNAUFHALTSAME FORTSCHREITEN DES ALTERS

" Nichts gewinnt so sehr durch das Alter wie Brennholz, Wein, Freundschaften und Bücher. "

FRANCIS BACON

Ich weiß noch, wie ich als junger Sommelier bei der Vorstellung, einen jungen Wein zu trinken, immer einen dicken Hals bekam. Ich verstieg mich dazu, es mit dem Erschlagen von Robbenbabys zu vergleichen, mit Kindermord. Vielleicht weil mir damals der Gedanke, selbst Leben in die Welt zu setzen, noch fern lag. Nicht dass ich heute irgendwas in der Richtung vorhätte, aber zumindest bin ich inzwischen Onkel und zweifacher Patenonkel und habe das wundersame Erscheinen von Nachwuchs bei vielen guten Freunden miterlebt. Möglicherweise habe ich deshalb mehr Respekt für den Mini-Urknall der Zeugung bekommen. Von dem jungen, hitzköpfigen, partyverrückten Einzelkämpfer, der ich früher war, konnte man nicht erwarten, das zu verstehen. Doch heute bin ich mir sicher, dass, je älter ich werde, mein Appetit auf Lebhaftigkeit und jugendliche Kraft eher noch zunimmt. Zumindest trifft das auf meinen Geschmack für Frauen zu. Und es gilt auch für Wein, was mich über meine Dummheit von damals nachdenken lässt.

Was genau zeichnet Wein vor jedem anderen Getränk auf dieser Erde aus? Was macht Wein so besonders? Es gibt zahllose andere mit Sorgfalt bereitete Getränke, die von Hand hergestellt werden und von bester Qualität sind. Und doch ist Wein anders. Er ist ein lebendes, atmendes, sensibles Geschöpf, das andauernde Aufmerksamkeit und Pflege verlangt. Im Prinzip ist jede Flasche wie ein winziges menschliches Wesen. Jeder Wein wird geboren, stirbt und erlebt alles dazwischen. Wenn ich an die Absurdität der spießigen, antiquierten Weinweisheiten denke, die ein genaues Zeitfenster für die Trinkreife eines Weins vorschreiben, stelle ich mir immer die folgende Situation vor: Ich gehe in eine Bar, wo ein paar Männer um einen dekantierten 1986er Haut-Brion herumstehen und einer sagt: „Tja, mein erster Sohn ... bis er fünf war, konnte ich nichts mit ihm anfangen. Ich hab mich eigentlich gar nicht um ihn gekümmert. Und als er zehn war? Furchtbar! Konnte kein vernünftiges Gespräch mit ihm führen. Aber dann wurde er auf einmal dreißig, und wir verstanden uns. Ja, die folgenden zehn Jahre waren klasse. Wir haben geredet, getrunken, fantastisch gegessen ... und schließlich, ich weiß auch nicht warum, haben wir uns irgendwie auseinandergelebt. Hab seitdem nicht mehr viel mit ihm gesprochen, wenn ich mir das so überlege." Genau. Niemand, der Kinder hat, könnte diese Ausführungen ernst nehmen, und das sollte auch kein Weintrinker mit wachen Sinnen tun.

Baby an Bord

Es stimmt, ein sehr junger Wein (und wir sprechen hier von BE-DEUTENDEN Weinen, die weniger als etwa drei Jahre alt sind) hat viel von einem Baby in der Kinderkrippe. Mollig, süß, liebenswert, aber irgendwie langweilig. Mit seinen Pausbacken ähnelt es frappierend all den anderen Babys in ihren Bettchen, selbst die Augenfarbe ist die gleiche. Jedes ein feistes, bezauberndes, süßes Bündel, das man am liebsten zwicken möchte. Aber eben auch ohne erkennbar eigenen Charakter oder Form. Man kann stundenlang dutzi, dutzi, eia, eia machen, aber seien wir ehrlich, die Faszination von Individualität und Persönlichkeit, die Patina, die sich beim unaufhaltsamen Verstreichen der Zeit bildet, das alles ist noch nicht zu sehen. Einen so jungen Wein zu trinken ist eine Würdigung des Rohmaterials, der Perfektion des Produkts und der Präzision der Arbeit im Weinberg. Und wenn das alles zusammenkommt, ist es eine verdammt köstliche Erfahrung. Auch durch all den Babyspeck kann man den Kitzel erleben, hier vielleicht auf den nächsten Einstein, Gandhi oder Frank Zappa als Baby zu stoßen: das Hochgefühl, einen richtig brillanten Wein in seinem kraftvollsten, wenn auch nicht selbstsichersten Moment zu probieren. Verwirrt? Sicher. Eloquent? Weit entfernt davon. Aber reine, unverfälschte Schönheit in ihrer lautesten und kompromisslosesten Form.

Kinder lernen laufen

Wenn die schwierigen ersten beiden Jahre überstanden und alle Zähne (beziehungsweise Tannine oder Säure) da sind und sich eine einigermaßen verlässliche, wenn auch eher grobe Kommunikation entwickelt, beginnt der jugendliche Wein, sich seinen ersten Herausforderungen zu stellen. Soziale Beziehungen bilden sich heraus, und er muss sich irgendwie seinen ähnlich verwirrten Kollegen präsentieren. Der Babyspeck geht zurück, und manche entwickeln sich direkt von süß zu schön zu umwerfend; andere brauchen länger. Bis sich die „hässlichen Entlein" in herrliche Schwäne verwandeln, kann es ein bisschen dauern. Vielleicht zeigt sich der Wein noch nicht vollständig, aber er nimmt Form an, und die Aromen sind immer besser integriert.

Die ätzende Adoleszenz

Das Teenageralter ist eine Zeit der großen Konfusion. Die Stimme bricht in den ungünstigsten Momenten, und es gibt kaum etwas Peinlicheres als eine unkontrollierbare Erektion kurz vor Ende der Mathestunde. Alles ist berauschend und schreckenerregend zur gleichen Zeit, es gibt kaum eine ruhige Minute. Auch der Wein hat sich zum unberechenbaren Teenie entwickelt, genauso launisch und ganz schnell sauer auf dich. Heute furchtbar geschwätzig, morgen knallt er die Tür zu, ohne auch nur hallo zu sagen. Das ist die sogenannte verschlossene Phase im Leben eines Weins. Zwischen der süßen Raupe und dem voll erblühten Schmetterling gibt es die Verpuppung. Du weißt, was im Kokon ist, aber es gibt nicht viel zu sehen. Beziehungsweise zu trinken. Je nach Wein ist diese schwierige Phase unattraktiv bis völlig enttäuschend. Manche Weine wirken in dieser Phase nur schüchtern und sind noch nicht die Stimmungskanonen, als die sie sich einmal entpuppen werden. Andere sind verdruckst und wortkarg, die Sorte Depri-Freund, der immer schlecht drauf ist und das auch ganz weit raushängen lässt.

Diese Weine sind kurz angebunden, mager und unversöhnlich. Keine Opulenz, keine verführerische Frucht, kein tiefsinniges Gespräch. Nur nass, alkoholisch und ein Schatten von Rot oder Weiß. Wenn der Wein zwischen fünf und 15 Jahre alt und dafür bekannt ist, gut zu altern, hast du vielleicht einfach nur einen schlechten Tag bei ihm erwischt. Was aber leider kein noch so ausgiebiges Dekantieren richten kann. Das Schlafzimmer ist abgeschlossen, Marilyn Manson auf volle Lautstärke gedreht, die Augen sind tief in World of Warcraft versenkt. Du hast keine Chance.

Der kleine Yuppie

Die Jahre als Berufseinsteiger sind eine wunderbare Zeit. Man kommt in Schwung und tritt den langen, mühsamen Weg ins mittlere Management an. Oder, wenn die Weine genug draufhaben, in den Vorstand. Ihren Höhepunkt haben sie noch lange nicht erreicht, doch die Peinlichkeiten der Adoleszenz sind nur noch eine ferne Erinnerung. Jetzt liegt ihnen die Welt zu Füßen in ihrem jugendlichen Selbstbewusstsein und dem frechen Vorwärtsdrang. Auch die Aromen sind jugendlich frisch und vermitteln die pure Intensität von Süße und Kraft, Präsenz und Körperreichtum. Nicht ohne raue Kanten, aber alles in allem rund und vollmundig. Die Haut ist noch geschmeidig, ohne die Spuren der Prüfungen, die das Leben noch bereithält. In dieser Phase fängt der Wein an, zu sich selbst zu finden, Form anzunehmen. Die süße, formlose Fruchtigkeit der frühen Kindheit ist ebenso überwunden wie das feierliche Schweigen während der Jugendjahre. Er weiß um den Wert des Geldes und will sich seinen Lebensunterhalt selbst verdienen, aber man spürt, dass er in fünf bis 20 Jahren deutlich mehr zu sagen haben wird. Trotzdem ist das ein Stadium, in dem man jeden Wein genießen kann: die dramatische Koexistenz von jugendlichem Überschwang mit bereits einem Hauch von Patina beziehungsweise tertiären Noten. Das Beste aus beiden Welten, allerdings in keiner von beiden auf voller Höhe.

Die besten Jahre

Wenn die Zwanziger dafür da sind, Fehler zu machen, und die Dreißiger, sich bei der Arbeit den Arsch aufzureißen, kann man in den Vierzigern die Früchte ernten. All die harte Arbeit, die langen Tage, die Geduld, alles kulminiert hier und jetzt. Beförderungen, Gehaltserhöhungen, bezahlter Urlaub. Das Leben ist schön. Der Wein weiß genau, wer er ist und woher er kommt, und nun ist es Zeit, auf der Welle des Erfolgs zu reiten. Er „singt", sagen wir Profis dazu. Die Tannine sind samtig, die Säure ist so poliert, als käme sie frisch von der Maniküre. Alles ist am richtigen Platz. Die Frucht ist saftig, die Struktur fest, der Wein ist scharf umrissen und klar wie ein Glockenton. Die ganze Kraft der Jugend und die ganze Weisheit des Alters ineinander verschränkt. Fitter vielleicht als jemals zuvor, obwohl man das niemals wissen kann, nicht einmal im Vergleich zu seinem zehnjährigen früheren Selbst. Es ist ein echtes Phänomen, wie sich jugendlich reife Weine benehmen können. Bei einer Blindverkostung habe ich einmal einen 1969er Meursault Perrières von Leroy auf einen 1996er geschätzt und einen 1953er Cos d'Estournel auf einen 1970er, nur als Beispiel. Wenn ein Wein – oder eine Person – derart selbstbewusst und erfolgreich ist, strömt die Energie einfach nur so aus ihm oder ihr heraus. Und das, Freunde, ist der wahre Jungbrunnen.

Golden Oldie

Ach ja, die „goldenen Jahre". Wenn man endlich erntet, was man mühevoll gesät hat. Der Anfang in der Poststelle als Youngster, als Zweiundzwanzigjähriger rüber in den Verkauf, Aufstieg zum Abteilungsleiter mit dreißig, Teilhaber mit fünfundvierzig und mit sechzig schließlich die Firma verkauft und sich in ein idyllisches Haus am Meer bei Cannes zurückgezogen. Der Geschäftsanzug wird durch Leinenhosen und Pullover aus Merinowolle ersetzt, und die Steaks bei den Geschäftsessen wirken irgendwie öde, verglichen mit dem Genuss eines Clubsandwich an einem faulen Mittwochnachmittag auf dem Golfplatz. Der Wein ist womöglich nicht mehr der wilde Unternehmerlöwe, der er mal war, doch er ist mit sich im Reinen. Nicht laut, nicht aggressiv, vielleicht nicht einmal immer in Topform – die Frucht ist ein bisschen schlaff, die Säure braucht ein paar blaue Pillen und der Abgang ist nicht mehr ganz so pointiert wie die Reden, die er früher gehalten hat. Aber dies ist die Gesamtsumme der Erziehung, der Bildung, der Kraft und des Erfolgs dieses Weins.

Das Alter

Asche zu Asche. Sanft breitet sich in der Dämmerung eine friedliche Akzeptanz des Unbekannten aus, das bevorsteht. Zeit, über das Leben nachzudenken, das man in vollen Zügen gelebt hat. Und über die unterwegs gesammelten Reichtümer: Liebe, Verluste, Triumphe, Tragödien, Gefahren, geglückte Fluchten, Begeisterung, Depression, Herausforderungen und Vermächtnisse, die man alle hinter sich gelassen hat. Opa kann jetzt nicht mehr mit Fußball spielen. Sein Haar ist ausgefallen, er mag nicht mehr lange stehen, beschwert sich oft, dass es im Zimmer zieht, und hat nicht mehr das Feuer für eine Diskussion am Esstisch. Er schreit nicht mehr und vergisst manchmal deinen Namen. Aber wenn du gut zuhörst, was er leise flüstert, gemahnt es dich daran, wie wenig du doch vom Leben weißt. Die einst lebendige Frucht ist verblasst, die Tannine hängen runter, die Säure ist schlaff und die Oxidation riecht wie ... Opas Haus. Erwarte keine gewaltigen Gespräche, sondern halte die Weisheit in Ehren, die in jedem Glas steckt. Die enorme Komplexität der Aromen, die so vertraut und doch fast fremd sind, zu tief verwurzelt, um von dieser Welt zu sein. Das Fundamentale ist das Vergängliche geworden, der einstige Schlag in die Magengrube ist jetzt ein Schachspiel für die Sinne. Hier ist die Gelegenheit, die gesamte Geschichte eines lebenden Wesens zu erfahren: Seinen Anfang zu bejubeln, sein Leben zu feiern und sein Vergehen zu genießen ist vielleicht das eine wirklich entscheidende Wunder des Weins.

DIE BEDEUTUNG DES JAHRGANGS: FLÜSSIGE GESCHICHTE

66

*Whatever happens, the earth will continue
to renew itself and mankind will find
reasons for living in the constants that survive wars,
government, revolution and all historic changes.
Everywhere, the things that last are far more
astonishing than the things that pass.*

99

ANNE O'HARE MCCORMICK

Von angehenden Burgunder-Fans höre ich oft unter vorgehaltener Hand, dass sie vielleicht doch lieber beim Bordeaux bleiben möchten, da Bordeaux „viel konsistenter" sei. Da mag was dran sein. Aber dabei darf man nicht vergessen, dass in Bordeaux mehrere Rebsorten angebaut werden, die zu unterschiedlichen Zeiten reifen und zu einem „Hausstil" verschnitten werden können, den man dann „konsistent" nennen kann. Die Burgunder dagegen haben nichts in der Hinterhand. Nackt und zitternd sind sie allen Launen der Natur ausgeliefert, ausgerüstet nur mit der immergleichen transparenten Traube. Doch das nur nebenbei; mich stört das „Konsistenz-Argument" hauptsächlich deshalb, weil es das mit Abstand wichtigste Element eines Weins zu untergraben versucht, nämlich den Jahrgang. Er ist buchstäblich der Fingerabdruck des Weins. Der Jahrgang allein ist natürlich längst nicht alles, doch können die Temperatur, die Wetterbedingungen und die Entscheidungen, die der Weinmacher in diesem Zusammenhang trifft, einen Riesen zum Zwerg machen oder einen eigentlich bescheidenen Wein auf ein nie gekanntes Niveau heben. Ein Berg wird nicht über Nacht zu einem Maulwurfshügel, noch kann ein Golfcart beim nächsten Rennen in Le Mans mitfahren, doch der Jahrgang hat die Fähigkeit, einen bereits erstklassigen Wein in die Kategorie „zeitlos" zu befördern oder dafür zu sorgen, dass ein einfacher, aber leckerer Wein sich von seiner charmantesten und vollständigsten Seite zeigt. Entscheidend jedoch ist die Einzigartigkeit jedes Jahrgang. Man kann Jahrgänge miteinander vergleichen, aber niemals werden sie exakt gleich sein, und ebenso wenig die Weine. Das ist mit der Grund, warum jede Weinlese so spannend für uns und manchmal furchterregend für die Winzer ist.

Burgund ist aus mehreren Gründen ein ideales Beispiel, um die Bedeutung des Jahrgangs zu veranschaulichen. Insbesondere, weil Pinot-Noir- und Chardonnay-Trauben perfekte Barometer der äußeren Bedingungen sind, und vor allem Chardonnay sie in besonderer Weise widerspiegelt. Die Sorte selbst ist nämlich ziemlich neutral und nimmt Einflüsse auf ihren letztendlichen Geschmack gerne auf. Das können Fassreifung oder Hefesatzkontakt sein, aber eben auch jedes „Lebenszeichen" im Weinberg – von der Wärme während der Wachstumsperiode, dem Niederschlag, dem Auftreten von Hagel, dem Lesezeitpunkt, dem Ertrag und so weiter. Und auch Pinot Noir, die heikle Sorte, erzählt uns von ihrer Kinderstube. Sortenreiner Pinot kann alles sein, von dünn, fade, uninspiriert, krautig und bitter bis hin zu würzig, reichhaltig, fett, samtig, marmeladig, exotisch. In Bordeaux, weiter südlich als Burgund gelegen und mit allgemein wärmerem Klima, kommt der Jahrgangscharakter etwas verschwommener zum Vorschein, da mehrere Rebsorten zum Einsatz kommen. Die Erzeuger in Bordeaux dürfen ihre Verschnittrezepte je nach Erfolg und Schwierigkeit des jeweiligen Jahrgangs anpassen. Ist Cabernet Franc zu grün, kommen vielleicht nur zwei Prozent in den endgültigen Verschnitt, während die Sorte Petit Verdot, die mit schöner Farbe und Körper glänzt, zehn Prozent mehr Anteil hat als üblich. Allein das kann möglicherweise den Jahrgang eines Bordeaux-Weins deutlich kennzeichnen, doch in Burgund ist es knallhart. Du bekommst, was du siehst. Eine Rebsorte, keine Ausgleichsmöglichkeiten, kein Versteck. Die Erzeuger kostet es jede Menge Nerven, wenn die Arbeit eines ganzen Jahres von zwei Minuten Hagel zunichte gemacht werden kann. Dass die gesamte Ernte verloren gehen kann, während die Uhr unerbittlich tickt, bis die

Trauben richtig reif sind, ist eine Prüfung, die jedem burgundischen Winzer auferlegt wird, Jahr für Jahr.

Ideale Bedingungen herrschen, wenn es warm, sonnig und trocken ist und die Trauben langsam reifen können. Wein mag es gar nicht, gehetzt zu werden, in jeder Hinsicht. In der Wachstumssaison ebenso wenig wie bei der Flaschenreifung oder beim Belüften in der Karaffe. Eine lange, beständige Wachstumsperiode sichert die volle Ausreifung der Trauben und die Entfaltung ihres ganzen Potenzials, woraus erregend tiefgründige, komplexe, perfekt strukturierte Weine entstehen. Gebaut für die Ewigkeit. Je nachdem, wie warm es ist, können sich die Tannine in einem Rotwein von bitter, grün, rau, adstringierend beziehungsweise „eckig" zu griffig, aber rund, samtig und geschmeidig entwickeln. Sie liefern genug „Rückgrat", um der Zeit zu widerstehen, und vermitteln gleichzeitig ein Gefühl der Vollständigkeit. Ist es zu warm, können die Tannine ihre Kanten einbüßen und sich, nicht unterstützt von der dann auch schwächlichen Säure, unattraktiv schlaff präsentieren. Genau die gleiche Gefahr besteht auch bei Weißweinen: Bei zu viel Wärme wird die Frucht vielleicht exotisch und verführerisch, doch auf Kosten eines Ungleichgewichts von Zucker und Säure. Der Wein verliert dabei seine Frische und damit auch die Fähigkeit zu altern, die jeder große Jahrgang haben sollte. Bei einer Blindverkostung erkennt man die Größe eines Jahrgangs sofort an der außergewöhnlichen Harmonie und Statur des Weins; in ihm läuft alles rund und ist perfekt aufeinander abgestimmt. Die klaren Linien, die deutliche Kontur sowie die Balance von Kraft, Feinheit, Opulenz und Raffinesse sind die Kennzeichen einen Jahrzehnt- oder sogar Jahrhundertphänomens.

Ein zu kühler Jahrgang ist leicht zu erkennen, denn der Wein schmeckt dann entsprechend frischer und hat einen deutlich höheren Säuregehalt. Er ist natürlich auch magerer, mit weniger exotischem Fruchtcharakter, mehr Adstringenz und recht bissigen Tanninen, die zu einem erheblich weniger opulentem Mundgefühl und zu viel weniger verführerischen Aromen führt. „Mager" muss aber nicht unbedingt negativ sein; ein „klassischer" Wein ist definiert als der bestmögliche Vertreter seiner Traube, seiner Appellation und seines Stils, der die Ausgewogenheit und die Statur hat, sich in der Flasche lange und gut zu entwickeln. Wie lange das auch dauern mag. Oft erreichen Weine von sehr warmen Jahrgängen diesen Punkt viel zu früh und „fallen auseinander", wie wir sagen. Sie sind Opfer ihrer jugendlichen verführerischen Art geworden, die abgelenkt hat von dem offensichtlichen Mangel an Fundament und Struktur, die für die Langstrecke nötig sind. Weine vom anderen, leicht „unreifen" Ende des Spektrums dagegen können sich oft eines langen und in gewisser Weise auch fruchtbaren Lebens im Keller erfreuen. Wenn man sie vorher nicht wegschüttet. Mich schaudert, wenn ich daran denke, wie viele Weine aus kühlen, aber mit gutem Potenzial ausgestatteten Jahrgängen geöffnet und zurückgewiesen werden – oder gleich im Abfluss landen. Das passiert vor allem dann, wenn sie noch furchtbar jung sind. Diese feinen grünen Aromen brauchen normalerweise Zeit, um sich abzurunden, der Wein gewinnt an Muskelkraft, um die nervöse Säure auszubalancieren und dieses nussige, cremige, nach Trockenfrüchten schmeckende Entwicklungsstadium zu erreichen, welches das zuvor batteriesäureartige Rückgrat braucht, um auch im Alter noch frisch und kräftig aufzutreten.

Grün, rau und bitter kann kein bisschen weniger abstoßend sein als schlaff, fett, laut und rückgratlos; und deswegen ist die „goldene Mitte" einer perfekten Ernte, die Eleganz mit Opulenz, Kraft mit Zurückhaltung, Überschwang mit Raffinesse verbindet, so selten. Fazit: Wenn ein Wein nur nach grüner Paprikaschote, Spargel, sauren Cranberrys und grüner Tomate schmeckt, dann zieh den Stecker. Kann sein, dass er noch lebt, aber viel ist nicht mehr drin. Wenn er wie Gemüse riecht und schmeckt, dann ist er auch Gemüse. Erwarte von ihm nicht, sich jemals noch zu integrieren, abzurunden oder wie durch Zauberhand plötzlich nach Einhorn-Schokolade zu schmecken. Es ist eine der größten Betrügereien in der Weinbranche, wenn ein Kellermeister weiß, dass er einen bitteren, untrinkbaren Wein gemacht hat, dem arglosen Kunden aber weismacht: „Oh, der braucht einfach noch Zeit! Viel zu jung!" Nein, „jung" bedeutet „verschlossen", und das ist etwas völlig anderes. Zur Verteidigung muss ich aber auch sagen, dass Wein zu erzeugen ein brutal harter Job ist, und wenn sich jeder nur die Rosinen aus der Ernte picken würde, müssten viele ihr Geschäft dichtmachen.

FETTNÄPFCHEN, IN DIE DU BESSER NICHT TRITTST

> " *I'd urge you to try German Riesling because*
> *it's delicious, but I fear you'll be more impressed*
> *if I tell you it's cutting edge.*
> *That, after all, is what we want to know –*
> *what's now and happening.*
> *(Do you really think clunky square-toed shoes*
> *make your feet look better than those*
> *with slimming, tapered toes? You just wear them*
> *because that's what fashion dictates, you slut.* "
>
> **JAY MCINERNEY**

Ich denke, also ist er

Nichts ist schlimmer für einen Sommelier als ein Gast, der zwei oder drei Weine probiert hat und dann verkündet, der eine sei „besser" als der andere. Wenn ich dir einen Wein serviere, ist die Wahrscheinlichkeit ziemlich hoch, dass er in jeder Hinsicht ein verdammt guter sein wird. Ob er deinem persönlichen Geschmack entspricht oder nicht, ist eine ganz andere Sache. Eins ist jedenfalls sicher: Alle Kellermeister, die hinter einem dieser Weine stehen, haben die gleiche Menge Blut, Schweiß und Tränen vergossen, als sie ihre Trauben in den kostbaren Saft verwandelten, den du gerade beleidigst. Also sei nicht so ein selbstgefälliger, respektloser Arsch. Der Wein könnte außerdem einer der Lieblingsweine des Sommeliers sein oder ein echter Kracher von Weltklasse, aber okay, er ist halt nicht dein Ding, und das ist ja auch in Ordnung. Aber leg das mal besser unter „verschiedene Ansichten" ab, anstatt allgemeine Qualitätsurteile zu verkünden. Zu wissen, was du köstlich und was du scheußlich findest, ist ja ein vielversprechender Anfang, macht dich aber keineswegs zum Experten. Denk daran, was du deiner Ex-Freundin als Letztes gesagt hast: Ich schwör dir, Baby, es liegt nicht an dir, es liegt an mir.

Erbsenzählen ist für Leute, die mit ihrem Leben unzufrieden sind. Hast du eine Flasche Wein vor dir stehen, sei dankbar. Und trink ihn einfach

Hör auf, zu fragen, wie viel Alkohol der Wein hat, bevor du ihn überhaupt gekostet hast. Lass es einfach. Es ist ermüdend, sinnlos und lässt dich wie einen engstirnigen, vertrottelten Trump-Wähler aussehen. Im Ernst. Was soll's denn? Beschwört ein Alkoholgehalt von über 13,5 Prozent schreckliches Übel herauf? Willst du die zusätzlichen ein Prozent wirklich dafür verantwortlich machen, dass du deinen Wein verschüttet, deine Schwägerin eine Nutte genannt und Opa in Brand gesetzt hast? Bei der Gelegenheit kann ich dir noch ein kleines Geheimnis verraten: Der Kellermeister will dich mit dem, was er aufs Etikett schreibt, eh nur verarschen! Jawohl, mein Herr, ich will andeuten, dass das Etikett ziemlich oft lügt. Das soll nicht heißen, dass ich Kellermeister für unehrliche Menschen halte, aber seien wir ehrlich, wenn sie die Angabe mit einer Toleranz von eineinhalb Prozent machen dürfen und es gerade ein besonders heißes Jahr war, würde jeder, der noch klar bei Verstand ist, die zweite Chance nutzen und 13,5 Prozent aufs Etikett drucken statt 15 Prozent. Außerdem ist da noch die Frage der Steuern, auch so eine Schlangengrube. In vielen Ländern rutscht Wein oberhalb eines bestimmten Alkoholgehalts in eine völlig andere Steuerklasse, das betrifft sowohl die Produktion als auch den Import/Export sowie den Umsatz. Niemand möchte nur wegen einer Laune der Natur extra blechen müssen, also werden diese Zahlen manchmal ein bisschen ... angepasst. Außerdem kann der tatsächliche Alkoholgehalt fast nie exakt angegeben werden, denn in den meisten europäischen Ländern sind, ob du es glaubst oder nicht, die genauen Werte hinter dem Komma verboten – nur halbe oder ganze Prozentwerte sind erlaubt. In dieser Hinsicht sind viele amerikanische Etiketten erheblich genauer. Aber der wahre Grund meiner Frustration bei diesem Thema ist genauer gesagt die Krux des Kunstkonsums: der Geschmack. Wen juckt's, dass ein Santa Rita Hills Chardonnay es auf 16,4 Prozent Alkohol bringt, wenn er sein Gewicht mit Eleganz und Klasse trägt, wie ein 140 Kilo schwerer Footballspieler, der die Leichtfüßigkeit einer Ballerina hat und den 100 Meter Lauf schneller rennt als ein halb so schwerer Radrennfahrer? Und der weniger alkoholisch schmeckt als ein unausgewogener, grüner, saurer, transparenter Petit Chablis mit über drei Prozent weniger? Am Ende geht es um Ausgewogenheit, nichts anderes. Wenn du sie hast, zeig sie. Wenn nicht, schau, dass du wenigstens genug Persönlichkeit hast. „Vollschlank" kann voll sexy sein, also frag mich nicht, wie meine Schwester aussieht, bevor du nicht mit ihr gesprochen hast. Fang einfach eine Unterhaltung an und finde es selbst heraus. Rieche, schmecke und wiederhol das gleich noch mal. Den Wein, meine ich. Oh Mann!

Was zum Teufel ist eine „Cuvée"?

Übrigens, können wir bitte alle mal damit aufhören, den Begriff „Cuvée" falsch zu verwenden? Dafür lass uns zum Ursprung des Worts zurückgehen. Offensichtlich kommt es aus dem Französischen; es stammt ab von „cuve", was großes Fass oder Tank bedeutet. Eine Cuvée bezieht sich auf den Inhalt einer bestimmten „cuve", mit anderen Worten, auf eine individuelle Abfüllung. Was auch immer in diesem einzelnen Tank war und dann auf Flaschen gezogen wurde, wird und kann als „Cuvée" bezeichnet werden. Es KÖNNTE ein Verschnitt aus verschiedenen Rebsorten sein wie in Châteauneuf-du-Pape oder Bordeaux, ABER NICHT NOTWENDIGERWEISE! Es könnte auch ein Riesling aus einer Einzellage mit alten Reben sein oder ein Grand-Cru-Burgunder (ausschließlich Pinot Noir) aus einer ganz bestimmten Ecke des Weinbergs, die man „lieu-dit" nennt und die so einzigartig ist, dass sie gesondert abgefüllt werden muss. Ohne Scheiß, das ist so. Also schau mich nicht so an, als ob ich drei Köpfe hätte, wenn ich einen Vouvray aus einer Einzellage eine Cuvée nenne. Denn es ist eine. Und jetzt weißt du es.

Dein Sommelier, der Kanarienvogel in der Kohlengrube

Wenn wir Sommeliers einen Probeschluck von deiner Flasche nehmen, „stehlen" wir deinen Wein nicht, sondern wir sind der Vorkoster für dich, ob du es merkst oder nicht. Der Beruf des Sommeliers ist jahrhundertealt, hat aber einen drastischen Bedeutungswandel hingelegt. Früher war er eine Stellung am Königshof, die man verliehen bekam. Wenn man das Pech hatte, als Bauer geboren zu sein, aber das Glück, einen guten Geschmackssinn zu haben, und sich vor allem um die eigene Sterblichkeit nicht groß sorgte, konnte man als Sommelier des Hofes in die High Society aufsteigen. Die Etymologie des Wortes ist faszinierend und erklärt leicht den ursprünglichen Zweck dieser Stellung, der dieser Tage aber traurigerweise nicht mehr gesehen wird. Stattdessen haben wir es mit dämlichen Schleimern mit Windsorknoten zu tun, die mit einer allgemeinen Geringschätzung für Menschen ausgestattet sind. Im mittelalterlichen französischen Dialekt war „somier" das Wort für „Lasttier" (das deutsche Wort „Saumtier" hat die gleiche Wurzel), für das niemand anderes zuständig war als der „somierier". Dieser Mensch war neben den Tieren auch für die Ladung verantwortlich. Das Wort änderte sich dann zu „soumelier" und schließlich zu der heutigen Schreibweise. Auch die Stellung war nach und nach aufgewertet worden zum allgemeinen Verwalter der Vorräte und Lieferungen, insbesondere für den lokalen Herrscher. Die endgültige Bedeutung setzte sich zwischen dem 11. und dem 13. Jahrhundert durch, als Wein eine immer wichtigere Rolle spielte. Der Sommelier war plötzlich dafür verantwortlich, dass der Becher des Königs nie leer wurde. Aber nicht nur das, er hatte auch immer noch für die Lagerung und Verpackung der Lebensmittel im Alltag bei Hofe zu sorgen sowie auf Reisen. Sehr wichtig war selbstverständlich die Qualitätskontrolle, wobei es weniger um verfaultes Obst als um mögliche Anschläge ging. Die Politik hat sich in den letzten 1000 Jahren nicht sehr verändert; wenn beispielsweise die Opposition den Plan hegte, den Monarchen mit Arsen im Brötchen zu beseitigen, kam der treue Sommelier ins Spiel und durfte den Kanarienvogel in der Kohlengrube spielen. Wenn er anschließend noch aufrecht stand, konnte der König beruhigt zugreifen. Brach der Somm nach dem Bissen ins Brötchen zusammen, wusste der König, dass das Spiel aus war. Und das ist heute immer noch so, nur dass jetzt du, der Gast, der König bist. Und wir Somms sind die mit den gerümpften Nasen und verzerrten Gesichtern, wenn dein Wein stinkt wie Omas verschwitzte Strümpfe. Und selbst wenn der

Wein nicht ganz so brutal korkt, kennen wir ihn gut genug, um zu wissen, dass er nicht so toll ist und es keinen Sinn hat, dich ihn probieren zu lassen. Die Flasche muss sofort ersetzt werden gegen eine, die getrunken und genossen werden will.

Säure: die bittere Wahrheit

Noch bevor ich überhaupt an den Tisch komme, höre ich schon den unvermeidlichen Wunsch: „Ja, aber ohne Säure bitte." Und ich muss zugeben, dass es mich jedes Mal amüsiert. Wein ohne Säure ist so appetitlich wie ein Steak ohne Salz, ein Cocktail ohne Zitrusfrucht oder eine Mignonette-Sauce ohne Pfeffer. Am allerbesten kommt der Spruch mit einem Glas Champagner in der Hand. Okay, es ist Zeit, dass ich mich einmische.

Ich kann es nachfühlen, wenn jemand Probleme mit dem Magen hat, und ich habe bei Freunden gesehen, wie furchtbar chronisches Sodbrennen ist. Mir sind solche scheußlichen Unannehmlichkeiten zum Glück bisher erspart geblieben. Aber bevor wir dem Wein die Schuld an all dem geben, müssen wir ein bisschen über die Speiseröhre hinausschauen. Zwar scheint Säure der logische Übeltäter zu sein, doch zeigen Studien, dass nicht die Säure allein schuld ist. Wein KANN in einigen Fällen die Säureproduktion im Magen anregen, während Alkohol das nicht tut, und das ist ein ausschließlich negativer Nebeneffekt des verantwortungsbewussten Trinkens von Wein im Vergleich zu anderen Alkoholika. Allerdings bewirkt Alkohol, insbesondere wenn er in großen Mengen getrunken wird, eine Lockerung des Verschlusses der Speiseröhre zum Magen, was zu einer verstärkten Produktion von Säure führen kann, die dann gern nach oben Richtung Hals fließt anstatt in die richtige Richtung nach unten zum Darm. Es gibt keine stichhaltigen Beweise für einen direkten Zusammenhang zwischen der Säure aus dem Wein und Magen-Darm-Beschwerden, doch jeder Körper ist verschieden, und jeder sollte selbst wissen, was ihm guttut. Wenn säurereiche Weine dir Probleme bereiten, dann lass den Champagner als Aperitif weg und nimm etwas Milderes: Viognier, Roussanne/Marsanne, Grüner Veltliner, Pinot Gris, Merlot, Shiraz und Zinfandel sind im Allgemeinen gute Optionen, die Säureaufnahme gering zu halten.

Jahrgangstabellen für die Hosentasche sind was für die Eselsecke

Du versuchst es. Und wie du es versuchst! Unauffällig eine Karte aus deiner Brieftasche zu ziehen, ohne dass es jemand merkt. Na ja, sicher nur eine Visitenkarte. Hier gibt's nichts zu sehen, denke ich, und gehe zum nächsten Tisch. Aber dann bemerke ich aus den Augenwinkeln das Aufblitzen von Zahlen, sauber aufgereiht in Zeilen und Spalten. Der Gast drückt seine Karte auf die Weinliste, hoffend, dass die Tarnung hält, und schaut nach, welche Jahrgänge in den Himmel gelobt und welche schlecht bewertet wurden. Und ich möchte jetzt einfach nur zu ihm hinübergehen, ihm sanft die Hand auf die Schulter legen und ihn in besorgtem Tonfall fragen, welcher Sommelier vor mir ihn offenbar so schlecht behandelt hat. Wer hat ihn an seiner empfindlichsten Wein-Stelle begrapscht und derart verletzt und misstrauisch zurückgelassen? Das Blöde daran ist ja, dass dieser Gast niemals eine der wichtigsten Lektionen lernen wird, die erfahrene Weintrinker kennen: So etwas wie schlechte Jahrgänge gibt es nicht, es gibt nur beschissene Weine. Genau deshalb finde ich diese Tabellen zur Jahrgangsbewertung eine so absurde Sache.

Natürlich gibt es Jahrgänge mit katastrophalen Naturereignissen und voller Hindernisse, aber anstatt deren Auswirkungen einer ganzen Region überzustülpen, wie es diese Tabellen in ihrem himmelschreienden Schubladendenken tun, sollte man diese Jahre eher als eine unglückliche, aber notwendige Verbindung zum Kreislauf des Leben sehen. Als Moment der Abrechnung, an dem sich die Männer von den Knaben scheiden. Oder sollte ich besser sagen, die Frauen. Mir ist noch kein wirklich schwacher Wein von Madame Lalou Bize-Leroy untergekommen. Egal, welchen Jahrgang man nimmt, und egal, ob es zum soundsovielten Mal in Folge Feuer und Schwefel auf Burgund geregnet hat, sie hat es immer geschafft, zumindest etwas Intelligentes, Feines und für die Appellation Repräsentatives hervorzubringen. In grandiosen Jahrgängen ist ihr Wein weit mehr, dann ist er zu etwas Himmlischem, Spektakulärem transzendiert, ein Fest für die Sinne. Auch von Château Haut-Brion etwa habe ich noch nie einen schlechten Wein erlebt, und Beispiele wie diese gibt es zuhauf. Aber sich mit einer Jahrgangstabelle zu bewaffnen ist, wie mit einer geladenen Pistole zu spielen. Du jagst hier Großwild, das dich ein Vermögen kostet, aber wahrscheinlich kaum Vergnügen bietet, bis nicht mindestens 20 Jahre rum sind. Und angesichts der erheblichen Kosten des Einkellerns dürfte der Wein noch nicht mal auf dem Höhepunkt sein. Denn diese Weine sind als teure Investitionen angelegt und brauchen eine lange Reifezeit, aber genau das sagt dir dein kleiner doofer Taschen-Somm natürlich nicht. Trotzdem, denk daran: Die Natur ist nicht dumm. Der Herr gibt die kleinen Jahrgänge und nimmt bei den großen Jahrgängen. Nämlich das letzte Geld von deinem Sparkonto. Sei dankbar für die weniger hoch bewerteten Jahrgänge, denn sie kosten nicht nur viel weniger, du kannst sie auch direkt trinken. Die kleinen Abweichungen, die jede Ernte mit sich bringt, erlauben die Anlage eines lebendigen Kellers, in dem sich die Weine unterschiedlich schnell entwickeln und ihren Höhepunkt irgendwann zwischen fünf und 50 Jahren erreichen. Die Jagd nach großen Jahrgängen ist ein ambitioniertes Unternehmen, aber ein Keller voller untrinkbarer Weine ähnelt irgendwann mehr einem Museum als einem Weinkeller. Doch um die Museen sollen sich die Kuratoren kümmern, während wir als Weintrinker mit Köpfchen unser hart verdientes Geld doch besser so schlau wie möglich anlegen sollten.

Wenn du nicht zufällig noch ein paar Ferienhäuser besitzt, auf die du Hypotheken aufnehmen kannst, wirst du mit diesen Tipps in Zukunft trotzdem „bei den Großen mitmischen" können. Einen großen Wein aus einem bescheidenen Jahrgang zu trinken ist manchmal der einzig mögliche Weg, aber auch das ist nicht weniger als ein Privileg. Und mit der richtigen Beratung wirst du dich wundern, wie grandios diese Weine sein können, trotz der angeblich so ungünstigen Bedingungen. Dann könnte der Sommelier, den du jetzt nicht fragen wolltest, dein Trumpf in der Hinterhand sein.

CHAMPAGNER-ARROGANZ ZUM PREIS EINER BIERDOSE: DAS ANTI-SNOB-PARADOX DER WEIN-HIPSTER

> *Good wine is most frequently found among the capitalists, who can afford to buy up large quantities in favorable years ... and who have a reputation to lose.*
>
> **CYRUS REDDING, 1833**

Ein Schrei, der einem das Blut in den Adern gefrieren lässt, ertönt im gleißenden Licht des frühen Nachmittags. Dutzende Knastbrüder mit wilden Bärten und Flanellklamotten schwärmen in die friedlichen Straßen aus, gerade erst freigekommen aus der aufreibenden Fünfstundenschicht bei Starbucks. „Expensive wine is for suckers" schallt es von kettenrasselnden Fixie-Rädern. Es ist eine fast postapokalyptische Szene, in der die Ignoranz Amok läuft, sich Bilder von schlechtem Geschmack in die noch weichen Seelen junger Menschen einbrennen, die Hoffnungen der lokalen Gastronomie zugrunde gehen und hart arbeitende Sommeliers als abgehobene Bourgeois-Gurus verleumdet werden, deren Köpfe man eher auf das Zepter der Moral spießen als auf Titelseiten von Zeitschriften abbilden sollte. Es ist das Abfallprodukt einer verlorenen Generation, die sich nicht mehr auf den steinigen Pfad der Kultiviertheit begeben mag und stattdessen eine Stil-App herunterlädt. Das hat mit Bildung nichts mehr zu tun. Ein Kommentar im Internet drückt die ganze Botschaft aus: „Ich bin froh, keinen teuren Geschmack zu haben, das macht mein Leben einfacher." In der Tat. Dunkle Zeiten, in denen guter Geschmack an den Pranger gestellt wird, anstatt bewundert und beklatscht zu werden.

Beim Stöbern in Facebook war ich auf ein kurzes Filmchen mit dem Titel „Expensive Wine Is For Suckers" (Teurer Wein ist für Blödmänner) gestoßen. Ich bin kein „Trolljäger", aber ich gebe zu, dass ich meine Neugier nicht zügeln konnte. Und was ich dann sehen musste, war schockierend, um es vorsichtig auszudrücken.

Bevor wir uns ins Getümmel stürzen, lass mich ein paar Dinge über elitäres Denken, Punktsysteme und Marktblasen klarstellen: Parker-Punkte, die sich eigenmächtig als Herrscher über den allgemeinen Geschmack, die Trends bei der Weinerzeugung und die Marktwerte aufgeschwungen haben, sind der reinste Schwachsinn. Punkt. Aus. Ende. Niemand ist Gott, und keine einzelne Person sollte allmächtig über Erhebung und Verdammung entscheiden können. Wie viele großartige Weine sind von diesem Kerl mit seinem Bauerngeschmack mies bewertet worden, während er überextrahierte, übermanipulierte, hirnamputierte und damit leblose alkoholische Marmelade in den Himmel gehoben hat! Für den Preis einer solchen Flasche würde ich immer eine Kiste Winzerchampagner vorziehen, einen ehrlichen weißen Ribeiro oder einen tollen Saumur. Und doch ist es nicht weniger bescheuert, einen Wein nur deshalb abzulehnen, weil er viele Punkte hat und teuer ist. Ich finde Aimé Guiberts Satz „Le vin est mort" am Anfang des Films „Mondovino" wunderbar, aber ich kann seiner Beschreibung des modernen Weintrinkers, der zum Opfer geworden ist, nicht ganz zustimmen – hypnotisiert und irregeführt von den Rattenfängern der Produktion, den Moden ausgeliefert, hingelockt zu jedem taktisch gut platzierten, glänzenden neuen Marketingprodukt. Das mag alles nicht völlig falsch sein, ich bin aber doch der Meinung, dass die Zeiten für Weintrinker nie besser waren als heute.

Und doch steht auch der Reinste der Reinen im Fadenkreuz der gefährlichsten Form von Snobismus: dem Anti-Snob. Einer, der sich auf Kosten anderer aufs moralisch hohe Ross setzt. Dessen Selbstgerechtigkeit sich in reine Ignoranz hüllt, die sich als Erleuchtung tarnt. Eine typische Haltung für Hipster. Diese Schnäppchen-Großkotzigkeit, die „Ist doch alles nur Traubensaft, Mann" dahertönt und mit Daddys Kreditkarte T-Shirts bei Versace einkauft, die nach Vintage aussehen. Stolz wie Harry, weil er den ersten mexikanischen Amphorenwein mit Schraubverschluss auf dem Markt gefunden hat, aber völlig ignorant gegen den Schweiß, den Schmerz, die Tränen und das Herzblut, die in die überirdischen Weinklassiker dieser Welt geflossen sind. Es ist kein Traubensaft, du Idiot, es ist ein Meisterwerk aus Wissenschaft, Geheimnis, Tradition, Emotion und verflucht harter Arbeit. Dinge, die mit dir offensichtlich nichts zu tun haben.

Oder der Bursche, der immer nur den billigsten Wein bestellt, ihn probiert, dann übertrieben gestikuliert und seinen Gästen verkündet: „Jo! Braucht 'ne Menge Luft, aber dann ist er prima." Verzeihung, mein Herr, aber Sie können auf Ihre digitale Timex starren, solange Sie wollen, sie wird auch eine Stunde später noch keine Patek Philippe sein.

Der Film führt auch Studien an, die „zeigen, dass teurere Weine den Personen, die keine Weinausbildung absolviert haben, tatsächlich weniger schmecken." Wenn ich so etwas höre, bin ich gleich doppelt frustriert, denn auch Bücher wie „Wein für Dummies" tun ja nichts anderes, als Leuten, die gern was von Wein verstehen würden, eine tiefe Unsicherheit zu vermitteln, indem sie die einfache Abwesenheit von Wissen als etwas Dummes, Dürftiges und Peinliches runtermachen. Anstatt die Leute auf eine Reise ins Abenteuer einzuladen, werden sie als behindert abgestempelt. Das ist nicht nur unfair, sondern auch unergiebig. Diese Welt könnte ein bisschen weniger Verdummung und ein bisschen mehr „Verklugung" brauchen, meine ich. Und zu behaupten, dass man eine Weinausbildung braucht, um Größe zu erkennen, ist, als würde man sagen, dass man auf keinen Fall die Herrlichkeit eines Maßanzugs aus der Saville-Row würdigen kann, wenn man nicht Design studiert hat. Von Hand genäht und zugeschnitten aus den feinsten Stoffen. Wir sollten besser bei den schlecht sitzenden Klamotten von der H&M-Stange bleiben, weil das „unser Niveau ist". Zumindest für die nächsten drei Monate, bis sie kaputt gehen. Und diese Einstellung

hievt dann sicher auch McDonalds auf den Gipfel der kulinarischen Errungenschaften, schließlich können Milliarden Burger ja nicht lügen. Und weil Britney Spears Alben Platin erreicht haben, ist sie auch besser als alle Freddie Mercurys, J. S. Bachs und John Coltranes zusammen. Ach, und das Restaurant mit den albernen Sternen? Ist sicher auch nichts wert. Ein paar Burritos aus der Mikrowelle tun es genauso. Nur dass die viel billiger sind. Genau. Zumindest hat die natürliche Auslese einen unbedarften Blödmann vor der Frustration bewahrt, das richtige Besteck für seine grobmotorischen Pfoten zu finden.

Oder dieser Kommentar von einem Immobilienprofi in London: „Brillant. Danke dafür. Ich liebe Wein, hasse die Weininstitutionen und werde nie mehr wieder einen Sommelier fragen, nie!" Wie stolz da einer darauf ist, ein Idiot zu sein! Welcher Sommelier hat denn dem armen Kerl etwas Schlimmes angetan? Ihm hinter dem Beichtstuhl an seine empfindlichste Wein-Stelle gefasst? Leg dich auf die Couch und rede darüber, Freud. Du kannst uns vertrauen. Wir sind da, um zu helfen. Sogar wenn ein paar von uns selbstverliebte Deppen sein mögen, die große Mehrzahl will nur dein Bestes. Dich glücklich zu machen fühlt sich nämlich auch für uns total warm und flauschig an.

Oder aber: „Je älter wir werden, umso mehr mögen wir die trockeneren Weine. Ich kaufe den billigsten Cabernet, den ich kriegen kann." Sorry, wenn ich deine Blase jetzt platzen lasse, aber je billiger der Cabernet ist, umso wahrscheinlicher steckt er voller Restzucker. Zucker ist der Köder für die Massen, in Softeis genauso wie in Ketchup oder Schnäppchen-Cabernet. Und wenn du mit „trocken" so etwas meinst wie „derart voll mit Chemikalien, Pestiziden, Industriemüll und Konservierungsstoffen, dass ich die Schleimhaut in meinem Mund buchstäblich tot umfallen spüre", dann hast du wahrscheinlich recht. Aber die paar Euro mehr, die du über den durchschnittlichen 2,60 Euro ausgibst, machen einen Riesenunterschied. Glaub mir.

Oder die „gehorsame" Hausfrau, die ihren knauserigen, niveaulosen und offensichtlich extrem machomäßigen Mann zitiert: „Mein chilenischer Mann sagt, mehr als 8 Euro muss man nicht für eine Flasche Wein ausgeben." Ich weiß, dass viele Leute aufs Geld schauen müssen, und es ist besser, im Alltag die Weine zu kaufen und zu trinken, die man sich leisten kann. Ich verstehe das, schließlich bin ich in einem Elternhaus aufgewachsen, wo Wein wie ein Gewürz auf den Tisch kam, zwischen Salzstreuer und Ketchupflasche. Aber werde zumindest erwachsen und erkenne an, dass große Weine zu den großartigsten Erzeugnissen der Welt zählen. Auch wenn sie nicht unbedingt auf deiner Linoleum-Küchenarbeitsplatte stehen. Im Trailerpark. In Kentucky.

Ich konnte diesen geballten Angriff auf die Weine, die mir so viel bedeuten, kaum aushalten. Ein wahlloses Massaker, das hingeschlachtete Grand Crus hinterließ und keine Gefangenen machte. Und die Leute würden ja die ganzen Lügen glauben, sie würden auf jeden tollen, intelligenten, kreativen und inspirierenden Wein mit zweistelligem Preis losgehen wie dumme Hühner, die ein verwundetes Küken zu Tode picken. Und warum? Die Leute fürchten sich vor dem, was sie nicht verstehen, aber wir müssen uns diesem Verrat nicht beugen. Vergiss „Wein für Dummies", vergiss die Beleidigungen und die Ungewissheit. Es ist Zeit, klüger und nicht dümmer zu werden. Lasst uns zu den Waffen der Intelligenz greifen und uns dem Meer aus Ungläubigkeit und Idiotie entgegenstellen.

Und sollte der Schutzwall brechen und die Mittelmäßigkeit siegen, ja dann, meine erlebnishungrigen Freunde, sage ich euch: Umso mehr große Weine gibt es für uns!

DU WILLST ALSO SOMMELIER WERDEN, WENN DU GROSS BIST …

> "
> *Selling wine is all about sizing people up,*
> *and it takes a certain amount of chutzpah.*
> *The tableside bottle sell is a very funny*
> *thing – you take a look at the guy's blazer,*
> *what shoes he's wearing, what kind*
> *of broad he's with. Is he trying to be a hero?*
> "
>
> **JOE BASTIANICH, MASTERCHEF USA**

Als ich fünf Jahre alt war, träumte ich davon, Cowboy zu werden, Astronaut oder Cartoonzeichner. Gott allein weiß, wie eine so unschuldige Weisheit zu einem derart bewussten Masochismus werden konnte, aber als ich mich dazu entschied, Sommelier zu werden, schien das eine gute Idee zu sein. Nein wirklich, ich liebe meinen Beruf und er hat seine Vorzüge. Ich hätte mir im Nachhinein nur jemanden gewünscht, der mir vor dieser Expedition klargemacht hätte, wie viele falsche Vorstellungen es von diesem Beruf gibt und welche Unmenge an Risiken er mit sich bringt. Also, Kinder, bevor ihr jetzt anfangt, mit Buntstiften Verkostungsnotizen zu malen und euren Robby-Bubble-Kindersekt zu schwenken: Hier sind zehn Dinge, wie man ein Großmeister des guten Geschmacks wird und die einem NIEMAND BEIBRINGT in der Schule.

1. Wer gerne schläft, sucht sich besser ein anderes Hobby

Wenn dir 15 bis 17 Stunden Arbeit am Tag nicht so attraktiv vorkommen, kannst du dir die Mühe sparen, weiterzulesen. Schnapp dir die nächste Ausgabe von „Rolling Pin" und schau in den Stellenanzeigen nach deinem Traumjob in der Wissenschaft des Geschirrspülens.

Auf hohem Niveau zu arbeiten bedeutet, sich mit hohen Erwartungen, hohen Budgets, hohen Kosten, hoher Spannung und hoher Aufmerksamkeit konfrontiert zu sehen; nicht nur auf Seiten des gut betuchten Klientels, sondern auch, um ein Weltklasseprogramm am Laufen zu halten. Ein guter Freund (zufällig ein Graf, der in einem Schloss wohnt) klagte mir mal sein Leid über die falsche Wahrnehmung der Öffentlichkeit, was den „märchenhaften" Besitz eines Schlosses betrifft. Die Faszination verfliegt schnell, sobald die Sorgen – und die Rechnungen – kommen: Landschaftsgestaltung, Bedienstete, das Heizen kompletter Schlossflügel, das Ersetzen jahrhundertealter verschimmelter Fundamente und kaputter Leitungen, die noch aus den Napoleonischen Kriegen stammen. Genauso funktioniert ein tolles Weinprogramm: Es geht damit los, einen Keller mit 2000 Positionen aufzubauen und dabei jede Auswahl mit Geschäfts- wie mit Kunstsinn zu treffen, Leben und Tod jeder Flasche bis ins Einzelne zu kennen und den Bestand effizient zu verwalten. Darüber hinaus gilt es, die Weinkarte täglich zu aktualisieren, Ersatz für die ausverkauften Positionen zu finden und den Service zu überwachen, damit es für Wein und Kunde gleichermaßen gut läuft. Du hast fünf Minuten, um einen neuen Aperitif-Cocktail zu mixen, weil keiner gesagt hat, dass der Lillet Blanc aus ist, und dabei über ein neues Weinpairing für den ersten Gang nachzudenken, den der Küchenchef soeben aus Artischocken, Spinat und Auberginen à la minute neu eingeführt hat. Du musst Briefe von Gästen beantworten, die sich über deine bunten Schnürsenkel und gestreiften Socken beschweren, oder Anrufe von Kellermeistern, Großhändlern, Journalisten, Kunden, Kollegen und Versicherungsvertretern am Telefon abwimmeln, das ununterbrochen läutet. Zwischen dem Service und allem möglichen anderen solltest du Zeit finden für Treffen mit Kunden, die eine Party bei dir planen, nur um dann zu merken, dass dein Assistent gerade eben fünf Flaschen Hermitage Blanc zu jeweils 380 Euro für das Verkostungsmenü aufgemacht hat anstatt den roten Crozes-Hermitage für 65 Euro, den du dafür vorgesehen hattest. Du musst Bestellungen managen, die nicht rechtzeitig am Tag einer Buyout-Party eintreffen, um dann festzustellen, dass du keine 60 Flaschen eines anderen Champagners als Ersatz anbieten kannst. Die eigentlich auch schon seit einer Stunde auf Eis liegen sollten für die ersten Gäste, die in fünf Minuten eintreffen werden. Willkommen in der Welt der Sommeliers, dem Schloss in den Wolken des Restaurantservice.

2. Du brauchst eine dicke Haut ...

Wenn du Erfolg haben und diesen Erfolg auch genießen möchtest, dann geh jetzt in deine Dusche und wirf die Flasche mit dem Körperpeeling, das du so magst, direkt in den Müll. Du wirst jede Hautschicht brauchen, wenn du in diesem Business überleben willst. Aber selbst dann ist manchmal einfach alles zu viel. Manchmal fühlt es sich an, als läge man mit seiner ganzen Existenz unter einem Mikroskop oder würde herumgeschubst und -gestoßen werden wie eine Laborratte, von der erwartet wird, dass sie wie ein Hofnarr Purzelbäume schlägt. Alles, was du tust, wird genau beäugt, heruntergemacht, auseinandergezerrt und analysiert. Einst kam ein ziemlich berüchtigter Kritiker zum Essen zu uns, obwohl wir schon seit zehn Jahren auf seiner schwarzen Liste standen. Sehr darauf bedacht, ihm ein umwerfendes Weinpairing zu präsentieren, stellte ich ihm zuversichtlich das erste Glas auf den Tisch und traute meinen Augen nicht, als er ein elektronisches Thermometer erst in den Wein und dann in die Luft hielt und die Temperatur jeweils aufs Zehntelgrad genau maß. Warum war er nicht gleich mit Operationshandschuhen gekommen und hatte mich aufgefordert, bitte „den Kopf zu drehen und zu husten"? Das ist kein Spiel und kein Spaß mehr, da will einer Krieg. Kein Trick bei der Blindverkostung, keine perfekte Kenntnis der Bordeaux-Klassifizierung von 1855 können dir da noch helfen. Alles, was man tun kann, ist die Zähne zusammenzubeißen und sich auf seine jahrelange, schlachtengestählte Erfahrung zu verlassen und inständig zu hoffen, dass die ganze mühevolle Arbeit und all das Lernen genug übermenschliche Instinkte hervorrufen werden, um sich aus einem solchen Kampf siegreich herauszuarbeiten.

3. ... und die Geduld eines Heiligen

Niemand versteht deinen Job, das muss dir klar sein. Weder deine Gäste noch deine Mitarbeiter, hier und da vielleicht nicht einmal du selbst. All die Stunden, die du im Keller verbringst, vor und nach der Schicht und an freien Tagen, in denen du Inventur machst, organisierst, sauber machst, sind kein Grund für ein Lob. Hauptsächlich deshalb, weil keiner da ist, der dich dabei sieht. In den Augen der anderen machst du dauernd „Kaffeepausen". Weinreisen? Klar, von Kellerei zu Kellerei zu hetzen, sich in hyperkonzentrierten Verkostungen aufzureiben, durch Weinberge zu latschen und endlos Terroir, Jahrgang und Klima zu analysieren, bevor man in Rekordzeit zum nächsten Termin rast, ist praktisch das Gleiche wie die zehn Tage Ibiza, die dein Mitarbeiter am Strand liegt und San Miguel trinkt. Zumindest sieht er das so. Du kannst nicht weniger als acht Michelin-Sterne in deiner persönlichen Laufbahn anführen und Chef Sommelier eines weltbekannten Weinprogramms sein, aber ein älteres englisches Ehepaar wird dich immer noch fragen, was du denn mal „mit deinem Leben anfangen willst". Ja, es ist ein undankbarer Beruf, aber bleib auf Kurs, und du wirst das Gold am Ende des Regenbogens finden. Gib deine Leidenschaft nicht auf und verlass dich auf deine Erfahrung, dann wird Reichtum fließen. Nun, zumindest Richebourg.

4. Gesundheit? Das ist was für Leute mit „normalen" Berufen

Wenn „nahrhaftes" Frühstück für dich bedeutet, eine Aspirin mit Augustiner-Bier runterzuspülen, kann man deine Bewerbung ernst nehmen. Wenn du mit „Bluttransfusion" die Zufuhr von acht doppelten Espressi meinst, hast du den Fuß in der Tür. Keine Lust auf kaltes Essen? Dann mach dir schon mal die Mikrowelle zum Freund. In der Zeit, in der du dich mit allen möglichen Problemchen befasst (siehe unter Punkt 1) und dein Briefing im Service-Meeting absolviert hast, ist das, was mal als Personalessen auf deinem Teller war, hart geworden und ähnelt jetzt eher einem Stalagmiten. Du kannst aus vier Gruppen von Grundnahrungsmitteln wählen: Brotkanten, Reste von Gästeessen, vereinzelte Petit Fours und Fanta. Deine Vorstellung von Sport erschöpft sich darin, durch die 200 Positionen umfassende Liste der Allergien, Intoleranzen und Abneigungen zu navigieren, die dir dein glutenfreier beziehungsweise ovo-lacto-vegetarischer Gast präsentiert, und die auch den Widerwillen gegen Eiche, Tannin, Säure, Farbe, Reife, Frucht, Schwefel und Eiweiß beinhaltet, einschließlich der Möglichkeit, dass eine Ziege am ersten Dienstag nach der Tagundnachtgleiche durch den Weinberg getrabt sein könnte.

5. Sommeliers sind Ärzten ähnlicher, als man denkt

Ärzte verbringen Jahre mit der Nase in Büchern, aber das gilt auch für unsereins. Für Ärzte geht es dann weiter mit dem Exhumieren und Aufschneiden von Leichen, und auch wir Somms sind darauf bedacht, altertümliche Flaschen aus staubigen alten Kellern auszugraben, in der Hoffnung, aus jedem Schluck flüssiger Geschichte etwas Neues zu lernen. Weinflaschen sind ja wie Patienten: Du analysierst ihre Gesundheit, ihre Herkunft, ihre Kinderstube, ihren Tod und alles dazwischen. Du musst genügend Weine „seziert" haben, um sofort zu verstehen – und natürlich vorherzusagen –, wie sie altern und reifen: von einem süßen Baby zu einem verstockten Teenager, einem selbstbewussten Erwachsenen und schließlich erfahrenen Senioren. Am wichtigsten aber ist, deinen Patienten zuzuhören. Es ist leider kein billiges Unterfangen, deinen Geschmackssinn auf eine Zeitreise zu schicken, um vergrabene Schätze zu finden, deshalb musst du darauf vorbereitet sein, größere Summen auf dein Konto bei der Bank für „Geschmackserinnerungen" einzuzahlen. Wenn dich ein Kunde nach dem Unterschied zwischen einem 1978er und einem 1979er Chambertin von Armand Rousseau fragt und du nicht gleich darauf antworten kannst, ist dieses Geschäft geplatzt. Mach also deinen Hausaufgaben, Kind, und stell dich darauf ein, jeden Cent, den du verdienst, in deine Ausbildung zu stecken. Nicht nur Jurastudenten leben von Ramen-Nudeln und billiger Pizza, aber als Sommelier trinkst du zumindest Lafite statt Löwenbräu.

6. Bambi hat hin und wieder Schonzeit, du nicht

Woher kommt es eigentlich, dass die meisten selbsternannten „Foodies" zu Hause begeisterte Köche sind, sich im Restaurant aber selten trauen, dem Koch Vorschläge zu machen, wie er ein Gericht noch besser hätte zubereiten können? Dagegen fühlen sie sich geradezu missionarisch berufen, die Weine zum Menü zu kritisieren, damit diese noch präziser, interessanter und ihrem Lugana zu Hause ähnlicher sind. Das Lustige dabei ist, dass höchstens ein Prozent der Gäste, die ins Restaurant kommen, auch nur ansatzweise das mitbringen, was ich Weinkompetenz nennen würde. Den selbsternannten „Weinexperten" kümmert es wenig, dass er nicht allein im Restaurant ist, sein persönlicher Geschmack ist König und jeder Widerspruch Verrat. Dabei hat er null Ahnung von Wein, ganz zu schweigen davon, wo man beim „Sezieren" fürs Weinpairing anfängt, von den Wechselwirkungen der Säure, von Gewicht, Texturen, Tanninen und Aromen. Du kannst darauf wetten, dass er für den letzten Gang bestimmt die bessere Idee hat, und seltsamerweise besteht die ausgerechnet in seinem Lieblingswein. Du siehst die absolute Katastrophe heraufziehen, aber jede Erklärung stößt hier auf taube Ohren. Bei so einem Gast wünscht man sich nur noch, über telepathische Kräfte zu verfügen. Ansonsten: Game over! Und die Moral von der Geschicht': Wenn du ein Leben im Fadenkreuz nicht ertragen kannst, solltest du aus dem Feuergefecht aussteigen.

7. Apps wie „Vivino" sind zum offiziellen Decoder-Ring der Weinidioten geworden

Wenn du denkst, dass Robert Parkers Jahrgangstabellen im Taschenformat furchtbar sind, dann warte mal ab, bis das 21. Jahrhundert seine eigenen, neu aufgelegten Reiter der Weinapokalypse herunterlädt, Version 2.0.

Es ist kein Geheimnis, dass Restaurants der Oberklasse mehr oder weniger vom Profit der angebotenen Getränke leben und sterben. Früher die einzige Waffe des Gastronomen gegen steigende Lebensmittelpreise, nicht in Anspruch genommene Reservierungen und ständig steigende Mindestlöhne, die von Jungspunden mit zu wenig Arbeit und zu vielen Privilegien gefordert werden, ist eine vernünftige Gewinnspanne beim Wein heute ein gefährlich zweischneidiges Schwert. Die App soll Leuten helfen, sich an ihre Weine zu erinnern, aber könnte man nicht auch einfach ein Foto machen? Nein, die hier ist viel teuflischer. Sofort werden Vergleichspreise angezeigt aus irgendeinem Tante-Emma-Weinladen irgendwo im Land mit gerade mal einem bezahlten Angestellten, der den gleichen Wein vor zehn Jahren in einem Räumungsverkauf von einem pleite gegangen Händler erworben hat. Im Vergleich dazu lässt dich dein Preis auf der Weinkarte wie ein Axtmörder aussehen. Außerdem wirbt die App mit Sprüchen wie „Nie mehr schlechte Weine", als ob die Userbewertungen einer größtenteils ahnungslosen Masse als Qualitätsgarantie gelten könnten. Wenn man sich das auf die Musik übertragen vorstellt und die Beliebtheit wirklich etwas über den Wert aussagen würde, dann hätte es die Welt mit Sicherheit nie zugelassen, dass MC Hammers Album „Please Hammer, Don't Hurt 'Em" auf zehn Mal Platin kommt oder „Breathless" von Kenny G sogar das noch um zwei Millionen verkaufte Platten mehr toppt. Hätte Paul McCartney 1961 ein iPhone gehabt, hätten die Beatles wahrscheinlich fast so viele Alben wie Meat Loaf verkaufen können.

8. Der Sommelier „under your thumb" ...

... um Mick Jagger zu zitieren. Oder, wie es vielleicht etwas netter klingt, „an deinen Fingerspitzen". Das Handbuch des modernen Sommeliers braucht dringend ein Update, ebenso seine merkwürdigen Ansichten in Bezug auf lange Stunden in Bibliotheken, Studiersälen und Cafés, umgeben von Wälzern voll alten Wissens und vergessener Weisheit, ganz zu schweigen von dem zutiefst erotischen Gefühl, wenn einem die Weinbergerde nach einem 18-stündigen Erntetag die rissigen Fingernägel schwärzt. Auch das göttliche Ritual des ersten Schlucks kalten Biers nach einer 17-Stunden-Schicht im Restaurant muss überdacht werden – all das wirkt nämlich jetzt ziemlich antiquiert. Der Sommelier des 21. Jahrhunderts braucht nur ein iPhone, auf dem er Statistiken des infrage kommenden Weins googelt und stolz am Tisch ein paar Fakten verkündet, die er genau so schnell wieder vergisst, wie er sie gelesen hat. Vorbei sind die Tage, als ein Gast sich auf den Herrn des Kellers und seine Weisheit verließ, die von Reisen um die Welt und ausgiebigem Verkosten herrührte. Dieselben leeren Fakten, die vom „Touchpad-Sommelier" dahergeplappert werden, müssen dann natürlich gleich noch einmal überprüft werden, auf demselben iPhone, mit denselben Apps, auf denselben Websites.

9. Große Verkostungsveranstaltungen und der schale Geschmack im Mund

Als junger, unternehmungslustiger und schwungvoller Commis Sommelier schienen mir Veranstaltungen wie Prowein, Vinitaly und so weiter so unerreichbar wie der Ball bei Hofe für ein armes Aschenputtel. Mit zunehmendem eigenem Ansehen und Bekanntheitsgrad aber werden diese Sausen zum Fluch deines Daseins; etwas, was man unter allen Umständen vermeiden muss. Unter dem Deckmantel anregender, informativer Plattformen für Forschung und Entwicklung sind solche Gala-Events in Wirklichkeit eher hochgehypte Laberveranstaltungen für Pseudoprofis aus der Gastro-Szene und verkommene durstige Journalisten. Ernsthaftes Verkosten, „Arbeit" womöglich, wird von der Kavalkade betrunkener „Kollegen", die wahllos ihre Visitenkarten verteilen, unmöglich gemacht. Angetrunkene Bedienungen wetteifern um die meisten Likes ihrer Instagram-Selfies mit Angelo Gaja, während man untätig in der Schlange steht und hofft, seinen neuen Jahrgang probieren zu können. Nachdem man über den zehnten Bewusstlosen und die zwanzigste Pfütze von was auch immer gestiegen ist, fallen einem die bedauernswerten Ähnlichkeiten zwischen der Vinitaly und dem Italienerwochenende auf dem Oktoberfest auf. Ist nicht wirklich einen gläsernen Schuh wert.

10. Auf der Suche nach Liebe, immer an den falschen Orten

Hier kommen gute und schlechte Nachrichten, aber was was ist, hängt davon ab, welcher Typ Mensch du bist. Das Liebesleben eines Sommeliers sieht in etwa so aus: One-Night-Stands = jede Menge. Richtige Beziehungen = fast unmöglich. Wenn die Happy Hour frühmorgens um 3.26 Uhr in der Stammkneipe beginnt, welche Sorte vernünftigen, karrierebewussten, ehrgeizigen, verantwortlichen, „normalen" Menschen erwartest du da zu treffen? Eben. Abgesehen von Kollegen aus der gleichen Branche natürlich. Was nicht wirklich schlimm ist, aber eine Pause von dem immer gleichen verbitterten Restaurant-Bettgeflüster täte schon mal gut. Erfolg ist das Stichwort. Betrachte ihn als eine Du-kommst-aus-dem-Gefängnis-frei-Karte, mit der das Tier in dir die Chance hat, seinem Käfig zu entfliehen und ein „normales" Leben inmitten ahnungsloser Leute zu führen. Bei verschiedenen Medien und besonderen Anlässen im Rampenlicht zu stehen bedeutet Zugang zu gesellschaftlichen Kreisen, in denen du anders auftreten kannst als sonst, und das kann ungemein erregend sein.

PIMPT EURE WEINKARTE RICHTIG!
(PRIVATE SAMMLER, DAS GILT AUCH FÜR EUCH!)

> *A lady came up to me one day and said 'Sir, you are drunk!' to which I replied 'I am drunk today Madam, and tomorrow I shall be sober. But you will wake up and still be ugly.'*

WINSTON S. CHURCHILL

Wer auch nur halb so ein Nerd ist wie ich, nimmt sich immer zuerst die Weinkarte vor, bevor er in die Speisekarte schaut. Meistens frage ich mich, was der Sommelier sich bei der Zusammenstellung gedacht haben mag, welche Weltanschauung dahinter steht, wie sie geschrieben ist und präsentiert wird, und natürlich mache ich mir Gedanken über den Inhalt selbst. Hat sie eine Richtung, einen Flow, eine Persönlichkeit? Oder ist sie nur aufs Geratewohl zusammengestoppelt mit ein paar Highlights? Check die folgenden zehn Punkte und schau, ob deine Weinkarte Badass-Status erreicht.

1. Qualität vor Quantität, Himmel noch mal!

Einige von uns haben es gut. Manchmal sogar zu gut: riesige Budgets, kilometerlange Lagerkeller und eine kleine Armee von Assistenten, die helfen, ein absurd umfangreiches Weinprogramm am Laufen zu halten. Der Rest von uns hält sich besser an die Weisheit: „In der Kürze liegt die Würze". Das sollte das Mantra jedes Sommeliers mit begrenztem Etat sein. Eine kurze, aber präzise Liste mit mehr Sein als Schein zu schaffen, die große Jahrgänge, große Erzeuger und Überraschendes enthält, ist keine leicht Aufgabe, bringt aber mehr Anerkennung ein, als das Alte Testament neu zu schreiben. Sortiert den Müll aus, bringt es auf den Punkt und lasst die Auswahl für sich selbst sprechen.

2. Auch wenn du nekrophil bist, heb dir die Fetische für deinen Nebenjob auf.

Du liebst vielleicht die uralten, manche würden sagen „toten" Weine, aber deine Gäste höchstwahrscheinlich weniger. Versteh mich nicht falsch, kaum etwas törnt mich so an wie eine umwerfende Flasche aus einem klassischen Jahrgang, sei es '78, '47 oder '29. In den Worten von uns Wein-Nerds kommen sie einer Nacht mit Sophia Loren im Bett gleich. Aber: Nimm keinen Wein in deine Liste auf, dessen Höhepunkt vorbei ist, nur weil du meinst, das sei „cool". Weißt du, was cool ist? Hausaufgaben. Studiere die Jahrgänge für jede wichtige Region, studiere die Superstars, die Erfolge und Pleiten jedes Jahres und schau dich, wenn du nicht gerade einen Millionenetat hast, nach den unbekannten Champions kleiner Regionen um, die ungewöhnlich gut gereift sind. Stelle sicher, dass deine älteren Jahrgänge immer noch Feuer und Leben haben, und vor allen Dingen biete deinen Gästen Genuss.

3. Du bist nur so stark wie das schwächste Glied in deiner Kette

Auch wenn du, der Chef Sommelier, der Mittelpunkt deines Weinprogramms bist, alles alleine machen kannst du nicht. Service und Verkauf müssen sich zwangsläufig aufeinander verlassen können. Bedenke beim nächsten Einkauf mit, wie erfahren dein Team ist. Eine benutzerfreundliche Weinkarte, die leicht verständlich ist und den Verkauf vereinfacht, schüchtert deine Mitarbeiter nicht ein und entspannt die Gäste. Das beschert allen einen relaxten und schönen Abend. Ob deine Karte nun preisgekrönte oder esoterische Weine enthalten soll, denk immer daran, auch deinem Personal regelmäßige Verkostungen und Fortbildungen anzubieten, auch wenn das zusätzlicher Aufwand ist. Ohne Investitionen kein Ertrag, Leute!

4. One-Hit-Wonder oder Superstars aus echtem Gold?

Gehörst du zu den Leuten, die nur „Best-of"-Alben oder, schlimmer noch, nur Singles von Bands kaufen, weil sie „diesen einen Song aus dem Radio" von „dieser einen Band" immer und immer wieder hören möchten? Oder bist du der Typ, den das Niveau einer Band interessiert, der also ihren Stil von Album zu Album studiert, weil er ihre Entwicklung als Gruppe mitverfolgen möchte? Du musst entscheiden, ob du eine Weinkarte haben möchtest, die immer nur die Top-40-Hits runterleiert, oder nicht doch lieber Weingüter aufnimmst, die du nach sorgfältiger Wahl für die besten Vertreter ihrer Region und der verwendeten Rebsorten hälst und deren Stil dich anspricht.

5. Sein oder nicht sein ... entscheide dich!

In der Hektik, dir zwei Flaschen „G-Max" von Klaus Peter Keller zu sichern oder eine Flasche des gerade heißesten neuen „Pét-Nat"-Erzeugers mit 0,00014 Hektar an der Loire zu ergattern, darfst du einen der wichtigsten Punkte deines Weinprogamms nicht aus den Augen verlieren: Richtung. Worauf willst du mit deiner Weinkarte hinaus? Was genau möchtest du deinen Gästen anbieten? Gibt es irgendeine Art von Kontinuität bei der Auswahl? Wenn deine Gäste nicht das Gefühl haben, dass es in deinem Weinuniversum so etwas wie eine höhere Ordnung gibt, ist es sehr viel weniger wahrscheinlich, dass sie dir unerschrocken hineinfolgen. Liegt dein Fokus auf Naturweinen und/oder biodynamischen Weinen, kleinen Erzeugern, bekannten kommerziellen Etiketten, komplett unbekannten Weingütern, esoterischen Sachen? Finde heraus, was dich am meisten interessiert, und dann leg los! Eine Vision ist das überzeugendste Argument, egal, was man verkauft.

6. Location, Location, Location

Einen Weinkeller zu bestücken und instand zu halten ist anstrengende Arbeit und wird, da müssen wir uns nichts vormachen, von deinen Mitarbeitern nicht sonderlich hoch geschätzt. Noch schwieriger aber ist es manchmal, diesen hinter den Kulissen vergossenen Schweiß auf kreative, intelligente und organisierte Weise den Gästen zu präsentieren. Entscheide dich, ob du die Weine auf der Karte nach geografischen Aspekten, nach Rebsorten, Stilen oder Erzeugern listen willst und stelle sicher, dass deine Ordnung von Anfang bis Ende durchgezogen wird. Möchtest du die Weinkarte als Geschichtenbuch anlegen, auf das sich deine Gäste einlassen können, weil Menü und Service bei dir so organisiert sind, dass dafür die Zeit bleibt? Oder sollte sie mehr funktional und geradlinig sein, um deine Gäste nicht zu überfordern? Aber mal im

Ernst, wenn ich ein 15-Gänge-Menü vor mir habe, brauche ich keine Dissertation über die Bordeaux-Klassifizierung von 1855. Du etwa?

7. Behalte das Ziel im Auge

So, jetzt hast du also deinen Keller eingerichtet, deine Weinkarte in Form gebracht und deine Leute geschult. Bevor du dir jetzt den Arm dabei brichst, dir selbst auf die Schulter zu klopfen, solltest du dir noch eine Frage stellen: Weswegen kommen die Gäste hauptsächlich in dein Restaurant? Wegen der Küche. Genau. Also schraub dein Ego etwas herunter und sorge dafür, dass dein heiliger Weinschmöker sich tatsächlich zu der Küche bekennt, die du zu unterstützen hast. Steht deine Auswahl im Einklang mit den unterschiedlichen Aromen? Mächtig, würzig, elegant oder anders? Hast du mit dem Koch eng zusammengearbeitet, um genau zu wissen, welche Weine funktionieren und welche nicht? Ich kannte mal einen Mann, der ein schickes neues Steakhaus in Chicago eröffnet hatte und sofort über 20 verschiedene Chenin Blancs anbot … auf einer Karte mit knapp 200 Einträgen. In einem Steakhaus. In Amerika. Weil er „den so liebte". … Sie verkauften sich nie.

8. … und schenkest mir voll ein

Nicht jeder bemisst die Schäden der vorangegangenen Nacht in nicht konsumierten Flaschen, wie wir Sommeliers das oft tun. Viele Gäste müssen am nächsten Morgen arbeiten oder haben während des Essens Geschäfte zu erledigen und können sich am nächsten Morgen keinen Kater leisten. Aber trotzdem wünschen – und verdienen – sie Qualität, und das ist deine Chance, ein ernstzunehmendes Programm von Weinen glasweise aufzulegen. Es muss nicht sehr groß sein, nur gut zusammengestellt; eine Mischung aus erschwinglichen Weinen für Anfänger und ein paar Raritäten für Kenner. Gäste, die Weinbegleitung wünschen, suchen sowieso oft nach edleren Optionen, und mit den neuen Techniken wie etwa dem Coravin-System gibt es noch weniger Gründe, diese selten verkauften Flaschen nicht zu öffnen.

9. Von Flagey-Echézeaux zum Vollbar-toh

Wenn du dies liest, wohnst du wahrscheinlich nicht in Brooklyn, in Kopenhagen oder Melbourne, also hör mir bloß mit diesem „Zu-coolfür-die-Schule"-Gehabe auf und lass dir die Haare schneiden. Du warst nicht der Erste, der Mumford & Sons entdeckt hat, und auch nicht der Erste, der in Amphoren gereiften Riesling aus den Adelaide Hills aufgespürt hat. Was allein zählt ist, ob der Wein tatsächlich gut ist oder nicht. Such nicht wie verrückt nach irgendeinem abgedrehten Kram, nur um der Erste zu sein, der die Sau durchs Dorf treibt. Sei kritisch. Kann er mit anderen „klassischen" Weinen in seiner Kategorie mithalten in puncto Komplexität, sortentypischem Charakter, Lagerfähigkeit, Struktur, Harmonie und Ausgewogenheit? Wenn ja, kann „interessant" mit „gut" zusammengehen. Ich bin nicht beeindruckt, wenn ich bei einer Blindverkostung eine Scheußlichkeit vorgesetzt bekomme, die man vor lauter Ranzigkeit überhaupt nicht identifizieren kann.

10. Balance ist alles

Wie schon erwähnt, ist ein Sinn fürs Abenteuer wichtig, aber innerhalb vernünftiger Grenzen. Jeder Affe kann die Top-100-Liste des „Wine Spectator" kopieren, aber es braucht einen Schatzsucher, um die unbekannten Juwelen der Weinwelt auszugraben. Trotzdem, nicht alle Gäste suchen nach einem Erlebnis wie im Tempel des Todes, wenn sie eine Weinkarte aufschlagen, also darf man auch die eher klassischen Weintrinker nicht abschrecken. Damit meine ich nicht, dass du jetzt massenweise „Tignanello" horten solltest, nur um die „Label-Trinker" zu befriedigen. Du kannst deine poetische Integrität auch durch neue Entdeckungen in ansonsten „klassischen Regionen" zeigen, womit sogar altmodische Sammler überrascht UND zufriedengestellt werden. Vergiss nicht, der Martini mag ein „klassischer" Cocktail sein, doch wenn er meisterhaft gemixt ist, lässt sich kaum ein besserer Trunk finden. So wie auch die alten Hasen unter den Crus Classés aus Bordeaux immer noch vielen der hochgehypten, überteuerten, überproduzierten südafrikanischen Cabernets „X/Y/Z" einen ganzen Haufen neuer Tricks zeigen können. Und was am wichtigsten ist: Einen solchen Wein für deinen bereitwillig zahlenden Gast zu öffnen ist viel gastfreundlicher als ihm zu erläutern, warum du Bordeaux scheiße findest und sein Keller zu Hause, im dem nicht weniger als 1500 Kisten Crus Classés lagern, in Wirklichkeit Müll ist. Ja, das Verkaufsgespräch möchte ich erleben!

LUKE, ICH BIN DEIN SOMMELIER: DIE DUNKLE SEITE DER MACHT

66

Aus großer Kraft
folgt große Verantwortung.

99

BENJAMIN „ONKEL BEN" PARKER,

„THE AMAZING SPIDER-MAN"

Ausnahmslos immer, wenn ich Weine für meine Weinschule vorbereite, steht ein Gast an der Bar und schaut zu, wie ich alte Burgunder, legendäre Bordeaux-Weine, mythische Ribera del Dueros und Blockbuster-Kalifornier entkorke. Dann ist es nur eine Frage der Zeit, bis unweigerlich die Bemerkung kommt: „Wow! Was für ein toller Beruf! Ich wollte, ich könnte auch Sommelier sein." Ja, dieser Teil des Jobs ist klasse, aber er macht nur ungefähr fünf Prozent dessen aus, wofür wir verantwortlich sind. Dafür bezahlt zu werden, dass man herumsitzt und monumentale Weine schlürft, wäre tatsächlich ein Traum. Die Realität sieht aber ganz anders aus.

Andererseits hat der Gast auch nicht ganz unrecht. Wir verlieren gern mal den Blick dafür, wie cool der Beruf des Sommeliers ist, wenn wir vollauf mit Bedienen, Sonderveranstaltungen, Aktualisierungen der Weinkarte, Meetings, E-Mails und Last-Minute-Änderungen in der Speisekarte beschäftigt sind. Wir müssen verdammt hart und verrückt lange arbeiten, aber zum Ausgleich haben wir den Backstage-Pass in Händen, mit dem wir Zugang zu jedem großen Restaurant, jeder Kellerei und jedem Luxushotel der Welt haben. Dieses Ticket ist unbezahlbar. In diesen Club kann sich auch der mächtigste Wallstreet-Banker nicht einkaufen, egal, wie sehr er sich bemüht. Und der einzige Mitgliedsbeitrag besteht aus Blut, Schweiß und Tränen.

Problematisch wird es, wenn uns das alles zu Kopf steigt. Wenn wir vergessen, woher wir kommen, wo unsere Wurzeln sind; dass selbst der berühmteste Sommelier mal irgendwo klein angefangen hat. Sachen getrunken hat, die wir heute vielleicht lächerlich, widerlich oder einfach nur peinlich finden. Und doch war damals unsere Liebe zu diesen „Anfänger"-Weinen rein und unschuldig; vielleicht ziemlich naiv, aber diese Liebe kam zumindest von ganzem Herzen. Frei von vorgefassten Meinungen, Erwartungen, Parker-Punkten oder Marktzwängen. Vielleicht fehlte diesen Weinen die Struktur, vielleicht war die Säure zu aggressiv, die Frucht zu plump und marmeladig, und möglicherweise kam diese köstliche „Holznote" von einem Pulver, das am Ende in den Wein gerührt worden war. Aber zum Teufel, dieser seelenlose, fade, banale Wein sprach uns trotzdem an, er inspirierte uns sogar. Würde ich heute die Korken aus einem 1959er Musigny oder 1945er Cheval Blanc ziehen, wenn sich meine Welt nicht vor 15 Jahren auf den Kopf gestellt hätte wegen einer Flasche Coteaux du Languedoc namens „Le Mas" für 5,99 Dollar? Ich zweifle sehr daran.

Das biblische Gleichnis von der Frau, die gesteinigt werden soll, ist hier sehr passend. Wer von uns Somms nie zu Beginn beschissene Weine getrunken hat, der werfe den ersten Stein. Und natürlich ist keiner unter uns, der ohne Sünde wäre, warum also andere anklagen? Jedes Augenrollen, heimliche Glucksen und entnervte Seufzen, das uns unterläuft in Gegenwart eines Anfängers, der nicht die Erfahrung, das Wissen oder einen Weinkeller hat wie wir, ist für mich schon eine Todsünde. In einem Sekundenbruchteil kann eine solche versnobte Herablassung jahrelange Bemühungen zunichtemachen, diesen Mensch in unsere Welt zu holen. Ausgegrenzt, vor den Kopf gestoßen und zutiefst gedemütigt. Wenn es ein Mauseloch gibt, in das er kriechen kann, wird er es finden und nie wieder hervorkommen. Und das nur wegen der Arroganz einiger weniger.

Ich erinnere mich an zwei sehr unangenehme Situationen mit einem ziemlich bekannten Kollegen. Beim ersten Mal war es während eines beliebten Treffens für Sommeliers, wo man zusammen trinkt, lacht und sich weiterbildet. Diese Events beginnen immer mit einem Empfang, für den jeder etwas zu trinken mitbringt – eine Chance für manche, ihre Liebe zu ganz esoterischen Weinen zu zeigen, und für andere, mit den wertvollsten Besitztümern ihres Kellers zu prunken. Immer faszinierend, kontrovers und Grundlage für endlose Diskussionen. Und vor allem ist es ein Heidenspaß. Bis die Platte einen Kratzer bekommt.

Der prominente Somm X traf die Entscheidung, die Party zu unterbrechen und eine bestimmte Flasche in die Höhe zu halten, um sie öffentlich zu kreuzigen. Es handelte sich um einen üblichen, allerdings furchtbar teuren Supertoskaner, den tatsächlich wenige Sommeliers privat trinken würden, den man als Fahnenträger dieses Stils aber nichtsdestoweniger kennen muss. Somm X schrie: „Wer WAGT es, so eine Drecksflasche auf ein Treffen von Leuten mit so überragendem Talent und Verstand mitzubringen? Es ist eine Schande!" Von nun an ging's bergab. Vielleicht sollte das in diesem Moment lustig und ironisch klingen, oder Somm X meinte, eine Rolle spielen zu müssen, die seinem ansonsten sehr umstrittenen Image in der Öffentlichkeit entsprach? Doch keins von beiden traf zu. Die arme Frau, die diese teure Flasche mitgebracht hatte, war eine Sekretärin der gastgebenden Firma. Ein „normaler" Mensch, der sich, in seiner Welt, Mühe gegeben hatte, etwas Besonderes beizusteuern; und die Flasche hatte außerdem zehnmal mehr gekostet als viele andere auf dem Tisch. Ich hörte zu, biss mir auf die Lippen und versuchte, das Spektakel von X zu ignorieren, obwohl mir die Frau, die da gelyncht wurde, unendlich leidtat. Ich hoffte nur inständig, dass sie es nicht mitbekam.

Im Jahr darauf passierte es dann wieder. Beim gleichen Event, mit denselben Kollegen. Diesmal aber war es ein anderer Mitarbeiter dieser Firma, die die Veranstaltung sponserte. Einer, den ich persönlich kenne und für sein Wissen schätze, auch wenn er selbst kein Sommelier ist. Und diesmal ging es noch weiter unter der Gürtellinie. Somm X dröhnte: „Welches ARSCHLOCH hat nicht nur so einen Scheißwein mitgebracht, sondern außerdem nur eine HALBE FLASCHE von diesem SCHEISSWEIN?!" Es war eine 500-ml-Flasche, aber das nur nebenbei. Dieses Mal konnte ich nicht einfach danebenstehen und zuschauen. Nicht, wenn die nächste Kugel fliegt. Ich rannte zum

Tisch, um diesen Unbeteiligten, der hier zum Opfer geworden war, buchstäblich zu retten. Ankämpfend gegen meinen leichten Rausch und krampfhaft nach verständlichen Sätzen auf Deutsch suchend, bemühte ich mich, dem Unrecht entgegenzutreten, das sich da breitmachte. Denn am Ende ist es doch unsere Pflicht als ausgebildete und geübte Weintrinker – selbst wenn der Wein für uns scheiße sein mag –, unsere Freunde nahe bei uns, aber unsere Feinde noch näher zu halten. Und das ist nur der egoistische Teil der Begründung. Die wahre Frage lautet doch, wo das Star-Sommeliertum aufhört und die grundlegende Menschlichkeit anfängt? Müssen sich diese beiden Dinge denn gegenseitig ausschließen? Und wer gibt uns das Recht zu entscheiden, wer ein Arschloch ist und wer nicht, nur aufgrund einer Flasche Wein, die jemand zur Party mitbringt? Und wer um alles in der Welt ist denn so gottgleich, dass er überhaupt darüber bestimmen könnte, was „gut" und was „scheiße" ist? Und was bedeutet das für unseren Beruf, ja, unsere Berufung? Unsere Mission als Botschafter der Gastfreundlichkeit? Als Vorbilder für Eleganz, Beredsamkeit, Weltläufigkeit und Geist?

Manche von uns mögen nun genau da sein, wo sie sein wollten, doch wir alle sind von irgendwo anders hergekommen. Und ich bezweifle stark, dass irgendeiner von uns mit Haarknoten, Hipsterbart, Skinny Jeans und Savagnin-Naturwein in der Flasche auf die Welt gekommen ist. Warum also irgendjemanden mit anderem Maß messen? Das Letzte, was die Welt derzeit braucht, sind noch mehr ätzende Clips auf Facebook, also sollten wir sie nicht auch noch selbst schreiben, inszenieren oder darin auftreten, sondern ganz bei uns bleiben. Das Leben ist kurz, also legt die Waffen nieder und konzentriert euch darauf, die Dinge besser zu machen. Wenn wir auch nur den geringsten Respekt für unsere Waffenbrüder im Heer der Gastronomie haben, dürfen wir nicht selbst unser schlimmster Feind sein. Seien wir das Licht, das die Orientierung gibt.

KUNST, WEIN UND DIE KRITIKER, DIE BEIDES HASSEN

> " *Most people whom you may view as wine experts are usually good at just one thing: winemakers are good at making wine, sommeliers are at talking about it, and journalists at drinking it for free.* "
>
> OLIVIER MAGNY, „INTO WINE"

Es wäre zwar verlockend, das Thema Weinkritik so richtig schön breitzutreten, und möglicherweis erwartest du das auch, aber ich muss dich leider enttäuschen. Als junger Hüpfer hätte ich wahrscheinlich die Gelegenheit genutzt und jeden Kritiker, den ich für inkompetent oder unehrlich hielt, in der Luft zu zerreißen. Aber jetzt bin ich ein bisschen älter und verstehe ein bisschen besser, wie es so läuft. Unterm Strich wäre es witzlos, aus diesem Kapitel eine McCarthy-Liste im Kleinformat zu machen. Ich möchte nur darauf hinweisen, dass die Weinkritik grundsätzlich genauso aberwitzig ist wie Kunst- oder Literaturkritik.

Ja, wir haben ein ganzes Buch darauf verwendet, zu lernen, wie man einen legendären Wein von einem großen Wein unterscheidet, einen guten von einem schlechten. Und wir haben die Kriterien, nach denen man die Qualität eines Weins beurteilt, gründlich besprochen. So abstrakt der Begriff von Geschmack sein mag, es gibt Eckpfeiler, anhand derer man einen hochklassigen Wein von einem schlecht bereiteten unterscheiden kann: Struktur, Komplexität, Tiefgründigkeit, Lagerpotenzial, Ausgewogenheit und so weiter. Es gibt viele Weine, die alle diese Kriterien erfüllen. Und nun? Der Rest ist absolut objektiv. Aber dann gibt es ein paar angesehene Kritiker, die sich genüsslich über eine ganze Seite einen runterholen und deren Wortschwall sich ins Meer der abgehobensten Beschreibungen ergießt, mit denen keiner etwas anfangen kann. Sinnlose literarische Masturbation. Andere scheinen kaum Talent zu haben oder etwas vom Thema zu verstehen, können sich aber brillant verkaufen und erpressen für günstige Bewertungen enorm viel Geld. Man kann ihren Geschäftssinn bewundern, aber ihr „Beitrag" zur Welt des Weins und der ungenierte Mittelfinger, den sie den ahnungslosen Verbrauchern zeigen, ist eine Schande.

Für den Durchschnittsweintrinker, vor allem in aufstrebenden Märkten wie es die USA vor 30 Jahren waren und wie es heute vielleicht China oder Russland sind, erscheinen Punktsysteme praktisch und unschuldig genug. Eine Methode, um Qualität zu quantifizieren und die Auswahl stark zu vereinfachen. Aber es lauern unzählige Fallstricke. Der Grundfehler ist natürlich, dass jede Bewertung und jede Rezension immer nur die Meinung einer Einzelperson wiedergibt und abhängig ist von deren Vorurteilen, Abneigungen, Schwächen und persönlichen Verbindungen. Was dem einen nichts taugt, ist dem anderen lieb und teuer. Zweitens verwandeln sich zählbare Punkte schnell in eine Währung; es bildet sich ein Wechselkurs zwischen Bezahlung und Punktwertung heraus. Du willst 100 Punkte? Das kostet. Natürlich ist es eine Provokation und „entbehrt jeder Grundlage", so etwas zu schreiben, aber lassen wir das Theater mal eine Sekunde beiseite: Zeitschriften sind Unternehmen, und es ist kein Geheimnis, dass sie von Werbeeinnahmen leben. Und da soll es purer Zufall sein, dass ein Restaurant, das Geld in Anzeigenkampagnen steckt, eine Coverstory und glänzende Besprechungen in eben dieser Zeitschrift bekommt? Oder ein Kellermeister den Preis als „Bester des Jahres"? Oder eine 99-Punktewertung für einen Wein von gerade mal drei Jahre alten Reben?

Während des Bordeaux-Booms Ende der 90er- und frühen 2000er-Jahre erlangte ein önologischer Berater Berühmtheit, der für viele angesehene Weingüter den Rattenfänger spielte. Er schloss millionenschwere Verträge ab, um allen ein immer gleiches Muster überzustülpen. Ein „Erfolgsrezept". Umkehrosmose hier, Überextraktion da, ein wenig von dieser Kulturhefe, eine Prise Tanninpulver, ein kleiner Schuss Säurelösung und ein Klecks Barrique vom Tonnelier X. Et voilà! Du hast soeben einen 97-Punkte-Wein zusammengebastelt! Vier Telefongespräche, einen Besuch und 500.000 Euro später weißt du, dass dein Wein en primeur ausverkauft ist, zum ersten Mal überhaupt. Vielleicht reichen nächstes Jahr die zusätzlichen 500 Mille sogar für 99 Punkte. Weil nämlich derselbe Kritiker, der dir im Jahr vor der wundersamen „Beratung" noch 88 Punkte gegeben hat, aus unerfindlichen Gründen seine Meinung geändert hat. Und seltsamerweise scheint er auch all die anderen Weine, für die dieser Berater verantwortlich ist, recht hoch zu bewerten … Tja, der Berater muss den persönlichen Geschmack dieses Kritikers genau getroffen haben! Na so was! Dass die Weine alle gleich schmecken, keinerlei eigenständige Merkmale aufweisen oder irgendwas über ihre Herkunft verraten – geschenkt. Sie haben Punkte! Dein Keller ist inzwischen voll mit teuerster hirn-, leb- und seelenloser Marmelade, während die beiden Herren sich auf dem Weg zu ihren Schweizer Bankkonten kaputtlachen. Und wenn ein paar Leute den Markt im Griff haben – übrigens einen viel schneller wachsenden Markt als Dow Jones oder Nasdaq –, wer, glaubst du, sollte sie dann am Insiderhandel hindern? Wenn die Punkte bekannt gegeben werden, ein Wein über Nacht zur Sensation wird und sein Preis von 15 Euro pro Flasche auf 150 Euro steigt – wie viele Aktien in deinem Portfolio haben das Zeug zu einer so rasanten Performance? Und wenn der besagte Kritiker nebenbei noch eine Palette Wein als Dank für die Rezension geliefert bekommt, zusätzlich zu den zwei Paletten, die er rein zufällig gekauft hat, als der Wein noch 15 Euro kostete, dann ist das sicher nur ein ganz, ganz komischer Zufall.

Ich will niemand Bestimmten anklagen, und ich sage auch nicht, dass die gesamte Kritikerzunft korrupt ist. Doch es gibt Facetten innerhalb dieser Branche, die stets mit Vorsicht zu genießen sind. Also hinterfragt sie um Himmels willen! Hinterfragt alles, was geschrieben, gesagt, angemerkt und bewertet wird. Am Ende des Tages gibt's nur eine Wahrheit: Deinen Geschmack kann niemand quantifizieren, wahrscheinlich nicht mal du selbst. Wir wissen, was wir mögen, was uns fasziniert und was uns daran erinnert, dass das Leben schön ist und es sich jeden Morgen lohnt aufzuwachen. Und unsere Lieblingsflasche aufzumachen. Oder noch besser: was neues Spannendes.

ONE FOR THE ROAD

" *Alkohol mag der schlimmste Feind des Menschen sein, aber in der Bibel steht: ‚Liebe deine Feinde‘.* "

FRANK SINATRA

Und nun zu den schlechten Nachrichten: Du bist ja jetzt praktisch ein Weinprofi und hast dir im Vergleich zu früher ein doppelt geschicktes Händchen für Musik, Mode und Lifestyle im Allgemeinen zugelegt. Nun, da du den Bogen für den untrüglichen Geschmack raushast, merkst du, dass das uferlos ist. Ein Verlangen baut sich in dir auf nach all den herrlich köstlichen Dingen, von denen du bisher gar nicht wusstest, dass sie existieren. Du brennst für die nächste Explosion der Sinne von einer Traube oder einem Wein, wie du sie noch nie zuvor erlebt hast. Ja, spüre, wie sie deine Adern durchpulst, die Kennerschaft. Kommt, meine Söhne und Töchter, kommt auf die Seite des Lichts, auf dass es euch verzehre. Und da dein Weintraining nun fast abgeschlossen ist, wirst du sehen, dass das erst das Aufwärmtraining war. Nun aber gehe hin und trink! Du muss nicht ständig trinken, aber wenn, dann trink mit wachen Sinnen. Trinken nur um des Trinkens willen ist schlicht Alkoholismus. Scharf zu sein auf Geschichte, die man trinken kann, die in deinen Augen Monumente, in deinen Ohren Symphonien, unter deinen Fingern Skulpturen und in deinem Geist Diskussionen entstehen lässt, heißt, ein wahrer Weinliebhaber zu sein. Zieh dir die schicksten Klamotten an, die du hast, wärm dein eloquentestes Repertoire auf, vergiss nicht, deine Manieren aufzupolieren, und geh, zeig's der Welt, du Renaissance-Mensch, du! Wir können nicht darauf hoffen, die Welt mit einem Schnippen unserer gepflegten Finger zu erleuchten, aber wir können verdammt noch mal versuchen, mit gutem Beispiel voranzugehen.

Ich habe bisher kaum Kellereien empfohlen, deshalb hier noch ein kurzer Überblick über einige meiner Favoriten. Ich gehe nicht weiter ins Detail, da es ja das Internet gibt, wo alles, was du sonst noch wissen willst, nur ein paar Klicks entfernt liegt. Ich hoffe nur, dass du mit diesen Persönlichkeiten und ihren Kunstwerken die Erregung mit mir teilen kannst, mit der ich seit Jahren verwöhnt werde. Natürlich gibt es viel mehr, als ich hier aufgelistet habe, aber es ist zumindest ein Anfang. Fröhliche Jagd!

Kalifornien, USA

Heitz Cellar
Kutch Wines
Jarvis Estate
Calera
Dalla Valle Vineyards
Cathy Corison
Mount Eden Vineyards
Fisher Vineyards
Radio-Coteau
Terra Valentine
Red Car Wine
Larkmead Vineyards
Melville
Round Pond Estate
Rhys Vineyards
Nickel & Nickel/Far Niente
Au Bon Climat
Dunn Vineyards
Hirsch Vineyards

Philip Togni
Littorai Wines
Dominus Estate
HdV/Hyde de Villaine
Diamond Creek Vineyards
Hanzell
Ridge Vineyards
Ojai Vineyard
Arnot-Roberts
Peay Vineyards
Sandhi/Domaine de la Côte
Martinelli Winery
Tyler Winery
Kongsgaard
Mayacamas
Copain Wines
Spottswoode
Wind Gap Wines

Oregon, USA

Beaux Frères
St. Innocent Winery
Eyrie Vineyards
Willamette Valley Vineyards
Argyle
Bethel Heights

Domaine Drouhin Oregon
Dusky Goose
Archery Summit
Ken Wright Cellars
Cristom Vineyards

Burgund, Frankreich

Domaine Leroy/ Domaine d'Auvenay

Jacques-Frédéric Mugnier

Domaine G. Roumier

Henri Jayer

Amiot-Servelle

Domaine de La Romanée-Conti

Ghislaine Barthod

Jean Grivot

Henri Gouges

Nicolas Potel/Domaine De Bellene

Domaine Arlaud

Denis Mortet

Robert Chevillon

Arnaud Ente

Michel Lafarge

Philippe Charlopin-Parizot

Nicolas Rossignol

Thibault Liger-Belair

Bruno Colin

Louis Jadot/Jacques Lardière

Pierre-Yves Colin-Morey

Bouchard Père et Fils

François Raveneau

Domaine Jean Chartron

Patrick Piuze

Etienne Sauzet

Domaine Matrot

Henri Boillot

Jean-Jacques Confuron

Domaine Joseph Roty

Sylvie Esmonin

Anne Gros / Gros Frère et Sœur

Simon Bize & Fils

Comte Armand

Benjamin Leroux

Jean-Claude Bachelet

Domaine Bachelet Ramonet

Domaine Guy Roulot

Pierre Morey

Jacques Carillon

Jean-Marc Pillot

Éric Forest

Château de Chamirey

Marcel Lapierre

Pierre-Marie Chermette

Julien Sunier

Clos de la Roilette

Champagne, Frankreich

Benoît Marguet

Ulysse Collin

Champagne Tarlant

Marie Courtin

Charles Dufour

Launois Père et Fils

Agrapart

Jacques Selosse

Cédric Bouchard

George Laval

Larmandier-Bernier

Emmanuel Brochet

Benoît Lahaye

Jérôme Prévost

Perrier-Jouët

Jean Pernet

Henriot

Bollinger

Krug

J. Lassalle

Jacquesson

Dhondt-Grellet

Huré Frères

J-M Sélèque

Loire, Frankreich

Edmond Vatan

Alphonse Mellot

Didier Dagueneau

Vincent Gaudry

Clos Rougeard

Nicolas Joly

Domaine Huet

Charles Joguet

Richard Leroy

Gwin Evan

Domaine de la Roche Bleue

Domaine du Collier

Rhône, Frankreich

Alain Voge

Domaine Bernard Gripa

Thierry Allemand

Caves Yves Cuilleron

Jean-Louis Chave

François Villard

Pierre Gaillard

Domaine Marc Sorrel

Clusel-Roche

Jamet

René Rostaing

Georges Vernay

Paul Avril/Clos des Papes

Château Rayas

Domaine du Banneret

Le Vieux Donjon

André Brunel

Clos du Joncuas

Domaine Les Pallières

Domaine Santa Duc

Südfrankreich

Domaine Hauvette

Grange des Pères

Mas de Daumas Gassac

Château Simone

Domaine Gauby

Château de Bellet

Domaine Cauhapé

Clos du Rouge Gorge

Domaine de l'Horizon

Château de Pibarnon

Domaine Tempier

Domain d'Aupilhac

Léon Barral

Le Soula

Piemont, Italien

Bartolo Mascarello

Andrea Sottimano

Chiara Boschis

Lorenzo Accomasso

Luca Roagna   Giorgio Rivetti
Paolo Scavino   Ar.Pe.Pe. (Valtellina)

Toskana, Italien
Podere Salicutti   Ciacci Piccolomini d'Aragona
Felsina   Poggio di Sotto
Conti Costanti   Mazzei
Fontodi   Cantina Terlan (Südtirol)

Ribera del Duero, Spanien
Vega Sicilia   Dominio de Atauta
Pago de Los Capellanes   Dominio del Águila
Ismael Arroyo/ValSotillo   Bodegas Protos

Rioja, Spanien
R. López de Heredia   Telmo Rodríguez
Macán   Remirez de Ganuza
Remelluri   CVNE
Benjamín Romero

Priorat, Spanien
Terroir Al Límit   Clos Nelin
Clos Erasmus   Nin-Ortiz
Clos l'Ermita   René Barbier
Finca Dofí   Cims de Porrera
Alfredo Arribas   Mas Doix
Clos del Portal   Clos Mogador

Deutschland
Philipp Wittmann   August Kesseler
Wagner-Stempel   Franz Keller
Van Volxem   Weingut Zilliken
Von Winning   Martin Conrad
Maximin Grünhaus   Bernhard Huber
Graf Adelmann   Georg Breuer
Weingut Künstler   Jochen Dreissigacker

Nik Weis/St.Urbans-Hof
Joh. Jos. Prüm
Dr. Loosen
Dr. Thanisch
Markus Molitor
Schäfer Fröhlich
Gut Hermannsberg
Emrich-Schönleber
Weingut Christmann
Peter Jakob Kühn
Salwey
Dr. Heger

Heymann-Löwenstein
Kühling-Gillot
Friedrich Becker
Schloss Johannisberg
Egon Müller/Scharzhof
Karthäuserhof
Schlossgut Diel
Jean Stodden
Meyer-Näkel
Juwel/Juliane Eller
Andi Weigant
Henrik Möbitz

Österreich

Uwe Schiefer
Armin Tement
Pichler-Krutzler

Bründlmayer
Roland und Heinz Velich
Christian Tschida

Australien

Paradigm Hill
Henschke
Giaconda
Ten Minutes By Tractor
Polperro Winery
Samuels Gorge
Sorrenberg
By Farr
Frederick Stevenson
Patrick Sullivan
Bindi
Timo Mayer
Yarra Yering
Ochota Barrels
Best's Great Western

Rockford
Alex Head
Avery's
Hentley Farm
Jasper Hill
Mount Mary
Main Ridge Estate
Coriole
Charles Melton
Grosset
Gentle Folk
Moss Wood
Clonakilla
Wynns
BK Wines

REGISTER

A

Abgang 204
Abziehen 46
Aglianico 52
Aguilera, Christina 111
Akazienholz 44
Albariño 51, 95, **107**,
212
Alentejo 210
Alicante 52
Alkohol 190, 195, 196,
203, 248, 251
Alter 180, **237**
Alterseinschät-
zung 201
Alte Welt 181, 206
Alvarinho 51, **107**, 109,
229
Amarone 211
amerikanische
Eiche 44, 47
Anjou 69, 112
Anti-Snob 255
Anything But
Chardonnay 120
Apulien 162
Aragonês 170
Arbois 95
Architektur 81
Argentinien 155, 211
Arneis 52
Aroma 15, 33, 44, 47,
51, 69, 195, 217
Aromarad 38
Ätna siehe Etna
Assyrtiko 212
Audioslave 166
Ausbruch 55
Ausgewogenheit 179
Aussehen 189
Australien 63, 90, 101,
105, 122, 126, 142, 159,
166, 212
Authentizität 182
Auxerrois 116
Auxey-Duresses 65
Avril, Paul 157
Aÿ 72

B

Baden 102, 116

Baga 54
Bakterien 200
Balance 271
Barbaresco 142
Barbera 52, 230
Barolo 33, 52, 94, 141,
142, 230
Barossa Valley 39, 63,
166
Bâtard-Montra-
chet 121
Bâtonnage 46
Beatles 120
Beaujolais 60, 61, 79,
230
Beaujolais Crus 60
Beaune 61, 62
Beechworth 122, 166
Beethoven, Ludwig
van 27
Berater, önologi-
scher 277
Bienvenue-Bâ-
tard-Montrachet 121
biologischer
Säureabbau 46
Bize-Leroy, Lalou 83,
252
Bizet, Georges 27
Blauburgunder 51
Blaufränkisch 51, 230
Blindverkostung 47,
48, **178**, **188**
Playlist für die
Blindverkostung
206–208
Bodensatz 194
Bodentypen 56, 58, 60
Bordeaux 86, 105, 145,
146, 154, 211, 212, 243,
244, 249, 277
Bordeaux, weiß 54
Bosch, Paula 222
Botrytis cinerea 55
Bowie, David 131
Brauneberger
Juffer 66
Brettanomyces 197
Brown, Zac 161
Brunello di
Montalcino 172, 210
Burgenland 118, 150

Burgund 57, 62, 64,
71, 244
Burgunder 17, 48, 54,
76, 136, 211, 234, 243

C

Cabernet Franc 51, 52,
69, **144**, 147, 244
Cabernet Sauvi-
gnon 51, **144**, 211,
231, 235
Cahors 153, 154
Canaiolo 52
Carignan 68, 231
Carmenère 51, 145,
154, 210
Cash, Johnny 153
Cencibel 170
Central Coast 122, 167
Chablis 27, 33, 52, 57,
61, 71, 121
Chambertin 21, 65
Champagne 39, 57,
70–72
Champagner 46, 71,
72, 78, 212, 229, 251
Charakter des
Weins 27
Chardonnay 33, 39,
47, 52, 64, 71, 72, 116,
120, 210, 229, 244
Charles Joguet 147
Chasselas 52, 54
Château Châlon 66
Château du
Beaucastel 198
Château des
Jacques 79
Château Grillet 126
Château Haut-Bri-
on 252
Château Lafleur 86
Château La Nerthe 93
Château Latour 86
Châteauneuf-du-Pa-
pe 93, 126, 157, 210,
249
Château Petrus 85
Château Rayas 157
Chave, Jean Louis 95
Chenin Blanc 27, 47,
52, 54, 69, **111**, 212,

229, 270
Cheval Blanc 147
Chevalier-Montra-
chet 64, 121
Chianti 92, 139
Chianti Classico 35,
172, 211
Chinon 52, 212, 230
Cinsault 54, 230
Clairette 54, 159
Clare Valley 101
Clavel, Pierre 15
Clos des Épeneaux 62
Clos de Vougeot 65
Clos Rougeard 147
Coldplay 149
Comte Armand 62,
116
Condrieu 212
Constantia 55, 133
Conterno, Giaco-
mo 141
Coravin **223**, 270
Cornas 165
Cornell, Chris 165
Côt 155
Coteaux du
Languedoc 15, 273
Côte Chalonnaise 48,
211
Côte de Blancs 72
Côte de Nuits 52
Côte d'Or 65, 121, 137
Côte Rôtie **70**, 165,
166
Côtes du Rhône 157
Coulée de Serrant 27,
69
Crémant de la
Loire 211
Criots-Bâtard-Montra-
chet 121
Crljenak Kaštelans-
ki 162
Cuvée 249

D

Dagueneau, Didier 95
Damoy, Pierre 234
Dekantieren 194, **232**
Depot 194
Dessertwein 55

Deutschland 55, 101, 126, 129, 131, 211
Diamond Creek 145
Do Ferreiro 107
Dolcetto 230
Domaine d'Auvenay 83
Douro 170
Dry Creek Valley 162
Dvořák, Antonín 27
Dynamik 94

E

Edelfäule siehe Botrytis cinera 55
Eden Valley 63
Eichenfässer 43
Eichenholzausbau 42
Eichennote 47
Eiswein 55
Elsass 61, 101, 116, 118, 128, 133, 212
Erdigkeit 57, **59**
Erzeuger, empfohlene
  Australien 284
  Burgund 281
  Champagne 281–282
  Deutschland 283–284
  Kalifornien 280
  Loire 282
  Oregon 280
  Österreich 284
  Piemont 282–283
  Priorat 283
  Rhône 282
  Ribera del Duero 283
  Rioja 283
  Südfrankreich 282
  Toskana 283
Essigsäure 199
Etna 72–73

F

Falanghina 52, 212
Farbe 191
Farbspektrum 40, 41
Farbtiefe 193
Farbveränderung am Rand 193
Fehler siehe Weinfehler

Fernão Pires 52
Fiano di Avellino 52, 54, 211
Fleurie 61, 154
flüchtige Säure 199
Form 86
französische Eiche 44, 46
Friaul 104
Frucht 39, 202
Frusciante, John 147
Funktion 82
funktionelle Weine 84
Furmint 52, 54, 212

G

Galicien 109
Gamay 116, 191, 211
Garganega 54, 72
Genre 94
Geruch 33, 34, 50–55, 196, 207
Geschmack 41, 50–55, 202–207
Geschmacksknospen 36
Geschmackssinn 32
Gewicht 74
Gewürztraminer 52, **128**
Giaconda 142
Glanz 191
Gläser 212
Glaskorken 221
Gobelet 68
Gouges, Henri 116
Graciano 52
Graf Adelmann, Weingut 117
Grand Cru 58, 71, 122
Granit 58, **60–61**
Grauburgunder 117 siehe auch Pinot Gris
Grenache 52, 68, **157**, 191
Grenache Blanc 52, 54, **159**
Grenache Gris 159
Griechenland 126, 212
Grollot 69
Gros Manseng 52
Grüner Veltliner 93, 212, 251
Guns N' Roses 172

H

Hall, Daryl 115
Harmonie 93
Hawke's Bay 167
Hefe 198, 199
Hefesatz **46**, 107, 244
Heger, Weingut 118
Hendrix, Jimi 214
Hermitage 126, 165
Hermitage Blanc 95
Hipster 254
Holzarten 44
Huber, Weingut 118
Huet, Gaston 69, 86

I

Instrumentierung 93
Intensität 201
Italien 117, 126, 145, 162, 212

J

Jackson, Michael 157
Jahrgang 243
Jahrgang als Konzertsaal 30
Jahrgangstabellen 252
Jasnières 112
Jean Leon 145
Joly, Nicolas 69
jugendliche Weine 183, 201
Jura **65–66**, 212

K

Kalifornien 63, 86, 87, 122, 126, 142, 145, 159
Kalkstein 27, 58, 60, **64–65**
Kalktuff 111
Kastanienholz 44, 141
Keller, Fritz 118
Kirchenfenster 190
Kirschbaumholz 45
Klarheit 190
Klima 39, 58, 191, 206
Kohlensäuremaischung 147
Komplexität 180, 204
Kontext 209
Konzept 82
Konzertpublikum als Weinliebhaber 31

Korken 218
Korkton 196, **220**
Körper 202
Kreide 27, 58, **70–71**
Kritiker 276

L

La Jota 147
La Mancha 170
Lambrecht, Greg 225–227
La Morra 63
Languedoc 86, 126, 145, 211
Languedoc-Roussillon 157
Lardière, Jacques 79
La Rocca 72
Led Zeppelin 168
Lemberger 51, 230
Les Clos 27, 71
Licorella 68
Lieu-dit 58
Location 269
Lodi 63
Loire-Tal 27, **68–69**, 112, 155
Louis Jadot 79
Lynch, David 17

M

Mâcon 65
Mâconnais 211
Maculan 145
Madeira 212
Madeirisierung 193, 196
Maische 46
Malbec 54, 145, **153**, 191, 211
Malvasia 52
Marsanne 52, **124**, 251
Martini, Louis M. 234
Mascarello, Bartolo 94
Mas de Daumas Gassac 93
Maximin Grünhaus 94
Mayer, John 107
McLaren Vale 63, 166
Melodie 92
Melon de Bourgogne 69
Melton, Charles 94

Mencía 52
Mendocino 159
Mendoza 155
Menetou-Salon 86
Mercurey 48
Mercury, Freddie 135
Merlot 52, 62, 147,
149, 211, 230, 251
Mertesdorfer
 Herrenberg 66
Mineralien 60
Mineralität 61
Moelleux 69, 112
Molitor, Markus 118
Montrachet 65, 121
Morgon 61
Moscatel 131
Moscato 131
Mosel 27, 30, 57,
66–67, 102
Moulin-à-Vent 61
Mourvèdre 52, 159,
191
Mousseux 112
Mugnier, Jacques-Fré-
déric 195
Mugnier, J.F. 93
Munson, T.V. 70
Muscadelle 105
Muscadet Sèvre et
 Maine 212
Muscat 52, 131, 229
Musigny 65, 93
Musik 91
Muskateller 51, 131

N
Nahe 102
Napa 167, 212
Naturwein 73, **77**, 112,
133, 157, 159
Nebbiolo 27, 33, 52,
54, **139**, 191, 231
Nerello Mascalese 230
Nero d'Avola 73
neue Eiche 44
Neue Welt 181, 206,
234
Neuseeland 33, 105,
167
nicht fruchtige
 Aromen 202
Niewodniczanski,
 Roman 234

nördliche Rhône 166,
210, 212
Nuits-Saint-Geor-
ges 116

O
Oates, John 115
Orange Wine 73, 107,
133
Oregon 118
Österreich 131, 211
Overnoy, Pierre 95
Oxidation 46, 49, 126,
141, 181, 193, 196, 197,
223

P
Palacio de Fefiña-
nes 107
Palmina 142
Palo Cortado
 Sherry 212
Parker-Punkte 86, 255,
273
Partikel 194
Penedès 145, 170
Pessac-Léognan 63
Pestizide 80
Petit Manseng 52
Petit Verdot 244
Petrolnote 57
Pfalz 102, 116
Phylloxera siehe
 Reblaus
Pichler-Krutzler 93
Picpoul 159
Piemont 27, 33, 57, 63,
94, 141, 212
Pieropan 72
Pinotage 54
Pinot Blanc **115**, 211
Pinot d'Aunis 116
Pinot Gouges 116
Pinot Gris 52, **115**, 211,
251
Pinot Meunier 52, 72,
116, 230
Pinot Noir 47, 52, 54,
62, 64, 71, **135**, 169,
191, 212, 230, 235, 244
Pomerol 57, **62**, 147,
150, 212
Pommard 61, **62**, 116
Porphyr 102

Port 170, 212
Portugal 19, 107, 170
Portwein 19–22
Potel, Nicolas 48, 172
Potenzial 79
potenzieller
 Alkohol 39
Pouilly-Fuissé 65
Pouilly-Fumé 104, 212
Poulsard 66
Premier Cru 58
Premox 197
Primitivo 162
Prince 128
Priorat 57, **67–68**, 133,
155, 159, 211
Provence 126, 157

Q
Qualität gegen
 Quantität 76
Qualitätsurteil 248
Qualität vor
 Quantität 267
Queen 135
Quercus suber 219
Quinta do Vallado 19,
22

R
Radiohead 101
Rage Against the
 Machine 166
Reben, alte 29, 63
Reben als Musiker 29
Reblaus 63, 154
Rebsorten siehe
 einzelne Rebsorten
Red Hot Chili
 Peppers 144
Refosco 52, 230
Rheingau 102, 111
Rheinhessen 102, 116
Rhône-Tal 57, 61, 126
Ribera del Duero 48,
64, 169, 210, 211
Richebourg 27, 65
Richtung 269
Riechen 50
Riedel 215
Riesling 52, 54, 55, 57,
61, 66, 78, 94, **101**, 111,
211, 212, 229
Rihanna 124

Rioja 27, 48, 169, 211,
230
Rioja Gran Reserva,
 weiß 54
Roche-Aux-Moines 69
Rose, Axl 172
Rosso di Montalci-
no 230
Roussanne 52, **124**,
159, 251
Roussillon 54
Rustenberg 145

S
Saar 102
Saccharomyces siehe
 Hefe
Sagrantino 54, 231
Saint-Aubin 65, 122
Saint-Émilion 64, 147,
212
Saint-Joseph 126, 165
Saint-Péray 126
Salwey 118
Samur-Champig-
ny 212
Sancerre 64, 104, 212
Sand 58, 60, **63–64**
Sangiovese 52, 54, 139,
172, 230
Santa Barbara 229
Saumur-Champig-
ny 51
Säure 39, 203, 230,
251
Sauternes 55
Sauvignon Blanc 33,
47, 50, 55, 69, **104**,
146, 229
Savagnin 54
Savennières 54, **69**,
111, 211
Savoyen 126
Scheurebe 229
Schiefer 57, 58, **65–70**,
111
Schiefer, Uwe 118, 150
Schraubverschluss 221
Schwefel 78, 80
Schwefelung 49
Schweiz 126
schwenken 190
Sélection de Grains
 Nobles 130

Semillon 52, 54
Sémillon 104
Serralunga 27, 63, 64
Shakira 124
Sherryaromen 49
Shiraz 94, 191, 210, 251
   siehe auch Syrah
Sigur Rós 214
Silvaner 51
Simčič, Marjan 150
Sinatra, Frank 28
Situation 209
Sizilien 55, 73
slowenische Eiche 45
Soalheiro 107
Soave 52, 54, **72**, 211
Soldera 173
Sommelier, die dunkle Seite 272
Sommelier, Herkunft des Wortes 249
Sommelier werden 259
Sonoma 167
Spanien 109, 126, 159
Spätburgunder 212
   siehe auch Pinot Noir
sprudeln 194
Steen 69, 112
Strauss, Richard 28
Strawinsky, Igor 28
Struktur 88
Südafrika 112, 145, 159
südliche Rhône 157, 198, 211
Südsteiermark 104, 131
Südtirol 129
Supertoskaner 172, 173, 211, 274
Sur lie 46
Süße 202
Syrah 52, 54, 70, 88, 145, 159, **165**, 191, 231
   siehe auch Shiraz

T
Tannat 54, 231
Tannin 45, **49**, 191, 194, 203, 230
Team 268
Temperatur 95, **228**
Tempranillo 54, **168**

Terlato, Tony 117
Teroldego 52
Terroir **56–58**, 199
Texas 126
Texas Hill Country 70
Textur 74, 94, 112
The Black Keys 124
The Judgement of Paris 86
Timbre 95
Tinta del País 169
Tinta de Toro 170
Tinta Roriz 170
Toasting 45
Tokaji 55, 212
Ton 61–62
Toro 170
Toskana 35, 172
Touriga Nacional 191, 231
Tränen 190, 195
Trebbiano 52, 229
Trichloranisol (TCA) 220
Trockenbeerenauslese 55
Trousseau 66, 230
Tuffstein 27
Typizität 184

U
Ull de Llebre 170
ungarische Eiche 45
Ungarn 212
unsaubere Weinbereitung 200
Unterlagsreben 63, 154
uralte Weine 268
Ursprung der Reben 39

V
Valée de la Marne 72
Van Volxem 234
Vega Sicilia 93, 168
Verdejo 51
Verkosten 187
Verwendung 89
Viña Bosconia 27
Vinho Verde 109
Vin Jaune 66, 212
Vin Santo 55
Viognier 52, **124**, 251

Viskosität 190, 195
Vivino (App) 264
Volnay 18, 62
von Winning 118
Vorkoster 249
vorzeitige Oxidation 197
Vosne-Romanée 27
Vouvray 69, 86, 111
Vouvray Moelleux 55
Vulkanböden **72–73**, 102

W
Wagner-Stempel 118
Wahrnehmungsschwelle 221
Waits, Tom 139
Washington 167, 212
Waßmer 118
Wehlener Sonnenuhr 27, 66
Weinberg als Komposition 27
Weine, einzelne
   A.B.F 1888 22
   Case Basse 173
   Clos de la Justice 234
   Clos des Papes 157
   Haut-Brion 145, 238
   Ill Año 107
   Lafite Rothschild 235
   Le Mas 15, 273
   Le Mont 69
   Mas de Daumas Gassac 145
   Monfortino **141**
   Monthélie 195
   Opoka 150
   Santa Margherita 117
   Sassicaia 173
   Silex 95
   Sonoma Mountain 234
   Tignanello 173
   Único 168
   Vandermeulen-Chambertin 234
   siehe auch Erzeuger, empfohlene
Weinfehler 38, 181, 190, 193, **196–201**

Weinkarte 267
Weinqualität 74
Weinstein 195
Weinvokabular 36
   Animalische Noten, Leder, Tabak & Blut 53
   Blumen 52
   Gras & vegetabile Noten 50
   Honig & Nüsse 54
   Kräuter & Gewürze 51
Weißburgunder 118
   siehe auch Pinot Blanc
White, Jack 104
White Stripes 104
Wildhefen 199
Wiltinger Gottesfuß 66
Winzer als Dirigent 28

X
Xinomavro 52

Y
Yorke, Thom 101

Z
Zalto 216
Zimmertemperatur 230
Zinfandel 52, **161**, 210, 251
Zuckergehalt 39
Zweck 74
Zweigelt 52, 211